재난이
끝나도
재해는
남는다

재난이 끝나도 재해는 남는다

초판 인쇄 2024년 12월 10일
초판 발행 2024년 12월 15일

지은이   안재현
교정교열 정난진
펴낸이   이찬규
펴낸곳   북코리아
등록번호 제03-01240호
주소   13209 경기도 성남시 중원구 사기막골로 45번길 14
          우림라이온스밸리2차 A동 1007호
전화   02-704-7840
팩스   02-704-7848
이메일   ibookorea@naver.com
홈페이지 www.북코리아.kr
ISBN   979-11-94299-15-8(93350)

값 22,000원

재난이 끝나도 재해는 남는다

안재현 지음

북콜리아

서문

    '재난(災難)'은 국민의 생명·신체·재산과 국가에 피해를 주거나 줄 수 있는 것이며, '재해(災害)'는 재난으로 발생한 피해를 의미한다. 재난이 생겼다고 반드시 재해로 이어지지는 않는다. 예를 들어 태풍이 필리핀 앞 바다에서 생성되어 북상하면서 우리나라로 다가왔지만, 피해를 주지 않고 비켜갈 수 있다. 태풍이라는 재난이 발생했지만, 그로 인한 재해는 없는 상황이다.

    반대로 재난은 끝났지만, 재해는 남을 수 있다. 지진이 발생해서 건물이 무너지고 사람들이 다쳤으며, 이재민이 생겼다. 이후 지진이라는 재난은 끝나지만, 남아있는 피해자들은 재해로 인한 고통을 겪게 된다.

    이처럼 우리에게 큰 피해를 주는 재난은 그 영향이 끝난 후에도 계속해서 남은 사람들을 힘들게 하는 재해로 지속된다. 재난이 끝나도 재해는 남는다.

    이 책은 여전히 재해로 남아있는 재난으로 인해 국가나 지자체 등이 어떤 일들을 진행하고 있는지를 알아보기 위한 목적에서 시작했다. 정부나 지자체, 관련 기관들은 재난이 발생하기 이전부터, 발생한 이후까지 대비하고 대응해야 한다. 재난을 예방하고, 재난 후에는 수습 및 복구를 지속해야 한다.

    물과 관련한 재난으로는 홍수와 가뭄, 녹조 등이 대표적이다. 여기에 지진, 산불, 산사태, 폭염 등과 같은 재난이 더해진다. 재난을 대비하기 위해 민관이 협력하고, 재해보험에 가입한다. 재난을 대비한 훈련을 시행하고, 필요한 재난자원을 확보해서 관리한다. 국가는 특별재난지역을 선포하고, 지자체에 재난안전관리 특별교부세를 교부한다. 이처럼 물과 재난에 관한 다양한 활동이 최근에 어떻게 이루어지고 있는지를 정리하고자 했다.

1부는 물(water)과 관련한 4개 주제로 구성했다. "하천, 댐, 보와 하수도", "홍수와 치수", "가뭄과 이수", "깨끗하고 안전한 물"이 그 주제다.

1장 '하천, 댐, 보와 하수도'는 물이 흐르는 하천과 그 물을 관리하는 시설물에 대해 작성했다. 국가가 관리하는 국가하천은 체계적인 정비가 이루어지지만, 지자체 소관인 지방하천과 소하천은 효율적인 관리에 어려움을 겪고 있다. 이를 해결하기 위한 국가의 노력을 살펴봤다. 2000년 동강댐 백지화 이후 금기시됐던 댐 건설을 최근 다시 추진하고 있으며, 4대강 보와 관련한 이슈도 여전하여 이와 관련한 논쟁을 정리했다. 노후화되고 용량이 부족한 하수도를 정비하기 위한 노력을 계속하고 있으며, 이에 대한 현황을 알아봤다.

2장 '홍수와 치수'는 홍수와 관련한 이슈들을 살펴봤다. 재임 시절 홍수피해를 여러 차례 겪었던 김대중 대통령에 대한 일화를 소개했다. 2020년, 2022년, 2023년 연이은 홍수로 피해가 컸다. 정부는 이를 개선하고자 치수 패러다임 전환을 선언하고, 「도시침수방지법」을 시행했다. 반지하와 지하주차장, 지하차도 등 지하공간 침수 피해가 잇따르면서 이에 대한 대책도 만들었다. 임진강에서는 2009년 북한 황강댐 방류 피해 이후 다양한 대응책을 수립해서 시행하고 있다. 이러한 내용을 정리하면서 홍수와 치수에 관해 설명했다.

3장 '가뭄과 이수'에서는 2023년 봄 남부지방 가뭄 극복 과정을 중심으로 이수 측면의 물 이슈들을 다뤘다. 2024년 가뭄 대비 방안을 정리하고, 국가산단을 위해 필요한 용수공급 방안 및 반구대암각화 논쟁과 대책도 살펴봤다. 갈수록 규모가 커지는 물시장 현황 및 물산업 수출에 대한 부분도 소개했다.

4장 '깨끗하고 안전한 물'은 깨끗한 물 이용과 안전에 관한 이야기다. 여름철 재난을 대비한 저수지 점검과 사전 대책을 살펴보고, 각종 물놀이 사고 예방을 위한 안전 정책을 정리했다. 수돗물에 대한 불신을 유발하는 정수장 깔따구 유충에 대해서도 다뤘으며, 여름철 호우와 기온 상승이 만드는 녹조에 대해서도 알아봤다.

2부는 재난(disaster)을 대비하고 지원하는 정책 위주로 구성했다. "지진, 폭염, 산불, 산사태", "민관 협력과 재난안전", "재난예산과 산업", "재난 대비" 등이 그 내용이다.

5장 '지진, 폭염, 산불, 산사태'에서는 물 관련 재난 이외에 중요한 재난들을 다뤘다. 연이은 일본 지진의 영향과 우리나라의 대책을 정리했으며, 갈수록 뜨거워지는 한반도와 그 현황을 살펴봤다. 고온건조한 날씨는 대형 산불을 만들어내고 있으며, 호우로 인한 산사태 피해가 증가하고 있다. 이런 부분에서 진행되는 정책들을 소개했다.

6장 '민관 협력과 재난안전'은 자원봉사와 민관 협력을 중심으로 보험, 국가유산 등을 주제로 다루었다. 재난 복구에는 전문성을 갖춘 자원봉사자의 도움이 중요하며, 이를 위한 준비와 사례를 소개했다. 재난 피해를 대비하기 위한 재해보험도 갈수록 확대되고 있으며, 기후변화 영향에 대한 국가유산 보호 방안도 살펴봤다. 따뜻하고 많은 눈이 내렸던 2023년 겨울 상황에 대해서도 알아봤다.

7장 '재난예산과 산업'에서는 재난을 대비하고 관련 산업을 활성화하려는 국가 차원의 제도들을 살펴봤다. 특별재난지역 선포를 통한 지원과 재난안전관리 특별교부세의 쓰임을 알아봤다. 국가안전관리기본계획 수립을 통한 재난안전사업 추진과 재난안전산업 진흥 방안을 정리했으며, 갈수록 설치가 늘어나면서 노후화로 인한 문제가 커지고 있는 승강기 안전에 관해 소개했다.

8장 '재난 대비'는 훈련, 심리, 데이터, 자원 등에 대한 이야기다. 재난 상황에서 잘 대응할 수 있도록 사전에 시행하는 재난훈련은 규모가 양적·질적으로 커지고 있으며, 이에 대한 내용을 정리했다. 갈수록 재난관리에서 재난심리도 중요한 부분을 차지하고 있다. 재난안전데이터를 통한 효율적 재난관리 방안과 재난자원관리를 통한 재난수습 및 복구에 대해서도 알아봤다. 마지막으로 예기치 않은 대형 재난으로 젊은이들의 인명피해가 컸던 이태원 참사를 다루면서, 다시는 그런 피해가 없기를 기원했다.

'물'과 '재난'이라는 주제를 하나로 엮어서 책을 집필하려다 보니 목차 구성과 내용에서 일부 엇박자가 나는 부분이 보인다. 물을 공부하는 수공학을 먼저 전공하고, 이후 더 큰 '재난'이라는 분야까지 범위를 넓혀가는 과정에서 나온 욕심이 이런 어색함을 만들었다. 부족하고 아쉬운 부분을 독자께서 넓은 아량으로 이해해주시길 간곡히 바란다.

이 책 내용의 많은 부분을 행정안전부, 환경부, 기상청 등 정부 부처 보도자료를 참고하거나 인용해서 작성했다. 꼼꼼히 인용을 표시하려고 노력했지만, 일부 놓친 부분이 있다면 모두 저자의 책임이다. 혹시 이런 부분을 발견한 독자가 계신다면 저자에게 알려주시길 바라며, 즉각 수정해서 반영할 것을 약속드린다.

대학교수에게 주어지는 혜택 중 가장 큰 하나는 '연구년' 제도라 생각합니다. 연구년을 통해 책 쓰기에 집중할 수 있는 시간을 만들 수 있었기에 이 책이 나올 수 있었습니다. 연구년을 허락하고 지원을 아끼지 않으신 서경대학교 김범준 총장님과 관계자분들께 깊은 감사를 드립니다.

학회장과 협회장 업무로 바쁘신 분들께 추천사를 요청드렸을 때, 모든 분이 흔쾌히 허락해주셨습니다. 한국물학술단체연합회 한건연 회장님, 한국방재협회 방기성 회장님, 한국수자원학회 이상호 회장님, 한국방재학회 최상현 회장님, 한국국민안전산업협회 심우배 회장님께서 작성해주신 추천사 덕분에 이 책이 더욱 빛나게 됐습니다. 다시 한번 감사드립니다.

서경대학교 토목건축공학과 수자원 전공자 모임인 '정수회' 여러분의 성원도 이 책을 집필하는 데 큰 도움이 됐습니다. 진심으로 감사드리며, 앞으로도 더 큰 성과를 만들어가시길 기원합니다.

마지막으로 부족한 원고를 수정하고 보완하면서 책이라는 형태를 갖출 수 있도록 만들어주신 북코리아 관계자분들께 인사드립니다. 이 책의 마무리는 온전히 북코리아분들의 도움을 통해 가능할 수 있었습니다. 이찬규 사장님과 김수진 과장님을 비롯한 여러분께 다시금 감사드립니다.

매년 새해를 맞을 때마다 올해는 이런저런 주제로 책을 써서 출판해야지 다짐하지만, 이 핑계 저 핑계를 대면서 마무리하지 못했던 적이 많았습니다. 다행히 2024년은 그 약속을 지킬 수 있어서 의미 있는 한 해가 됐습니다. 내년에도 같은 다짐을 하고, 잘 마무리할 수 있기를 스스로에게 기대합니다. 감사합니다.

2024년 가을
안재현

목차

재난이 끝나도 재해는 남는다

2부 재난 Disaster

재난이 끝나도 재해는 남는다

1부

물 Water

1장

하천, 댐, 보와
하수도

제대로 된 지방하천 관리

우리나라 하천관리 체계는 국가하천, 지방하천, 소하천으로 구성된다. 국가하천은 국가인 환경부, 지방하천은 광역 시·도, 소하천은 시·군·구에서 관리한다. 2020년까지 국가하천 정비율은 79.8%인 데 비해 지방하천은 47.2%에 불과하다. 여기에 지방하천 정비 예산을 지방으로 이양하면서 정비에 어려움을 겪고 있다.

지방하천 정비율을 높이기 위해 주요 지방하천을 국가하천으로 승격해서 정비하는 방안을 추진 중이다. 지방하천 홍수 관리를 위해 홍수특보 지점을 지방하천까지 확대하고 있다.

치수 패러다임 전환 대책[1]

환경부는 2023년 12월 일상화된 극한호우로부터 국민의 안전을 지키는 '치수 패러다임 전환 대책'을 발표했다. 이 대책은 2020년 54일간 최장기간 장마(평년에는 30일 정도), 2022년 8월 서울 시간당 강수량 141.5mm에 이르는 집중호우(연 강수량 대비 11%), 2023년 7월 중부지방 집중호우 등 일상화된 극한호우로부터 국민 안전을 지키기 위해 그간 치수 정책을 종합적으로 검토해서 홍수 대비 패러다임을 획기적으로 전환하려는 내용을 담고 있다.

특히 "일상화된 극한호우에도 국민이 안전한 사회 구현"이라는 비전 아래 지류·지천 등 그간 치수 정책의 사각지대에 놓여있던 빈틈을 메꾸고, 국민 입장에서의 치수 정책으로 전환하여 실제 현장에서 작동하는 국민 안전을 위한 실질적 책임을 목표로 했다.

이 목표를 달성하기 위해 홍수방어 기반 시설의 획기적인 확대, 미래 기후를 고려한 치수 안전 체계 확립, 인명피해 예방을 위한 충분한 대응 시간 확보, 치수 안전 확보를 위한 이행기반 강화 등 4대 부문 8개 중점과제를 준비했다.

이 중 눈에 띄는 내용은 8개 중점과제 중 하나인 '홍수방어 기반 시설의 획기적 확대'다. 이를 위해 지류·지천 정비를 본격화한다. 유역 면적이 크거나 홍수가 발생하면 피해가 큰 지방하천을 '국가하천'으로 점진적 승격하여 2027년까지 국가하천 구간을 기존 3,602km에서 약 4,300km까지 확대한다.

이와 함께 지방하천 중 국가하천 수위 상승에 영향을 받는 구간을 '배수영향구간'으로 지정해서 국가가 직접 정비하는데, 2024년에는 배수영향구간 38곳을 정비했다. 또한 '인명피해 예방을 위한 충분한 대응 시간 확보'를 위해 2024년 5월부터 인공지능(AI)을 활용하여 홍수특보 발령 지점을 대폭 확대했다. 그간 대하천 위주로 75곳에서 발령했으나, 2024년부터는 지류·지천을 포함한 223곳으로 대폭 늘렸다.

하천 규모별 분류 및 관리청[2]

우리나라 하천은 「하천법」에 따라 국가하천과 지방하천으로 분류하며, 국가하천은 환경부, 지방하천은 17개 광역 시·도에서 관리한다. 지방하천은 2019년 지방사무 지방이양 결정에 따라 2020년부터 국비 지원 정

국가하천과 지방하천 현황 및 개요

구분	국가하천	지방하천
관계법률	하천법(1961년 제정)	
지정기준	– 유역면적 200km^2 이상 – 다목적댐 상·하류 – 유역면적 50~200km^2 중 인구 20만 이상, 저수량 500만 톤 이상 등	지방의 공공이해와 밀접한 관계가 있는 하천으로서 시·도지사가 정하는 하천
규모(연장)	105개소(3,603km)	3,844개소(26,013km)
정비율 (2020년까지)	79.8%	47.2%
관리청	환경부	시·도
재원	국비 100%	– 2020년부터 지방이양 시·도 100% – 2019년까지 국비 보조(국비 50%, 시·도 50%)
위치	하류	중류
주요 차이	하천사용 이익 증진과 원활한 용수공급 등 국가적 차원의 수자원 관리 목적	

비사업방식에서 벗어나 매년 교부세를 지자체별로 배정하고, 해당 지자체에서는 하천기본계획 및 중기계획에 따라 정비사업을 추진한다.

소하천은 「소하천정비법」에 따라 「하천법」 적용 또는 준용을 받지 않는 하천으로 시장·군수·구청장이 그 명칭과 구간을 지정·고시한다. "일시적이 아닌 유수가 있거나 있을 것이 예상되는 구역으로, 평균 하폭이 2m 이상이고 시점에서 종점까지의 연장이 500m 이상"인 하천이다. 따라서 시·군·구에서 소하천정비종합계획을 수립하고, 이에 따른 중기·시행계획에 따라 정비사업을 추진한다.

또한 소하천보다 규모가 작은 세천은 「소규모 공공시설 안전관리 등에 관한 법」에 따라 13,906개소를 시장·군수·구청장이 지정·관리한다. 일부 정비가 급한 세천은 행정안전부 재난안전관리 특별교부세 일부를

소하천 현황 및 개요

구분	소하천
관계법률	소하천정비법(1995년 제정)
지정기준	– 시장·군수·구청장이 지정하는 폭 2m 이상, 연장 500m 이상 하천 – 국가 및 지방하천 제외
규모(연장)	22,229개소(34,634km)
정비율 (2021년까지)	45.7%
관리청	시·군·구
재원	– 2020년부터 지방이양으로 시·군·구 100% – 2019년까지 국비 보조(국비 50%, 시·도 50%)
위치	상류/마을 안
주요 차이	소하천 대부분은 폭이 좁고 마을·주택·농경지 등을 관통하는 주민 생활과 밀접한 시설이며, 대부분 건천으로 용수 이용 및 관리 측면보다는 재해예방 차원임

지원받아 시·군·구가 정비사업을 진행하고 있다.

지방하천의 국가하천 승격을 통한 정비 추진[3]

'국가하천과 지방하천 현황 및 개요' 표에서 알 수 있듯이 2020년까지 국가하천 정비율은 79.8%인 데 비해 지방하천은 47.2%에 불과한 상황에서 2020년부터 관련 재원을 지방으로 이양하면서 정비율 제고가 더욱 어려워지고 있다.

　따라서 정부에서는 홍수대응이 시급한 주요 지방하천을 국가하천으로 승격해서 정비를 추진하려 한다. 2023년 12월 환경부에 따르면 지방하천 20곳 467km 구간을 국가가 직접 관리할 계획이라고 밝혔다. 이에 따라 신규로 16곳을 국가하천으로 지정하여 현행 73곳 3,602km에서

89곳 4,069km로 확대하며, 선정된 승격대상 하천은 2024년 2월 초 고시를 통해 확정했다.

승격대상 하천은 지자체가 신청하고 국가하천 요건을 충족한 하천 중에서 홍수 이력이 있거나 유역 내 거주인구가 많은 하천, 하천관리가 2개 지자체로 이원화되어 통합관리가 필요한 하천 및 댐 직하류에 있는 하천 등을 우선 고려하여 정량평가, 지역 안배 및 하천 분야 전문가 등 다양한 의견 수렴을 통해 선정했다.

선정된 주요 하천은 한강 강원 삼척오십천, 낙동강 부산 온천천, 금강 보령 웅천천, 영산·섬진강 순천 동천 등 20곳이다. 이 외에도 제주도는 그동안 국가하천이 없던 지역인데, 이번에 처음으로 제주 천미천이 지정됨에 따라 치수와 자연환경을 고려한 국가하천으로 정비와 관리가 기대된다. 제주도 천미천의 국가하천 지정으로 우리나라 17개 시·도 모든 지역에 국가하천이 분포하게 됐다.

그동안 하천관리가 미흡했던 지방하천을 국가가 직접 관리함으로써 하천기본계획 수립, 노후 제방 보강, 퇴적토 준설, 유지보수 강화 및 예산 투자 확대로 더욱 체계적인 하천관리를 기대하고 있으며, 2024년 예산에도 신규 국가하천에 대한 실시설계비 등으로 103억 원을 반영했다.

환경부 관계자는 "기후변화로 인한 집중호우 증가로 인해 모든 유역에서 홍수량 증가가 전망됨에 따라 예방적 하천관리와 적극적인 하천 정비가 필요한 실정"이라며, "이번에 국가하천으로 승격되는 지방하천은 하천 정비를 더욱 강화해 홍수로 인한 국민 피해가 없도록 최선을 다할 것"이라고 밝혔다.

이처럼 정부는 시·도에서 지방하천을 체계적으로 관리하기 어렵다고 판단하기 때문에 국가하천으로 승격해서라도 적극적으로 관리할 계획이다. 2024년 국가하천정비사업 예산은 2023년 4,510억 원보다 2,117억 원이 늘어난 6,627억 원이 편성됐으며, 이는 46.9%가 증액된 금액이다.

지방하천 홍수특보지점 확대[4]

지방하천 홍수피해 저감을 위한 다른 방안으로 지방하천 홍수특보지점 확대를 추진한다. 환경부는 2023년 11월 대하천 본류 중심이던 국가하천 63곳, 지방하천 12곳 등 75곳의 홍수특보지점을 2024년 5월부터 국가하천 94곳, 지방하천 129곳 등 223곳으로 확대해 홍수대응을 강화할 계획이라고 밝혔다. 특히 그간 홍수에 취약했던 지방하천 홍수특보지점을 12곳에서 129곳으로 10배 이상 늘린다고 전했다.

　홍수특보지점 홍수 발생 여부를 신속하게 분석하기 위해 인공지능(AI)을 활용한 홍수예보체계를 준비했다. 2023년 8월 기준으로 최대 10년 치 인공지능 학습정보 데이터베이스를 구축했으며, 2023년 말까지 223곳

현행 물리 모형(분석시간: 5~10분)

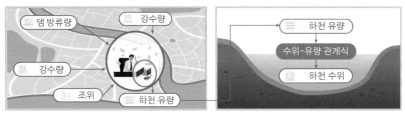

AI 모형(분석시간: 3초 이내)

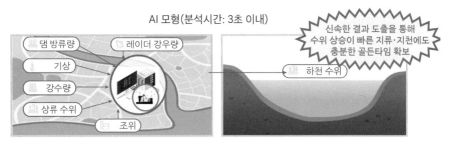

현행 물리 모형과 AI 모형 홍수예보체계 비교

홍수특보지점에 대한 인공지능(AI) 홍수예측모형을 준비했다. 또한 홍수특보지점이 2024년부터 크게 늘어남에 따라 특보 발령·전파 체계도 간소화·자동화했다.

제대로 된 지방하천 관리 방안 마련

시·도에서 지방하천을 적극적으로 관리하기 어렵다고 판단한 정부는 국가하천 승격과 배수영향구간 관리를 통해 지방하천 정비를 추진하고 있다. 지방하천 홍수특보지점을 확대하고, 인공지능을 활용한 촘촘하고 정확한 홍수예보체계를 구축해서 지방하천 홍수피해를 예방하고자 한다.

최근 기후변화 등으로 지속시간은 짧으나 강도가 매우 큰 집중호우가 증가하고, 상대적으로 규모가 작은 지방하천 및 도심지 하천에 홍수가 집중하면서 피해 규모도 갈수록 커지는 상황이다.

지방하천 정비 예산을 지방으로 이양한 취지는 모두가 알고 있지만, 그로 인해 지방하천 정비와 관리에 어려움이 생길 수 있는 부분도 사전에 예상한 부작용이다. 국민 안전을 우선해야 하는 재해예방사업의 특성을 고려할 때, 지방하천 정비와 관련한 탄력적인 정책 운용을 다시금 진지하게 고민해야 할 때다. 지방으로 이양한 예산을 다시 정부에서 관리하는 방안이나 시·도에서 지방하천 정비를 더욱 적극적으로 추진할 수 있는 제도적 지원책 등을 종합적으로 검토해서 최선의 정책을 마련할 수 있어야 한다.

큰 하천 지류인 소하천 관리

2022년 8월 10일 윤석열 대통령은 집중호우 대처 상황점검 회의에서 "관계 부처와 지자체가 국가하천과 지방하천, 본류와 지류를 아우르는 종합적인 물길에 대한 홍수예·경보시스템을 구축해서 국민의 인명과 재산 피해 최소화에 전력을 다해야 한다"고 말했다. 이틀 전인 8월 8일 집중호우로 서울 강남지역이 침수되고 반지하에 거주하던 장애인 가족 세 명이 목숨을 잃는 등 큰 피해가 발생한 직후였다.[5]

특히 "첨단 디지털 기술을 활용해서 국가의 모든 물길에 대한 수위를 모니터링하고 시뮬레이션해서 즉각 경고하는 체계 운영이 필요하다"고 언급했다. 여기에 더해 "인공지능(AI) 홍수예보, 디지털트윈, 침수 범람 지도 등 스마트 기술을 이용한 물 재해 예보 대응체계를 만들자"고 했다.

우리나라는 하천을 국가하천, 지방하천, 소하천으로 구분해서 관리한다. 하류부 큰 하천인 국가하천은 국가(환경부)에서, 국가하천 지류인 지방하천은 광역 시·도에서, 지방하천 지류인 소하천은 시·군·구에서 관리한다. 상류 지류인 소하천부터 하류 본류인 국가하천까지 물길은 하나인데 담당은 3곳인 상황이다.

대통령은 이러한 물길에 대해 지류부터 본류까지 촘촘하게 수위를 측정하는 시스템을 구축하고, 이를 실시간으로 AI 같은 첨단 기술로 분석해서 필요한 곳에 즉시 위험을 알리는 예보 대응체계를 만들자고 말했다.

도시가 잠기고 하천이 범람해서 큰 피해 발생[6]

2022년 9월 7일 중앙재난안전대책본부는 8월 8일부터 17일까지 발생한 집중호우 피해를 복구하기 위해 총 7,905억 원을 투자하는 복구계획을 마련했다. 이 기간 재산피해는 3,155억 원으로 집계됐는데, 서울과 경기 등 저지대 주택 27,262세대 침수피해를 중심으로 농경지와 농작물 피해도 있었다. 하천, 소하천, 도로, 교량, 상하수도, 소규모시설 등 공공시설도 16,842개소에서 피해가 발생했다.

당시 피해는 8월 8일부터 활성화된 정체전선이 서울과 경기 등 지역에 머물면서 집중호우가 내렸기 때문이다. 특히 서울은 기존 시설기준에 따라 설치된 우수관거 배수 용량이 부족해서 도심지 상가와 주택에 침수피해가 집중했다. 경기·강원·충남지역 등은 장기간 강우로 하천에 유입된 토석류가 수위를 상승시키고, 교량과 교각 등이 홍수 흐름을 방해해서 하천 범람과 침수피해가 발생했다.

따라서 복구계획은 피해 원인을 해소하고 유사 피해가 발생하지 않게 수립했다고 중앙재난안전대책본부는 밝혔다. 이를 위해 하천 범람지역은 하천 확장, 제방 건설, 교량 재가설 등을 추진하며, 산사태와 토석류 우려 지역은 사방댐 설치를 계획했다.

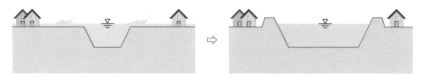

하천 폭이 좁아 범람한 곳은 확장 및 제방 건설

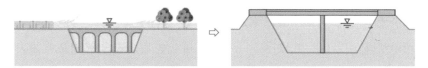

교량의 교각 간격이 좁아 범람한 곳은 하천 폭과 교각 간격 확장

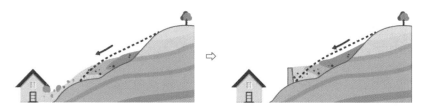

산사태와 토석류 발생 우려 지역에는 사방댐 설치

본류와 지류를 아우르는 물길에 디지털 기술을 활용한 홍수예보체계 구축[7]

전례 없는 국지적이고 집중적인 극한 기상현상이 빈발하는 등 기후변화에 따른 재난 규모 확대와 발생 형태 다양화에 대응하기 위해 관계 부처 합동으로 '기후변화 대비 재난관리체계 개선 대책'을 수립했다.

2023년 2월 정부는 2022년 8월 서울·경기·강원·충남지역 집중호우 피해와 9월 태풍 힌남노로 인한 경북지역 피해에 대한 근본적인 대책으로 이와 같은 합동 대책을 마련했다고 밝혔다. 여기서는 특히 윤석열 대통령이 언급했던 "첨단 디지털 기술을 활용한 물 재해 예보 대응체계 구축"과 관련된 부분을 강조했다.

이를 위해 인공지능(AI) 등을 활용해서 하천 본류와 지류를 아우르는 홍수예보체계를 구축하고, 하천범람지도와 도시침수지도 등을 제작·보완하여 종합적이고 세밀한 홍수정보 제공을 계획했다.

현재 3시간 전인 홍수예보를 6시간 전으로 앞당기고, 75개 지점을 223개 지점으로 확대해서 예보할 예정이라고 밝혔다. 세부적으로는 서울 도림천과 포항 냉천에서 2023년 홍수기에 시범 운영하고 2024년부터 전국으로 확대하며, 도시침수와 하천범람 통합 예보를 위한 '(가칭) 인공지능(AI) 도시침수예보센터' 설치 및 운영을 계획했다. 또한 소하천 인근 주민의 신속 대피를 위해 2023년 154억 원을 투입해서 440개소에 수위 모니터링시스템을 구축하고, 국가하천 및 지방하천 홍수예보와 연계하는 방안을 포함했다.

기후변화에 대비한 소하천 관리 강화 추진[8, 9]

소하천이란 평균 폭 2m 이상, 길이 500m 이상인 하천을 말한다. 「소하천정비법」에 따라 시장·군수·구청장이 그 명칭과 구간을 지정 및 관리한다. 전국에 걸쳐 총 22,073개소가 있으며, 전체 길이는 34,504km에 달한다. 기후변화로 국지성 집중호우 발생이 잦아지면서 소하천 피해도 늘어나고 있다. 2023년 기준 최근 5년간 전국 소하천 22,073개 중 5,013개에서 총 2,792억 원의 재산피해가 발생했다.

2023년 12월 행정안전부에 따르면 기후변화에 따른 소하천 피해를 최소화하기 위해 피해 우려가 큰 도시지역 소하천 설계빈도를 상향할 계획이다. 또한 2023년부터 재해 위험성이 높은 소하천 위주로 '소하천 스마트 계측관리시스템' 구축 사업을 추진하고 있다.

앞서 언급한 '기후변화 대비 재난관리체계 개선 대책'에서 2023년 154억 원을 투입해서 440개소에 구축한 소하천 스마트 계측관리시스템은 2027년까지 5년간 전국 소하천 2,200개소에 설치할 예정이다.

소하천 주변에는 주거지가 다수 위치하는데, 경사가 급하고 홍수 도달시간이 짧아 수위가 빠르게 상승하면서 주민 대피시간이 부족하다. 또한 상류지역에 위치한 소하천 유량이 국가하천 및 지방하천에 도달하는 시간은 1~2시간 정도로 소하천 수위 정보와 연계하면 예측정확도 향상이 가능하다.

소하천 '스마트 계측관리시스템'을 통해 지자체에서는 계측자료와 CCTV 영상을 실시간으로 확인하고 범람 등 발생 위험이 예상될 때는 경보방송, 재난문자 등을 통해 주민을 대피시킬 수 있다.

국가하천, 지방하천, 소하천 통합 모니터링 및 소하천 예·경보시스템 운영을 통해 국가하천 및 지방하천 시스템과 연계 체계 구축도 가능하며, 국립재난안전연구원에서 예·경보기술 및 연계방안을 2025년까지 개발할 계획이다.

국립재난안전연구원은 이미 2018년 소하천에 최적화된 'CCTV 기반 자동유량계측 기술'을 개발하여 실시간 상황 대응을 위한 현장 영상을 제공하고, 수위·유속 정보를 수집해 유량을 계측하는 시스템을 설치했다.

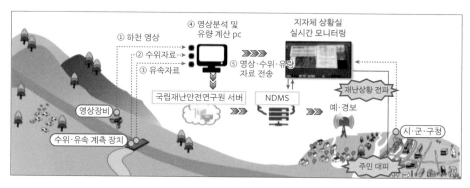

소하천 스마트 계측관리시스템 개념도

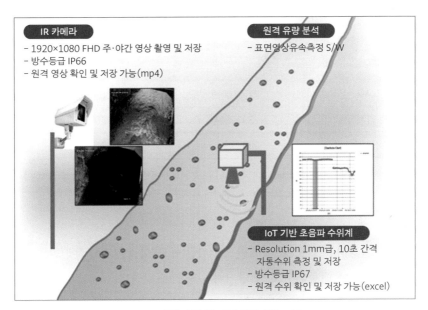

CCTV 기반 소하천 자동유량계측 기술

　이 기술은 표면영상분석 기법을 활용하여 표면유속·유량 측정 및 위험수준을 경보하는 기능이 있으며, 연속적인 자료 수집이 가능하다. 이를 통해 소하천 흐름 특성을 반영한 정비계획 수립과 인명피해 방지를 위한 예·경보 등에 적극적인 활용을 기대한다. 따라서 이러한 기술력을 바탕으로 예·경보 연계시스템이 구축된다면 소하천 피해 예방에 큰 도움이 될 것으로 예상된다.

기후변화 대응 소하천 설계빈도 200년으로 상향[10]

기후변화에 따른 소하천 피해를 최소화하기 위해 강우 양상, 경제성 분석 등을 토대로 인명과 재산 피해 우려가 큰 도시지역 소하천 설계빈도를 최대 200년으로 상향했다. 설계빈도란 하천 폭, 제방 같은 홍수방어 시설

소하천 설계빈도 상향 내용

구분	설계빈도(재현기간)	
	당초	개정
도시지역	50~100년	50~200년*
농경지지역	30~80년	30~80년
산지지역	30~50년	30~50년

* 도시지역에서 최대 설계빈도 200년 초과 강우로 대규모 피해가 발생하면, 지역 여건 등을 고려하여 최대 500년까지 상향 적용할 수 있다.

규모를 결정하는 척도로, 설계빈도 100년 규모 시설은 100년에 한 번 발생하는 강우에 대응해 홍수를 방어하는 능력을 갖춘다.

이를 위해 행정안전부에서 고시하는 「소하천 설계기준」을 개정하고, 2024년 3월부터 시행했다. 「소하천 설계기준」은 「소하천정비법」에 의해 실시되는 소하천 관련 사업에 필요한 기본적인 설계기준이며, 2020년 처음 제정됐다. 여기서는 소하천 관련 사업을 효율적으로 시행하기 위해 관계되는 기술과 방법을 체계화하고, 새로운 기술 보급과 향상에 기여하는 것을 목적으로 한다.

도시지역 설계빈도를 기존 100년에서 200년으로 상향하면서, 대규모 피해가 발생한 지역에서는 지역 여건 등을 고려해서 최대 500년까지 상향할 수 있도록 했다. 실제 500년 빈도로 설계할 수 있는 지역이 있을지는 모르지만, 소하천이 가지는 중요성에 대한 국가의 적극적인 관심 표명이라는 측면에서 고무적이다.

다만 500년 빈도 설계일 때 구조물로만 이 정도 규모 홍수를 모두 감당하게 할 경우에는 여러 가지 문제가 있을 수 있다. 500년 빈도에 맞는 하천 제방, 하천 폭, 교량 경간장과 높이 등을 모두 반영해서 설계하면 사업 시행 자체가 어려울 수 있다. 더욱 규모가 커지는 구조물이 위치할 공간이 부족하거나 공사 자체가 어려운 경우도 많으며, 대폭 증가하는 사업비도 큰 부담이 된다.

따라서 500년 빈도 설계라 할지라도 구조물로는 50~200년까지 감당하고 나머지는 비구조적 대책으로 방어하는 등 선택적이고 탄력적인 운영이 필요하다. 또한 이에 대한 설계지침 마련 등 후속 조치를 준비해야 한다.

소하천 관리에 국가 역할 강화 필요

소하천 정비사업은 2020년부터 지방으로 이양됐으나, 행정안전부는 안정적인 사업 수행을 위해 2026년까지 국비 재원보전을 통해 소하천 정비를 추진하고 있다. 특히 정비하지 않은 소하천 중 인명 및 재산 피해가 예상되어 긴급 정비가 필요한 소하천을 대상으로 2020년부터 재난안전관리 특별교부세를 지원하고 있다. 2020년 175억 원, 2021년 185억 원, 2022년 192억 원, 2023년 200억 원 등 115개 소하천에 752억 원을 지원했다.

또한 정비가 우수한 소하천을 발굴하고 업무 담당자 사기 진작 등을 위해 정비사업 우수사례 공모를 시행하고 있다. 2023년에는 치수안정성을 확보하고 지역주민 생활환경 개선에 기여한 소하천 13곳을 선정했다. 최우수 소하천으로 전북 무주군 세골천을 선정했으며, 우수 소하천으로는 경기 평택시 점촌천, 충남 천안시 쌍정천, 충남 금산군 추정천, 경북 성주군 문화천을 선정했다. 선정된 총 13개 소하천을 관리하는 지자체에는 행정안전부 장관 표창을 수여했다.

이처럼 정비사업 재정이 지방으로 이양된 후에도 정비를 제대로 하기 위한 정부 역할을 계속하고 있다. 2020년 소하천과 함께 지방으로 이양된 지방하천은 국가하천에 비해 정비율이 낮고 피해도 계속해서 발생하고 있다. 환경부는 지방하천을 국가하천으로 승격해서 국가가 직접 관리하는 방안을 추진하고 있다.

　하천 지류로서 물길이 시작되는 소하천은 주민의 삶과 가장 밀접하다. 주민이 친수공간으로 친밀하게 이용할 수 있는 공간이자, 홍수 시에는 큰 피해를 줄 수도 있는 공간이다. 국가는 소하천의 중요성을 인식해서 설계빈도를 상향하고, 스마트 계측관리시스템을 구축하고 있다.

　소하천 정비를 위한 국비 지원이 2026년까지는 재원이 보전되지만, 그 이후에는 완전히 지방으로 이양된다. 따라서 지방하천과 마찬가지로 소하천 관리에도 어려움이 예상된다. 지방하천을 국가하천으로 승격해서라도 관리하려는 노력을 참고해서 소하천 현황과 특성을 종합적으로 고려한 국가 역할 강화에 대해 고민해야 할 때다. 국민 안전과 직결되는 부분에 대해서는 적극적이고 전향적인 제도 검토를 통해 현실적인 대책을 마련해야 한다.

동강댐 백지화 24년 후, 기후대응댐 14개 건설 추진

동강댐 백지화 이후 진행하지 못했던 댐 사업을 24년 만에 다시 추진한다. 2020년부터 해마다 이어지는 장마, 집중호우와 태풍으로 인명과 재산 피해가 컸다. 2022~2023년에는 심각한 가뭄으로 주암댐이 저수율 20%를 기록하면서 보성강댐 물을 공급받기도 했다.

기후변화가 극심해지면서 반복하는 이런 상황을 해결하고자 정부는 기후대응댐 14개 건설을 발표했다.

동강댐 백지화 이후

김대중 대통령은 2000년 6월 5일 환경의 날 기념식에서 "세계 최초 신종으로 추정되는 7종 동식물과 20여 종 멸종위기 동식물 보호 및 생태계 보전을 위해" 동강댐 건설계획 백지화를 밝혔다. 동강댐은 홍수조절과 용수공급을 위해 정부가 추진하던 댐 건설 사업이었으나, 댐 건설 필요성에 대한 논란과 동강 자연보존 등을 이유로 반대 여론이 일어났고 결국 추진이 무산됐다.

대통령은 여기에 덧붙여 "새 세기에는 환경보존과 개발이 조화를 이뤄 인간과 자연이 더불어 사는 생명공동체를 만들기 위해 사전예방 중심

환경정책, 시장경제와 민주주의에 입각한 환경정책, 환경과 경제정책의 통합 등을 중점적으로 추진"한다고 강조했다. 이는 우리나라에 더는 댐 건설을 하지 않겠다는 선언과도 같았다.

동강댐 건설 백지화 이후 약 20년이 넘는 세월 동안 우리나라에서 새로운 댐 건설 이야기는 금기시됐다. 이명박 대통령 시절 진행된 4대강 사업에 대한 반대 여론은 이런 상황을 더더욱 악화시켰다. 댐 건설을 주장하는 사람은 환경파괴자이며, 시대에 역행하는 개발론자 취급을 받았다. 하지만 반복된 홍수와 가뭄은 다른 상황들을 만들기 시작했다.

소양강댐 준공 50주년

소양강댐은 2023년 준공 50주년을 맞았다. 1973년 10월 15일 준공된 소양강댐은 국가 기반 시설이 빈약했던 시기에 국내 최대 규모 다목적댐으로 건설되어 국민 안전을 지키며 우리나라 경제발전에 중추적인 역할을 담당했다. 소양강댐의 주요 역할은 수도권에 연간 12억 톤 규모의 생활·공업 용수공급, 5억 톤 홍수조절 능력으로 한강 수위 조절 및 홍수 피해 저감, 수력발전으로 연간 3.5억 kWh 에너지 공급 등이다.

소양강댐을 관리하는 한국수자원공사는 2023년 10월 소양강댐 50주년 기념 국제 학술행사를 개최했다. 여기서는 소양강댐을 수도권 등 중부 지역에 안정적인 물 공급과 더불어 수해 방지, 전력 공급 등 국가적으로 기여도가 매우 높은 다목적댐으로 평가했다. 한국수자원공사 관계자는 이 국제행사를 "지난 반세기 동안 소양강댐과 지역사회가 국가 발전에 이바지한 바를 재조명하는 의미 있는 자리"이며, "특히 홍수, 가뭄 같은 극심한 기후 재난이 빈번한 시대에 댐의 가치를 재발견하고 지역사회와 상생 방안을 논의하는 중요한 기회였다"고 전했다.[11]

환경부 차원 행사도 있었다. 2023년 12월 15일 강원도 춘천시에 있

준공 50주년을 맞은 소양강댐

는 '소양강댐 시민의 숲'에서 '소양강댐 준공 50주년 기념식'을 개최했다. 이날 기념식에서는 '소양강댐 50년사, 기후위기 시대 댐 역할 재조명' 홍보영상을 통해 지난 반세기 동안 소양강댐이 이루어낸 성과들을 소개하고, 일상화된 기후위기 상황에 대응하기 위한 댐의 역할과 필요성을 제시했다. 아울러 소양강댐 건설 참여자 및 지역주민 등과 가진 사전 인터뷰 영상을 상영해서 소양강댐 국가 발전 기여도, 건설 당시 일화, 주민이 소양강댐에 바라는 점 등 현장 목소리를 전달했다.[12]

이처럼 소양강댐 준공 50주년을 기념하고, 댐 역할과 기여도를 높게 평가하는 목소리가 공식적으로 나오기 시작했다. 지난 20여 년 동안의 분위기와는 다른 상황들이 전개되는 모습이었다.

다목적댐 저수량 확보로 가뭄 대비

다목적댐은 항상 홍수와 가뭄을 대비해야 한다. 평상시에는 댐에 물을 가득 담아서 충분하게 공급하고, 여름철에는 여유 공간을 만들어 홍수를 방어해야 한다. 따라서 시기에 맞는 적절한 댐 운영이 필수다. 환경부는 전국 20개 다목적댐 저수량을 역대 최대 규모인 약 95억 톤을 확보했다고 밝혔다. 2024년 1월 16일 기준 다목적댐 총 저수율은 예년의 147% 수준으로, 2024년 홍수기 전까지 댐 가뭄이 발생하지 않을 것으로 예상했으며, 전국 대부분 지역에 안정적으로 생활 및 공업용수 공급이 가능하다고 전망했다.[13]

다목적댐 유역 강우량을 분석한 결과, 2023년도는 상반기 남부지방의 극한가뭄과 함께 하반기 역대급 강우까지 기후 양극화를 기록한 해로 나타났다. 2023년에는 다목적댐 유역에 예년 대비 137%인 연평균 1,716mm의 비가 내렸으나, 1~4월까지는 다목적댐 평균 강수량이 129mm로 예년의 69% 수준에 불과했다. 특히 2022년부터 남부지방의 가뭄이 지속해서 주암댐은 역대 최저 저수율인 20%를 기록했다.

당시 가뭄 극복을 위해 2022년 11월부터 관계기관 합동 대책반을 구성하여 11개 댐을 관리하면서 용수관리와 수요 절감 등 다각적인 가뭄대책을 추진했고, 2023년 7월 11개 댐 모두에서 가뭄 단계를 해소했다. 특히 가뭄이 심각했던 주암댐은 한국수자원공사와 한국수력원자력 간 업무협약을 통해 보성강댐 발전용수를 주암댐으로 지원할 수 있는 댐 연계를 추진했다. 이를 통해 용수공급 중단 위기에 몰렸던 여수산단에 공업용수를 정상적으로 공급할 수 있었다.

신규 댐 건설을 통한 물그릇 확대

이처럼 댐 역할이 알려지고 드러나면서 댐 건설 필요성이 다시 대두하기 시작했다. 특히 2020년 장마, 2022년 서울 집중호우, 2023년 중부지방 집중호우로 큰 피해가 발생하면서 댐 역할이 더욱 주목받았다. 환경부는 2023년 12월 '치수 패러다임 전환 대책'을 발표하면서 신규 댐 건설을 통

한 물그릇 확대를 본격적으로 추진한다고 밝혔다.[14]

이를 위해 지역 건의와 유역별 치수 및 이수 상황을 검토해서 2024년부터 필요한 지역에 적정 규모의 신규 댐 건설 추진을 계획했다. 또한, 저수지 등 기존 댐 리모델링을 위해 10개 댐 기본구상을 시행하고, 예비타당성 조사 비대상인 규모가 작은 댐에 대해서는 타당성 조사 진행을 계획했다.

환경부 장관은 "미래 극한홍수에 대비한 치수 혁신을 위해 신규 댐 건설로 물그릇을 확대할 계획"이며, "지역에서 건의한 댐뿐만 아니라 환경부가 직접 지역 물 부족 상황을 검토해서 필요한 지역에는 환경부 주도로 적정 규모의 댐을 신설하고, 적지가 있다면 대형 댐 건설도 추진하겠다"고 밝혔다.

용수공급을 위한 댐 설치사업도 추진하여 2024년부터 전국 상습 물 부족 지역 10곳을 대상으로 지하수저류댐 설치사업을 확대해 추진한다고 밝혔다.[15] 지하수저류댐은 지하에 물막이벽을 설치해서 지하수를 저장하는 시설이다.

지하수저류댐 설치사업 대상지 10곳은 통영시 욕지면(욕지도), 옹진군 덕적면(덕적도, 소야도), 양평군 양동면, 강릉시 연곡면, 영동군 상촌면, 청양군 남양면, 영덕군 영해면, 보령시 주산면, 완도군 소안면(소안도) 등이다. 이 중 욕지도, 덕적도, 양동면 3곳은 2024년 상반기에 착공했으며, 나머지 7곳은 지하수저류댐 설계가 진행 중이다. 지하수저류댐 설치 유망지 추가 10곳에 대해서도 지형·지질, 규모, 물량 등을 상세하게 조사해 향후 설치 확대를 추진한다.

지자체 유치 경쟁이 치열했던 양수발전소

지자체에서 신규 사업자 선정 예정인 양수발전소 건설을 유치하려는 경쟁이 치열했다. 댐을 건설하는 사업임에도 지역경제 활성화에 대한 기대가 크기에 생겨난 현상이었다. 댐에 대한 부정적 인식이 과거보다 옅어진 부분도 큰 역할을 했다는 평가다. 양수발전을 통해 전력을 생산하고 지역 관광명소로 활용하는 것도 가능하기 때문이다.

발전사업자인 한국수력원자력, 한국중부발전, 한국동서발전, 한국남동발전 등과 함께 경상남도 합천군, 전라남도 구례군, 경상북도 영양군과 봉화군, 전라남도 곡성군, 충청남도 금산군 등이 유치를 신청했다.

2023년 12월 산업통상자원부에서 발표한 사업자 선정 결과에 따르면 한국수력원자력(합천군), 한국중부발전(구례군) 2곳을 우선사업자로 선정했으며, 적격기준을 통과한 한국수력원자력(영양군), 한국중부발전(봉화군), 한국동서발전(곡성군), 한국남동발전(금산군)도 예비사업자로 선정해서 2035년부터 양수발전소를 순차 준공할 예정이다.[16]

심사에서 필요물량 1.75GW±20% 내에 포함된 사업자들은 우선사업자로 적격기준을 통과했으나 필요물량 내에 들지 못한 사업자들은 예비사업자로 선정했다. 우선사업자와 예비사업자는 모두 「공공기관운영법」에 규정된 예비타당성조사를 받는다. 예비타당성조사를 통과한 각 사업에 대해, 우선사업자는 10차 전력수급기본계획에 따른 물량으로 확정하여 2035년 3월 내 준공을 목표로 건설에 착수한다. 예비사업자 물량에 대해서는 공기업 보유 석탄 양수 대체 등을 통해 11차 전력수급기본계획에 반영하여 2035~2038년 사이에 순차 준공토록 추진한다. 아울러, 우선사업자 중 예타 탈락 사업자가 있을 때는 예비사업자 순위대로 우선사업자 지위를 승계할 예정이다.

산업통상자원부 장관은 "향후 재생에너지 확대에 상응하는 양수발전의 신규 건설이 계속될 것으로 예상되는 만큼 양수발전 유치지역의 지속적인 성원과 실질적인 지원이 필요하다"고 강조했다.

물그릇 확대를 추진할 조직 개편

댐 건설 필요성이 부각되고 신규 댐 추진과 지하수저류댐, 양수발전댐 건설 계획이 발표되면서 정부 차원의 물그릇 확대 정책이 적극적으로 진행될 예정이다. 이런 상황을 반영해서 환경부에서는 물관리 조직 개편을 단행했다.[17]

환경부에 따르면, 물관리 조직인 물관리정책실을 전면 개편하는 '환경부와 그 소속기관 직제' 일부개정안이 2023년 12월 19일 국무회의에서 의결되어 12월 26일부터 시행했다. 기후변화로 일상화된 물 위기에 선제적·효과적으로 대응하기 위해 조직을 개편했으며, 물관리정책실 편제 개편으로 물재해대응과, 수자원개발과 및 하천안전팀 신설, 현장 인력 보강 등에 중점을 두었다.

특히 신규 댐 건설, 기존 댐 리모델링 등 물그릇 확대를 본격적으로 추진하기 위해 수자원개발과를 신설하여 댐 관련 업무를 전담토록 한 부분이 눈에 띈다. 환경부는 조직 개편을 기반으로 '치수 패러다임 전환 대책'을 차질 없이 추진하겠다고 밝혔다.

기후대응댐 후보지 발표[18]

2024년 7월 30일 기후위기로 인한 극한홍수와 가뭄으로부터 국민 생명을 지키고, 국가 전략산업 미래 용수 수요 등을 뒷받침하기 위한 기후대응댐 후보지(안) 14곳을 발표했다.

기후대응댐 후보지(안)는 총 14곳으로 다목적댐 3곳, 홍수조절댐 7곳, 용수전용 댐 4곳이다. 권역별로는 한강권역 4곳, 낙동강권역 6곳, 금강권역 1곳, 영산강·섬진강권역 3곳이다. 한강권역은 강원 양구군 수입천 다목적댐 등 4곳, 낙동강권역은 경북 예천군 용두천 홍수조절댐 등 6곳, 금강권역은 충남 청양군 지천 다목적댐 1곳, 영산강·섬진강권역은

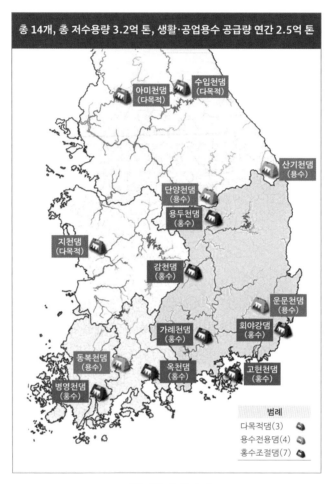

총 14개, 총 저수용량 3.2억 톤, 생활·공업용수 공급량 연간 2.5억 톤

아미천댐
(다목적)

수입천댐
(다목적)

산기천댐
(용수)

단양천댐
(용수)

용두천댐
(홍수)

지천댐
(다목적)

감천댐
(홍수)

운문천댐
(용수)

가례천댐
(홍수)

회야강댐
(홍수)

동복천댐
(용수)

옥천댐
(홍수)

고현천댐
(홍수)

병영천댐
(홍수)

범례
다목적댐(3)
용수전용댐(4)
홍수조절댐(7)

기후대응댐 후보지

전남 화순군 동복천 용수전용댐 등 3곳이다.

기후대응댐을 통해 댐별로 한 번에 80~220mm의 비가 오더라도 이를 수용할 수 있는 홍수 방어 능력을 확보한다. 예를 들어, 2023년 경북 예천군은 홍수로 인해 인명피해 3명과 재산피해 117억 원이 발생했으나, 용두천댐이 건설되면 200년 빈도 강우가 오더라도 홍수로부터 댐 하류를 안전하게 보호할 수 있다. 기후대응댐을 통해 새롭게 공급되는 물은 연간 2.5억 톤으로, 이는 시민 220만 명이 사용할 수 있는 규모다. 이를 활용하여 극한가뭄과 국가 전략산업 등 새로운 물 수요에 적극 대응할 계획이다. 예를 들어, 화순군 동복천댐은 2023년 광주·전남 가뭄 시 이 댐이 있었다면 제일 높은 심각단계까지 가지 않고 위기를 해소할 수 있었을 것이다.

환경부는 기후대응댐 후보지(안) 마련 시, 댐 건설로 인해 상수원 규제가 추가되지 않거나 꼭 필요한 경우에도 최소화되도록 했으며, 수몰로 인한 이주 가구도 최소화했다고 설명했다. 예를 들어, 가장 규모가 큰 강원도 양구군 수입천 다목적댐은 수몰되는 민간 가옥이 전혀 없으며, 댐 건설로 인한 상수원 보호구역 등 규제도 없게 했다.

지자체와 환경단체의 반대

기후대응댐 후보지 발표 다음 날, 수입천댐 후보지가 위치한 강원도 양구군은 강력한 반대 의사를 밝혔다. 양구군은 댐이 건설되면 고방산 인근 약 3만 1천 평 농지와 주택, 펜션, 창고 등이 수몰될 위기에 처하며, 수입천 상류와 송현2리 마을 상당수가 직접적인 영향권에 포함된다고 판단했다. 또한 열목어와 산양의 최대 서식지가 사라지고, 천년 고찰인 두타사지가 모두 수몰되어 유적 발굴 작업 기회도 없어진다고 언급했다. 특히 소양강댐 건설로 이미 큰 피해를 입은 양구군에 또 다른 댐 건설은 있을 수 없는 일이라고 주장했다.[19]

환경단체들도 반대 성명을 발표했다. 녹색연합은 "기후대응댐 후보지 발표를 기후위기 대응과 적응을 핑계로 4대강 사업을 정당화하고 이를 중심에 둔 물관리 정책으로 회귀하겠다는 선언"이라고 말했다. 14곳 댐을 기후대응댐으로 명명하면서 유의미한 과학적 논거들을 완전히 생략했다고 언급했다. 댐 건설로 일어날 생태파괴와 환경파괴 그리고 지역 공동체 훼손 정도도 가늠하고 있지 않다고 말했다.[20]

환경운동연합에서는 기후대응댐 후보지 발표를 "기후위기를 볼모로 하여 토건 산업을 살리기 위한, 관성적 토건주의에서 벗어나지 못한 기후문맹적 발상의 답습으로밖에는 보이지 않는다"고 언급하면서, "유역을 기반으로 한 자연기반 해법을 통해 자연과 인간이 공생하며 기후변화에 대응하는 방법으로 나아가야 한다"고 말했다.[21]

모두가 공감하는 댐 건설 추진 기대

기후변화로 인한 기후위기는 모두가 공감하는 상황이지만, 이에 대한 대응으로 댐을 건설한다는 계획에는 다양한 의견이 있다. 2000년 동강댐 백지화 이후 중단된 댐 건설 추진이 변화하는 여러 상황과 홍수·가뭄으로 인해 동력을 얻었다. 국민인식도 예전에 비해 좋아졌다.

댐 건설에 따른 환경훼손을 감시하던 환경부가 물관리 일원화로 댐 관리를 담당하게 되면서, 오히려 댐 건설을 추진해야 할 상황에 놓였다. 소양강댐 준공 50주년 행사에서도 댐 가치 재조명에 대한 의견이 많았다.

2020년 이후 큰 홍수와 가뭄을 겪으면서 많은 이들이 기후위기 대응 대책 수립 필요성에 공감하게 되었으며, 환경부는 물관리 조직을 재편하면서 본격적인 댐 건설 추진을 계획했다. 이런 과정을 거쳐 기후대응댐 후보지 14곳을 발표했다. 하지만 일부 지자체와 환경단체는 반대 의견을 표명했다.

댐 건설은 시작부터 준공까지 10~20년이 걸리는 장기 사업이다. 사업 타당성을 조사하고, 기본 및 실시설계를 해야 한다. 이후 보상과 이주, 댐 건설과 담수, 준공까지 오랜 기간과 큰 비용이 소요된다.

따라서 기후위기에 실제로 대응할 수 있으면서, 비용 대비 효과도 충분히 얻을 수 있는 댐 건설이 필요하다. 또한 수몰로 인한 이재민 발생과 환경훼손을 최소화할 수 있는 위치 선정과 규모 결정도 중요하다. 기후위기에 다 함께 대응하면서 모두가 공감할 수 있는 댐 건설 추진을 기대한다.

4대강 보 논쟁

이명박 정부가 추진했던 4대강 사업은 2013년 초 완료됐다. 이 사업을 통해 한강, 낙동강, 금강, 영산강 등 4대강에 총 16개 보가 만들어졌다. 당시 야당과 시민단체는 사업을 적극 반대했으며, 문재인 정부 당시 금강과 영산강 일부 보 해체 결정이 내려졌다. 이후 감사원 감사를 통해 결정 과정에 문제가 있다는 지적이 있었고, 윤석열 정부에서는 보 존치를 결정했다. 금강 세종보와 공주보는 정상화를 추진하고 있다.

금강·영산강 보 처리 방안 발표[22]

2021년 1월 국가물관리위원회는 금강과 영산강에 있는 5개 보 처리 방안을 발표했다. 국가물관리위원회는 2019년 9월부터 2020년 12월까지 57회 이상 논의를 통해 환경부 제시안 및 후속 연구 결과, 개방·관측 모니터링 자료 등을 상세히 보고받고 토론과 검증 과정을 거쳤다고 밝혔다. 당시 발표한 5개 보 처리 방안은 다음과 같다.

금강 세종보는 해체하되, 시기는 자연성 회복 선도 사업 성과 및 지역 여건 등을 고려하여 정한다. 이와 함께 전반적인 수질 개선을 위해 주변 유입 오염 부하량의 근본적 저감 노력을 병행하여 자연성 회복 효과를 배가시킨다.

금강 공주보는 공도교를 유지하도록 부분 해체하되, 시기는 상시 개방하면서 지역 여건 등을 고려해서 정한다. 유입 지천 오염 부하량 저감, 수질·수생태 지표 개선 및 지역 갈등 해소를 위한 노력을 병행한다.

금강 백제보는 상시 개방하며, 향후 지속적인 관측으로 수질·수생태 관련 자료를 확보하고, 하천 수위와 지하수 수위 간 영향 관계를 파악한다. 나아가 주변 농민들의 물 이용 대책을 마련하고, 물 순환 건전성을 강화하기 위한 대책도 함께 수립한다.

영산강 승촌보는 상시 개방하되, 갈수기에 물 이용 장애가 없도록 개방 시기를 적절히 설정하며, 조속히 지하수 및 양수장 등 용수공급 관련 대책을 추진한다. 수질 및 지하수 수위 변화추이를 관측하며, 하천 용수 공급 기능과 수질 관리 대책도 병행한다.

영산강 죽산보는 해체하되, 시기는 자연성 회복이라는 장기적 안목과 지역 여건을 고려하여 정한다. 다만 정수성이 유지되는 상황을 고려하여 개방·관측을 지속하면서 수질·수생태 개선 효과를 검토한다.

4대강 보를 활용한 기후위기 대응 국민인식 조사 결과 발표[23]

2023년 5월 환경부는 보 인근 주민 4천 명, 일반 국민 1천 명 등 국민 5천 명을 대상으로 2023년 4월 18~23일 실시한 '4대강 보를 활용한 기후위기 대응 국민인식 조사' 결과를 공개했다. 조사 결과, 보 인근 주민 4천 명 중 87%인 3,473명이 가뭄 등 물 부족 위기에 보를 적극 활용하는 데 '찬성'했으며, 이는 일반 국민 1천 명 중 77% 찬성 비율보다 높았다. 일반 국민 중 보 활용에 '반대'하는 비율은 14%인 136명에 불과했다.

보 인근에서 농업·어업 등을 하는 주민 408명 중 찬성 비율은 93%인 378명에 달했다. 보 활용에 찬성한 일반 국민 774명 중 76%인 588명은 4대강 보를 '생·공·농업용수 공급 목적'으로 활용해야 한다고 답변했다. '댐-보-하굿둑 연계 운영' 정책에 대해서는 일반 국민 81%가 '찬성'했으며, 향후 하천시설 운영 방향에 대해서는 일반 국민 52%가 '수질·생태와 수량을 균형 있게 중시하는 방향'을 선호했다.

금강·영산강 보 해체와 상시 개방 관련 감사 결과 발표[24]

2023년 7월 감사원은 금강과 영산강 5개 보 처리 방안에 대한 감사 결과를 발표했다. 감사원은 환경부가 국정과제 설정 시한을 이유로 과학적·합리적 방법 대신 타당성·신뢰성 측면에서 한계가 있는 방법을 사용해 경제성 분석을 불합리하게 했다고 언급했다.

감사원은 환경부에 국책사업과 관련하여 기초자료를 적정한 수준으로 확보하지 못해 합리적인 의사결정이 어렵다는 문제점이 확인됐음에도 시한을 이유로 이를 시정하기 위한 노력 없이 강행하는 일이 없도록 주의를 요구했다. 또한 충분한 기초자료에 근거한 과학적·객관적 분석 결과가 금강·영산강 보 처리 방안에 적절하게 반영되는 방안을 마련하도록 통보했다.

이 외에도 유관기관 등으로부터 4대강 조사·평가단 전문위원회 위원으로 추천받은 전문가 명단을 특정 시민단체에 유출하고, 해당 단체가 추천한 인사 위주로 위원을 선정하는 등 불공정하게 위원회를 구성했다고 밝혔다.

따라서 환경부에 특정 단체가 위원 선정에 관여하도록 허용한 단장에 대해 인사자료로 활용하도록 그 비위 내용을 통보했다. 위원회 구성시 불공정하게 위원을 선정하는 일이 없도록 업무를 철저히 하며, 위원회 위원 선정 업무를 부당하게 처리했으나 징계 시효가 완성된 팀장에 대해 주의를 요구했다.

감사원 발표에 대해 환경부 장관은 "지난 정부의 보 해체 결정은 성급하고 무책임했다"면서, "4대강 모든 보를 존치하고, 세종보·공주보 등의 운영을 정상화하여 다시 활용하는 등 4대강 보를 보답게 활용하겠다"고 밝혔다. 또한 "그동안 지속된 이념적 논쟁에서 벗어나 이제 4대강 관련한 논쟁을 종식하고, 일상화된 기후위기에 적극 대응하기 위해 안전을 최우선하는 물관리를 하겠다"고 말했다.[25]

국가물관리위원회, 금강·영산강 보 해체 및 상시 개방 결정 취소[26]

2023년 8월 국가물관리위원회는 2021년 1월 국가물관리위원회가 확정했던 '금강·영산강 보 처리 방안' 취소 안건을 심의·의결했다고 밝혔다. 2023년 7월 감사원 공익감사 결과, 보 처리 방안 제시안 마련 과정에서 불공정하고 불합리한 사항들이 다수 지적됐고, 환경부 장관은 위원회가 2021년 1월 의결한 '보 처리 방안'에 대한 재검토를 요청했다.

위원회는 감사원 공익감사 결과와 금강 및 영산강·섬진강 유역물관리위원회 설명회 결과 등을 종합적으로 검토한 결과, 2021년 1월 위원회가 결정한 '금강·영산강 보 처리 방안' 이행은 적절하지 않다는 결론을 내렸다.

해체 여부 결정은 사안이 가지는 사회적 파급효과나 중요성에 비추어 볼 때 과학적이고 합리적인 기준에 따른 분석에 근거하여 신중하고 공정하게 추진해야 하나, 과거 보 처리 방안 결정은 그러한 전제 조건을 충족하지 못했다고 판단했다. 이는 금강·영산강 5개 보에 대한 해체 또는 상시 개방이라는 결정을 그대로 둘 경우, 이 사항이 국가물관리기본계획에 포함되어 있어 정부가 보 해체 및 상시 개방을 계속 이행해야 한다는 모순이 발생하기 때문이라고 말했다. 이에 위원회는 2021년 1월 심의·

의결한 '금강·영산강 보 처리 방안' 취소를 결정했다.

여기에 더해 4대강 보를 더욱 과학적으로 활용하여 최근 이상기후가 일상화됨에 따라 발생하는 가뭄, 홍수, 수질 문제 등에 적극 대응할 수 있도록 해야 한다고 언급했다. 녹조가 발생하는 원인을 다각적으로 규명하기 위한 노력과 함께 유역 오염원 관리 등 녹조 저감 대책 수립 및 시행을 촉구했다. 또한, 4대강 보를 포함한 하천시설 전반을 연계하여 과학적으로 운영하면서, 충분한 기간을 두고 4대강 유역 전반에 대한 수량·수질·수생태 등 객관적 데이터를 축적해야 한다고 당부했다.

국가물관리위원회 결정에 대해 환경부는 금강·영산강 5개 보를 철거하지 않고 모두 존치하고, 최대한 활용해서 정상화한다고 밝혔다.[27]

금강 세종보와 공주보 정상화 추진

금강 세종보는 2018년 1월부터 수문이 완전히 물길에 눕혀져 수문 틈새와 윗부분에 흙이나 모래가 쌓임에 따라 수문을 다시 일으켜 물길을 막는 기능이 작동되지 않았다. 또한, 수문을 막아 상·하류의 수위 차이를 두어 이를 이용하는 소수력발전을 중단했다. 세종보 정상화를 위해 2023년 7월부터 수문과 소수력발전 시설을 정밀하게 조사했다. 조사 결과를 토대로 시설 주위에 쌓인 흙과 모래를 제거하고, 눕혀진 수문을 일으켜 세운 후 유압실린더 등 세종보 운영에 필요한 장비를 교체할 예정이다. 세종보 정상화를 통해 연간 약 7,700명이 사용할 수 있는 전력 약 9,300MWh를 소수력발전으로 생산한다.[28]

공주보는 소수력발전 설비에 대한 정비가 완료된 후 발전기 정상 작동 여부를 확인하기 위해 2024년 4월 말부터 점진적으로 수위를 상승 조정했으며, 5월에는 흰목물떼새 번식 등 생태 영향 및 홍수기 사전 대비 필요성을 고려하여 수위를 6m 수준에서 탄력적으로 운영했다. 보 수위는

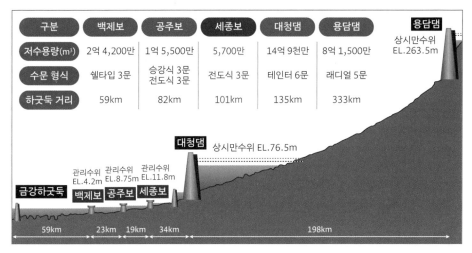

구분	백제보	공주보	세종보	대청댐	용담댐
저수용량(m³)	2억 4,200만	1억 5,500만	5,700만	14억 9천만	8억 1,500만
수문 형식	쉘타입 3문	승강식 3문 전도식 3문	전도식 3문	테인터 6문	래디얼 5문
하굿둑 거리	59km	82km	101km	135km	333km

용담댐
상시만수위
EL.263.5m

대청댐 상시만수위 EL.76.5m

관리수위 관리수위 관리수위
EL.4.2m EL.8.75m EL.11.8m

금강하굿둑　백제보　공주보　세종보

59km　23km　19km　34km　198km

금강에 설치된 댐과 보 현황

인터넷과 스마트폰 앱 등을 통해 실시간으로 제공해서 누구나 보 운영 상황을 쉽게 확인할 수 있으며, 보 수문을 개방하여 방류량이 증가할 때는 안전을 위해 수문 방류 3시간 전 지역주민에게 사전 예고하는 등 보 운영 정보를 공개하고 있다.[29]

4대강 사업에 대한 찬반 논란은 사업 시작 때부터 지금까지 계속해서 이어지고 있다. 특히 4대강 사업으로 만들어진 16개 보 활용 및 존치 여부에 대한 논쟁은 여전하다. 문재인 정부 때는 일부 보의 해체 및 상시 개방을 결정했고, 윤석열 정부에서는 이를 뒤집어서 보 존치 및 정상화를 결정했다.

오랜 기간 많은 조사와 평가가 있었음에도 정치적인 논쟁이 앞서면서 찬반 논란을 지속하고 있다. 이제는 이런 불필요한 논쟁을 마무리할 때가 됐다. 앞으로는 과학적이고 기술적인 판단을 근거로 미래 수량·수질·수생태를 위한 건설적인 논의가 필요하다.

침수 없는 안전한 하수도 만들기

2020년 이후 서울지역을 중심으로 도시지역 하수도 범람으로 인한 침수피해가 늘어나고 있다. 특히 인명피해가 계속 발생함에 따라 안전한 하수도를 만들기 위한 각종 대책을 추진 중이다. 관련 법을 개정 및 시행하고, 예산 확보 노력도 계속하고 있다. 이를 통해 하수도 운영과 관리를 지속해서 실시하고, 추가로 필요한 하수도사업을 적극적으로 시행하고 있다. 또한, 침수 없는 안전한 하수도를 구축하기 위해 꾸준히 노력하고 있다.

전 국민 95.1% 하수도 서비스 혜택[30]

2022년 하수도 통계에 따르면 우리나라 하수처리구역 내 인구는 5,005만 9천여 명으로 전년 대비 0.3% 증가한 95.1%로 나타났다. 하수도 통계는 하수도 정책을 효율적으로 추진하고 하수도 서비스에 대한 국민 이해를 돕기 위해 매년 제공하고 있다. 2022년 통계에서는 한 해 동안 지자체별 하수도 보급 현황, 하수처리장 및 하수관로 현황, 하수도 요금, 하수처리수 재이용 등 하수도 전반에 대한 정보를 제공했다.

2022년 처리된 하수 총량은 약 73억 7,891만 톤이다. 이 중 15.4%인 11억 3,675만 톤을 재이용했다. 이는 올림픽 규격 수영장 30만 3천여 개

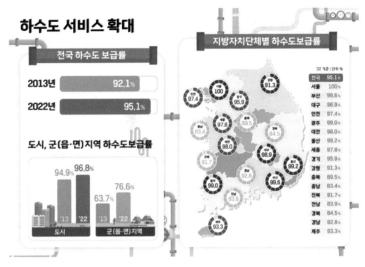

하수도 보급률

에 물을 채울 수 있는 양이며, 상수도로 환산하면 연간 약 8,500억 원을 절약한 효과와 맞먹는다. 하수 재이용수는 하천유지용수 41.5%, 하수처

하수처리수 재이용

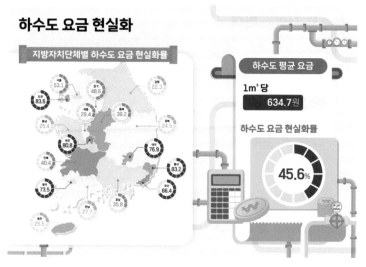

하수도 요금과 현실화율

리시설 세척수 17.3%, 공업용수 11.4% 등으로 활용했다.

　전국 하수도 평균 요금은 톤당 634.7원으로 2021년 602.1원 대비 증가했다. 특별·광역시 평균 요금은 646.4원으로 전국 평균보다 높았으며, 도(道) 평균 요금은 623.3원으로 낮았다. 또한, 전국 평균 하수처리비용은 톤당 1,392.5원으로 하수도 요금 현실화율은 45.6%로 나타났다.

침수 걱정 없는 안전한 하수도 정비 체계[31]

환경부는 2023년 대심도 빗물터널 설치, 하수도정비 중점관리지역 기반시설 구축 지원 확대, 하수관로 유지관리 기준 마련 등 침수 예방 정책을 마련했다.

　'대심도 빗물터널 설치'는 서울시 강남역과 광화문 일대를 중심으로 추진하는 사업이다. 빗물터널은 상습 침수구역이지만 지하철 등 지하 매

하수도 사업 내용

사업명	사업구간	사업규모		총사업비(억 원)
		길이(km)	관경(m)	
강남역	강남역~한강	4.4	5~11	4,802(국비 1,200)
광화문	효자동~청계천	3.4	6	2,967(국비 742)

* 총사업비는 국비 25%, 지방비 75%

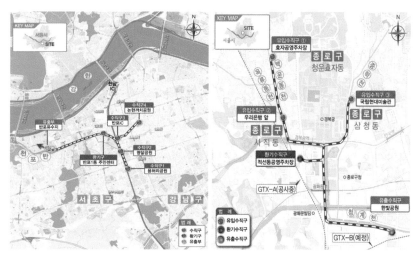

대심도 빗물터널 노선도(좌: 강남역, 우: 광화문)

설물이 많아 하수관로 공사나 저류시설 부지확보가 어려운 지역에서 지하 40~50m 대규모 터널을 뚫어 집중호우 시 빗물을 임시로 저장했다가 하천으로 방류하는 시설이다. 2023년 5월 기본계획을 수립하고, 11월 총사업비를 7,769억 원으로 확정했다. 2024년부터 착공에 들어가 2027년 하반기에 공사 완료 후 통수(通水) 시험을 거쳐 준공할 예정이다.

하수 범람으로 침수 피해가 발생했거나 침수 우려가 있는 지역을 '하수도정비 중점관리지역'으로 지정해서 도시침수 예방시설을 정비하는 '하수도정비 중점관리지역 기반시설 구축 지원 확대'를 추진했다.

2023년에는 전년의 897억 원 대비 약 1.7배 늘어난 1,541억 원을 지원했다. 2024년에도 3,275억 원을 지원해서 하수관로 정비를 확대했다.

2023년 4월에는 '하수관로 유지관리 기준' 고시를 제정하여 공공하수도관리청인 지자체가 실시해야 하는 하수관로 점검과 준설·청소 등 세부 기준을 정했다. 이를 통해 도시침수 예방시설 유지·관리 및 대응체계를 강화했다. 이에 따라 지자체에서는 홍수기인 6월 21일에서 9월 20일까지 관할 빗물받이(전국 304만 개)를 집중적으로 점검하는 한편, 국민이 안전신문고 '막힌 빗물받이 신고' 메뉴를 통해 신고한 1만 370건 중 약 91%인 9,419건을 조치 완료하는 등 침수 예방에 힘썼다.

하수도 운영과 유지관리

지자체 하수관로 유지관리 강화를 주요 내용으로 하는 「하수도법」 시행령 및 시행규칙 개정안을 2023년 6월부터 시행했다. 2022년 12월 「하수도법」 개정을 통해 공공하수도관리청인 지자체가 도시침수 예방을 위해 침수 위험이 큰 지역에 대해 하수관로 유지관리계획을 수립하고, 유지관리계획에 따라 관로, 빗물받이 등 하수관로를 주기적으로 점검하여 청소하도록 의무를 부여했다. 또한, 이에 필요한 조치사항을 정하고 이를 위반하면 위반 차수에 따라 과태료를 부과토록 했다.[32]

개정안 시행으로 침수 피해가 발생한 지역을 위주로 한 사후 대책에서 벗어나, 사전에 빗물이 하수도를 통해 빠르게 빠져나갈 수 있도록 지자체에서 빗물받이 등 하수도 시설을 주기적으로 점검·관리해야 하는 법적 근거를 마련했다. 이에 따라 지자체 하수관로 유지관리 의무가 강화되어 집중호우로 인한 도시침수 예방을 기대할 수 있게 됐다.

한편으로 공공하수도 운영·관리 실태를 평가하여 부천시, 사천시, 가평군, 영동군 등 4곳을 인구수에 따른 그룹별 최우수 기관으로 선정했다. 김해시, 광주시, 김천시, 군포시, 고창군, 의성군, 보은군, 계룡시 등 8곳은 우수 지자체로 선정했다. 유역(지방)환경청 선정 우수기관으로 남양주시, 의령군, 증평군, 장성군, 제천시, 영덕군, 진안군 등 7곳은 특별상을, 3년 연속 평가점수가 향상된 수원시, 안성시, 남원군, 산청군 등 4곳은 발전상을 받았다.[33]

환경부는 공공하수도 운영·관리 효율성을 높이고 관리 기관 간 선의의 경쟁을 유도해 공공하수도 서비스 질을 향상하고자 2001년부터 매년 공공하수도 운영·관리 실태를 평가하고 있다. 2023년 운영·관리 실태평가는 전국 161개 지자체를 대상으로 하수도 안전관리 대응능력, 하수관로 유지·관리, 하수처리수 재이용률, 탄소중립 실천 등 38개 항목에 대해 유역(지방)환경청에서 1차로 평가했고, 1차 평가 우수기관을 대상으로 심의위원회에서 심의를 거쳐 최우수기관을 결정했다.

적극적인 하수도사업 추진[34]

환경부는 2024년 상반기 하수도사업 실집행률 목표를 60%로 설정하고, 이를 달성하기 위해 사전 행정절차 기간 단축, 예산 집행 및 문제사업 집중 관리, 2025년도 예산안 연계를 통한 재정집행 관리 등을 추진했다.

'사전 행정절차 기간 단축'은 조기에 하수도 공사발주 및 계약이 이루어질 수 있도록 유역(지방)환경청과 재원조달 및 사용에 관한 사전협의 기간을 30일에서 20일로 앞당겼다. 아울러 설치인가 기간도 60일에서 30일로 줄일 수 있도록 지자체 등 관계기관 간 협력을 지원했다.

'예산 집행 및 문제사업 집중 관리'는 하수도사업을 시행하는 기초 지자체인 읍·면·동의 2024년도 재정집행 계획을 토대로 매월 진행 상황을 파악했다. 광역 지자체(시·도)와 유역(지방)환경청 합동으로 재정집행 점검반을 구성하여 집행이 부진한 사업에 대한 원인분석 및 장애요인을 함께 해결했다.

'2025년도 예산안 연계를 통한 재정집행 관리'는 하수도사업 예산 편성과 연계하여 2024년 상반기 집행이 부진한 사업을 2025년도 사업예산에 감액 편성하여 지자체별로 조기 재정집행을 유도하기로 했다.

2024년 하수도 분야 예산은 2023년 5,567억 원보다 25% 늘어난 2조 7,692억 원으로 책정됐다. 특히 도심 내 하수 범람으로 침수 피해가 발생할 우려가 큰 '하수도정비 중점관리지역'에 대한 도시침수 대응 예산이 3,275억 원으로 2023년에 비해 2배 이상 늘어났다.

서울 강남역·광화문 대규모 저류시설 건설사업에 대한 지원 예산도 전년도 54억 원에서 137억 원으로 대폭 확대했다. 농어촌지역 공공하수도 보급 확대를 위한 농어촌마을 하수도 정비 예산은 2023년 4,133억 원에서 2,197억 원 증액된 6,330억 원으로 편성했다.

침수 없는 안전한 하수도 구축

2024년은 전년에 비해 하수도 관련 예산이 대폭 늘어났다. 중점관리지역을 정비하고, 대도시 저류시설 설치와 농어촌 공공하수도 보급도 대폭 확대했다. 「하수도법」 개정을 통한 지자체 하수도 유지관리 임무도 강화했다. 이러한 대책들이 서로 연계해서 효율적으로 진행된다면 침수 없는 안전한 하수도 구축에 큰 도움이 될 수 있다. 이를 통해 침수에 안전한 하수도 체계를 지속해서 만들어가야 한다.

2장

홍수와 치수

김대중 대통령과 홍수에 대한 기억

2024년 1월 6일은 김대중 대통령 탄생 100주년 기념일이다. 김대중 대통령은 1924년 1월 1일 전라남도 신안군 하의면에서 출생했으며, 1998년 2월 대한민국 제15대 대통령에 취임했다. 재임 기간 중인 2000년 6월 남북정상회담을 성사하고 평양을 방문해서 6·15 공동선언 합의를 이끌었다. 이를 통해 남북한 평화에 기여한 공로를 인정받아 2000년 12월 노벨평화상을 수상함으로써 우리나라 최초의 노벨상 수상자가 됐다.

　김대중 대통령 재임기간은 1998년 2월부터 2003년 2월까지였다. 이 기간 중 기억나는 일을 꼽으라면 많은 이들이 IMF 경제위기 극복, 2000년 남북정상회담과 노벨평화상 수상, 2002년 한일 월드컵 등을 언급한다. 하지만 수공학 전공자 입장에서는 1998년과 1999년 임진강 홍수, 2002년 태풍 루사로 인한 전국적인 피해 상황이 먼저 떠오른다.

IMF 사태극복과 연이은 홍수

김대중 대통령 당선과 시작은 극적이었다. 1997년 연말 'IMF 사태'라는 국가적 위기 상황에서 대통령에 당선되고, 대통령 취임도 하기 전부터 많은 일을 해야 했다. 당시 대통령 선거에서 승리한 후 내외신 기자들이 참석한 IMF 사태극복 관련 기자회견에서 자신 있게 답변하던 모습이 기억에 생생하다.

재임 동안 많은 일이 생기고 진행됐지만, 해마다 발생했던 홍수와 태풍으로 인한 어려움은 빼놓을 수 없다. 취임 전인 1996년 임진강 유역 대홍수로 문산, 연천, 파주 일대에 큰 피해가 있었으며, 연천댐 일부가 무너졌다. 피해 지역 주민들은 홍수대책 수립을 촉구했다.

1998년 2월 김대중 대통령이 취임했다. 그해에도 큰비가 내렸다. 7월 31일 지리산에 내린 집중호우로 인명피해 91명과 재산피해 1,442억 원이 발생했다. 이 비는 전남 순천과 경남 합천, 산청 등에 비를 뿌린 후 경기도 북부로 올라와서 동두천, 강화 등에도 많은 비를 내렸다. 전국을 게릴라처럼 돌아다녀서 '게릴라성 호우'라는 이름이 붙었다. 1996년에 이어 1998년에도 홍수 피해를 입은 문산과 파주 지역 민심은 흉흉했다. 1996년 피해 후 제대로 된 대책을 세우고 마무리하기 전에 다시 내린 비가 피해를 더 키웠기 때문이다.

그런데 1999년에는 더 큰 홍수가 기다리고 있었다. 8월 초 경기 북부에 내린 많은 비로 인명피해 64명과 이재민 2만 5천 명이 발생했고, 연천댐이 다시 무너졌다. 피해 현장을 방문한 김대중 대통령에게 주민들은 항구대책 수립을 강력히 요구했다. 이후 대통령 지시로 임진강 제방을 축조하고 한탄강댐 건설을 추진했다.

하지만 그것으로 끝난 게 아니었다. 대통령 5년 임기 마지막 해인 2002년 최악의 상황이 발생했다. 역대 우리나라에 가장 큰 피해를 준 태풍 '루사'가 한반도에 상륙했다. '루사'는 2002년 월드컵 4강 신화 여운이 채 가시기 전인 8월 31일 강릉을 비롯한 우리나라 전역에 기록적인 호우를 쏟아부었으며, 전국적으로 인명피해 184명과 재산피해 약 5조 원을 기록했다. 당시 강릉에는 1년 강수량의 2/3에 해당하는 870.5mm라는 역대 1일 최대 강수량이 하루에 내렸다.

수해방지대책기획단과 수해방지대책

1996년부터 해마다 반복된 경기 북부 지역 홍수와 2002년 8월 태풍 루사로 인한 충격은 기존 수해방지 시스템으로는 더는 이 상황을 막을 수 없다고 모두를 인식하게 했다. 따라서 근원적인 대책 마련을 위해 김대중 대통령은 2002년 11월 2일 대통령 훈령으로 '수해방지대책기획단'을 만들었다.

당시 기획단은 범정부 차원 수방대책 수립이 필요하다는 취지에서 국무총리 산하에 설치했다. 국무조정실장을 단장으로 행정자치부, 건설교통부 등 10개 이상 관련 부처에서 담당 공무원들을 파견했으며, 민간 전문가 25명이 참여했다.

기획단은 2003년 4월까지 약 6개월간의 활동기간을 통해 2011년까지 총 42조 7천억 원을 투자하는 '수해방지대책'을 수립했다. 여기에는 유역종합치수계획 수립 및 하천유역관리체계 구축, 재해위험요인 조기 제거, 하천시설물 유지관리 강화, 하천시설물 설계기준 재정비, 수해방지 사업 효율화를 위한 제도 개선, 재해대응 및 복구체계 개선, 범국민적 수해대응체계 확립 등과 같은 근본적인 수방시스템 개선방안을 포함했다.

정부는 이때 계획된 사업들을 대부분 추진했으며, 경기 북부를 포함한 우리나라 국토의 홍수 대응능력이 크게 높아졌다. 이후에도 태풍이나 집중호우로 홍수가 발생하긴 했지만, 1996년, 1998년, 1999년 경기 북부나 2002년 강릉 지역 같은 피해를 겪지는 않았다. 홍수에 대비한 대책이 효과를 발휘했으며, 약 20년 동안 우리나라를 수해에 강하게 해주었다.

수해방지대책기획단이 세부계획을 발표한 시기는 2003년 4월로 김대중 대통령은 퇴임하고 노무현 대통령이 임기를 시작한 직후다. 김대중 대통령은 재임기간 내내 계속된 홍수로 어려움을 겪었지만, 대책 발표와 추진은 직접 하지 못했다. 그러나 그때 준비로 우리나라 홍수대응 능력이 크게 향상됐다.

김대중 노벨평화상 기념관

저자는 2023년 12월 초 행정안전부가 목포에서 실시한 지자체 안전컨설팅에 전문가로 참석했다. 목포시청에서 진행된 행사가 종료된 후 집으로 가는 기차 출발에 2시간 정도 여유가 있었다. 그래서 평소 방문해보고 싶었던 김대중 노벨평화상 기념관을 찾았다.

기념관은 목포 외항부두 옆 삼학도공원에 있다. 목포는 전라남도 신안 출신인 대통령이 유년 시절부터 정계 입문 전까지 활동한 지역이다. 고향 같은 곳이기에 목포시에서 기념관을 관리하고 있었다.

2층 건물인 기념관 1층은 안내데스크와 매점, 휴게공간 등이 있고, 기념물은 대부분 2층에 있었다. 출생과 학창 시절, 정계 입문 전 활동, 정계 입문 후 대통령 선거 출마와 오랜 고난, 대통령 당선 및 치적 등이 순서대로 잘 정리되어 있었다.

기념관에 기록된 글이나 설명을 꼼꼼히 살펴봤지만 아쉽게도 홍수나 치수 대책 내용은 없었다. 다만 눈에 띄는 사진은 2001년 가뭄지역 피해극복 상황점검 때 관계자와 함께 물을 대는 모습이었다. 1999년 홍수 후 2001년 가뭄 때 상황이었다.

기념관 1층 입구 벽면 안내문

기념관 2층 입구 대통령 흉상

2001년 가뭄지역 피해극복 상황점검 때 모습

동강댐 백지화 선언과 환경에 대한 투자 강조

눈에 들어온 또 다른 사진은 노벨평화상 수상 23주년 기념 특별전 「김대중, 그 불멸의 순간」에 게시된 "지구는 어머니, 만물은 형제"였다. 동강을 스케치한 그림 아래에 다음과 같은 글이 있었다.

김대중은 이런 얘기를 자주 했다.

"눈을 가지고 보면 온통 자연의 눈물이고, 귀를 가지고 들으면 만물들의 아우성이다."

김대중은 지구를 어머니로, 지구상의 만물을 형제로 생각해서 소중하게 같이 살고, 같이 번창하고, 같이 가꾸어나가야 한다고 했다. 김대중은 '환경 보호'라는 말을 마뜩지 않게 여겼다. 환경을 망쳐놓고 마치 시혜인 것처럼 보호한다고 말하는 것은 그 속에 인간의 독선과 오만이 들어있다고 했다.

김대중은 동강댐 건설을 싸고 논란이 계속되자 민·관 공동 조사단을 구성하여 원점에서 다시 검토하라고 지시했다. 그리고 2000년 6월 5일 동강댐의 백지화를 선언했다. 김대중은 '환경'이라는 이름으로 국책 사업을 백지화시킨 첫 대통령이었다.

이처럼 김대중 대통령은 '환경' 가치를 높게 평가했고, 동강댐 건설을 직접 백지화했다. 동강댐은 홍수조절과 용수공급을 위해 정부가 추진하던 댐 건설 사업이었다. 그러나 댐 건설 필요성에 대한 논란과 동강 자연보존 등을 이유로 반대 여론이 일어났고, 결국 추진이 무산됐다.

김대중 대통령은 2000년 6월 5일 환경의 날 기념식에서 "세계 최초

탄생 23주년 기념 특별전 게시물 "지구는 어머니, 만물은 형제"

신종으로 추정되는 7종 동식물과 20여 종 멸종위기 동식물 보호 및 생태
계 보전을 위해"동강댐 건설계획 백지화를 밝혔다.

　대통령은 여기에 덧붙여 "새 세기에는 환경보존과 개발이 조화를 이
뤄 인간과 자연이 더불어 사는 생명공동체를 만들기 위해 사전예방 중심
환경정책, 시장경제와 민주주의에 입각한 환경정책, 환경과 경제정책의
통합 등을 중점적으로 추진"한다고 강조했다.

　백지화 선언 1년 전인 1999년 6월 5일 환경의 날 메시지에서도 "환
경에 대한 투자가 곧 미래에 대한 투자"라며 환경에 대한 중요성을 언급

했다. 다음은 당시 메시지 내용 중 일부다.

> 지금 우리가 살고 있는 이 땅은 우리만의 것이 아니다.
> 자자손손 평화와 번영을 누리며 살아갈 삶의 터전이다.
> 우리 모두가 환경보전에 대한 결연한 의지를
> 다시 한번 가다듬어야 할 때다.

> 20세기가 개발과 이용의 시대였다면
> 새 세기는 보전과 복원의 시대가 될 것이다.

> 환경에 대한 투자는 곧 미래에 대한 투자다.
> 이제 환경은 단순히 자연자원의 보전 문제가 아니라
> 국가경쟁력의 중심요소가 되고 있다.

> 자연은 배반하는 법이 없다.
> 우리가 기울이는 노력만큼 보답한다.

> 자연은 이제 정복의 대상이 아니라
> 함께해야 할 공생의 대상이다.

김대중 대통령 탄생 100주년을 맞아 환경보전을 강조하고 수해에 강한 나라를 만들고자 하셨던 그분의 유지를 다시금 생각한다.

2024년 여름철 홍수 대비

기후변화로 인한 이상기후로 예측하기 어려운 집중호우 등이 자주 발생하고, 홍수에 대한 사전 대비 중요성이 커지고 있다. 여름철 홍수 대비에서 제일 중요한 부분은 인명피해 최소화다. 이를 위해서는 홍수 발생 시 충분한 대피 시간 확보 및 관리가 소홀한 사각지대를 없애야 한다.

인명피해를 줄이기 위해서는 디지털 기술을 활용한 과학적 홍수예보와 이를 국민에게 효율적으로 전달할 수 있는 체계 구축이 필요하다. 또한 취약 지역을 사전에 대비하면서 현장 대응 역량을 강화해야 한다. 2024년 여름 기상청에서는 호우 긴급재난문자 발송을 시작했다.

여름철 홍수 대책, 충분한 대피 시간 확보 및 현장 사각지대 최소화[1]

여름철 집중호우 일상화로 계속된 피해가 발생하고 있다. 2023년 7월 500년 빈도에 해당하는 중부지방 집중호우로 미호강과 논산천 제방이 유실됐다. 2022년 8월에 내린 시간당 최대 141mm 강수로 서울이 침수되었고, 포항에서는 냉천이 범람했다. 2020년에는 54일 최장 장마를 기록하면서 섬진강이 범람했다. 정부는 2023년 12월 치수 패러다임 전환을 선언하면서 중장기 관점 치수 대책을 기반으로 실제 현장에서 작동될 수 있도록 사전 대비 및 홍수대응체계 확립과 추진을 발표했다.

이러한 배경 아래 환경부는 2024년 5월 여름철 홍수 대책을 발표했다. 이 대책은 국민 안전을 최우선 목표로 하여 "과학에 기반하고, 현장에서 작동되는 홍수 안전체계 마련"을 위해 ▲인공지능 홍수예보, ▲국민체감형 정보 제공, ▲취약지역 사전 대비, ▲홍수 대비 물그릇 확보, ▲현장 대응역량 강화 등 5대 중점과제 추진을 포함했다.

디지털플랫폼 기반 과학적 홍수예보

첫째, '디지털플랫폼 기반 과학적 홍수예보' 추진이다. 첨단 기술을 적용한 인공지능(AI) 홍수예보를 본격 시행했다. 인공지능 기술을 활용하여 홍수 예측을 자동화하고 예보관 판단을 지원함에 따라 더 많은 지점에 대한 예보가 가능하게 됐다. 이를 통해 예보지점을 그간 대하천 중심 75개소에서 지류·지천을 포함한 223개소로 대폭 확대했다.

홍수 발생 전에 하천 수위를 예측하는 예보뿐만 아니라, 전국에 설치된 673개 수위관측소에서 하천 수위를 1분 주기로 관측하여 수위 상승 등 위험 상황을 관계기관에 전달했다.

하천 수위 예측과 함께 도시지역 침수에 대해서도 예보를 확대했다. 2023년 처음으로 실시한 서울 도림천 도시침수예보를 2024년에는 광주 황룡강, 포항 냉천, 창원 창원천 지역까지 확대해서 운영했다. 하천 및 하수관로 수위 등을 확인하여 침수가 예상되는 상황을 지자체에 알리고, 지자체에서 신속하게 주민들을 대피시킬 수 있도록 했다.

또한, 홍수로 인한 침수에 대응하기 위해 홍수위험지도 활용도를 높이기로 했다. 하천 범람으로 인한 침수를 나타내는 하천범람지도는 2022년 말에 제작 완료했다. 하수관로 역류 등으로 인한 침수를 나타내는 도시침수지도는 2024년 12월까지 침수우려지역 1,654개 읍·면·동에 대해 제작하여 인터넷을 통해 국민에게 공개한다. 이를 통해 국민은 침수우려지역을 확인할 수 있으며, 지자체는 비상상황 시 대피소 및 대피경로를 마련하여 도시침수에 대비할 수 있다.

국민이 체감할 수 있는 홍수정보 제공

둘째, '국민이 체감할 수 있는 홍수정보 제공'을 추진했다. 이전까지는 홍수경보 알림 문자를 받아도 운전 중에는 어느 곳에 발령됐는지 제대로 확인할 수 없었다. 2024년부터는 차량 운전자가 홍수경보 발령지점이나 댐 방류지점 부근에 진입할 때, 내비게이션에서 음성으로 안내해줌으로써 저지대 같은 위험지역에서 운전할 때 주의할 수 있도록 했다.

홍수주의보·홍수경보 알림 문자는 개인별 핸드폰 위치정보(GPS)를 활용하여 '본인이 침수우려지역에 위치하는지 여부'와 '인근 침수우려지역 지도'를 함께 제공하여 위험지역에서 신속히 벗어날 수 있도록 도와준다.

또한 관계기관에도 빈틈없이 홍수예보 등 위험 상황을 알렸다. 기존에는 팩스, 문자로만 전파했다면, 2024년부터는 문자를 음성으로 변환해서 자동으로 전파하고 수신 확인 후 통화를 종료하는 '보이스 메시지 시스템'과 동일 지역 내 지자체, 소방, 경찰 등 홍수대응 기관에 홍수상황을 일시에 전파할 수 있는 재난안전통신망 등도 추가했다. 이를 통해 책임감 있는 현장 대응이 이뤄질 수 있도록 지자체 부단체장에게 직접 홍수 위험 상황을 전달했다.

하천·하수도 등 취약지역 사전 대비

셋째, '하천·하수도 등 취약지역 사전 대비'를 추진했다. 제방 등 하천시설과 하천점용 공사 현장 등에 대해 전문기관인 한국하천협회와 합동으로 실시한 일제점검을 4월에 완료했으며, 홍수기인 6월 21일 전까지 미흡한 사항에 대한 보수·보강 등 필요한 조치를 완료했다.

하천공사 현장을 포함하여 취약한 구간은 전문기관과 합동 조사 후 홍수취약지구로 추가 지정하여 현장 점검을 통해 집중관리했다. 하천 합류부와 협착부 등 물 흐름에 지장이 있는 곳은 홍수기 전까지 수목 제거와 퇴적토 준설 등을 최대한 완료했다.

지자체의 협조를 구해 홍수기 전까지 하수관로의 시작이라 할 수 있는 빗물받이를 점검·청소하도록 하여 도시침수를 예방했다. 또한, 각 지자체가 침수 위험지역에 맨홀 추락방지시설을 설치하도록 하고, 설치된 시설은 집중적으로 점검하도록 관리했다.

선제적 댐 방류 등 홍수 대비 물그릇 확보

넷째, '선제적 댐 방류 등 홍수 대비 물그릇 확보'를 추진했다. 집중호우 시 최대한 물을 담아둘 수 있도록 다목적댐 20개에 대해 홍수기 전까지 집중 방류를 통해 홍수조절용량 61억 4천만 m^3를 최대한 확보했다.

환경부가 관리하는 다목적댐뿐만 아니라, 관계기관 간 협업하여 한국수력원자력 발전용 댐 7개소와 한국농어촌공사 농업용 댐 36개소에 대해서도 사전 방류 등 홍수에 대비했다. 특히, 2023년 월류가 발생한 괴산댐은 홍수기 제한수위를 전년보다 3m 하향 운영하는 등 홍수조절용량을 추가 확보했다.

또한, 임진강과 북한강 유역 등 접경지역에 대해서는 위성 직수신 안테나 설치로 위성영상을 통한 관측 등 모니터링을 고도화하여 북측 댐에서 예고 없이 방류할 때 등에 대비했다.

현장 중심 대응역량 강화

다섯째, '현장 중심 대응역량 강화'를 추진했다. 2023년 말까지 국가하천 3,602km 전 구간에 사각지대가 없도록 설치한 8천여 대 폐쇄회로텔레비전(CCTV)을 활용하여 현장 상황을 적기에 확인하고 관계기관에 전달함으로써 현장 대응이 신속히 이뤄지도록 지원했다. 또한, 지자체에서도 해당 CCTV를 확인할 수 있도록 시스템을 개선·운영하여 대응능력을 높였다.

홍수대응 지휘본부로서 '물재해종합상황실'을 운영하여 홍수예보 및 실시간 하천 수위 등 현장 상황을 꼼꼼하게 관측하고 위기 상황에 대응했다. 또한 현장 대응능력을 높이기 위해 지자체와 더 많은 소통과 훈련 등을 통해 협업체계를 강화하고, 지자체 현장 대응능력을 높였다. 2024년 5월에는 홍수안전주간을 운영하여 정책토론회, 유역별 모의훈련, 지자체 합동 워크숍 등 기관 간 홍수대응 준비 상황을 철저히 점검했으며, 앞으로 홍수대응 시에도 기관 간 적극 협력하기로 의견을 모았다.

호우 긴급재난문자[2]

기상청 호우 긴급재난문자(CBS, Cell Broadcasting Service)는 「재난 및 안전관리 기본법」 제38조의2에 따라 발송하는 재난문자방송의 한 종류로, 40dB 이상의 경고음과 진동을 동반하는 '긴급재난문자'다. 발송 기준은 1시간 누적 강수량이 50mm이면서 동시에 3시간 누적 강수량이 90mm에 이르는 매우 많은 비가 관측되거나, 1시간 누적 강수량이 72mm에 이르는 매우 강한 비가 관측됐을 때다.

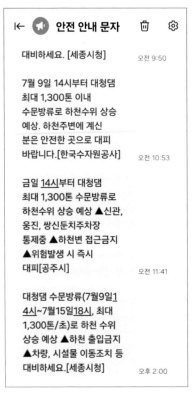

2024년 여름 안전안내문자 예

재난문자는 '안전안내문자', '긴급재난문자', '위급재난문자' 세 종류가 있다. 안전안내문자는 일반 문자메시지와 비슷하지만, 긴급·위급재난문자는 40dB 이상의 소리와 진동을 동반한다. 흔히 '재난문자'라고 하면 떠오르는 "삐~"하고 울리던 경고음 소리가 바로 긴급·위급재난문자다. 긴급재난문자는 설정상 수신거부가 가능하지만, 위급재난문자는 수신거부가 불가능하다. 기상청이 발송하는 호우 긴급재난문자는 경고음을 동반하여 발송된다.

2023년 서울·경기·인천 등 수도권 지역에서만 시범 운영하던 기상청 호우 긴급재난문자 제도를 여름철 방재기상업무 시작에 맞춰 5월 15일부터 확대 시행했다. 수도권 지역은 5월 15일부터 정규 운영으로 전환했고, 광주·전남 등 전남권과 대구·경북 등 경북권 지역은 5월 15일부터 10월 15일까지 시범 운영했다.

실제로 같은 기준을 과거 사례에 적용해보면, 2022년 8월 8일 신림동에서 발생한 반지하 침수사고 약 20분 전 해당 지역에 호우 긴급재난문자를 발송할 수 있었다고 분석했다. 또한 2023년 6월 27일 전남 함평군에서 발생한 실종사고도 약 1시간 10분 전 해당 지역에 호우 긴급재난문자를 보내 위험성을 경고할 수 있었던 것으로 나타났다. 호우 긴급재난

호우 긴급재난문자

문자가 집중호우로 인한 안타까운 인명피해를 예방하는 데 도움이 되기를 기대하고 있다.

2024년에도 여름철 홍수 대비를 추진했다. 디지털플랫폼 기반 과학적 홍수예보, 국민 체감 홍수정보 제공, 취약지역 사전 대비, 홍수 대비 물그릇 확보, 현장 중심 대응역량을 강화하고, 호우 긴급재난문자 등을 긴급하게 발송했다. 앞으로도 정부 부처, 지자체, 관련 기관 등이 적극 협력해서 여름철 홍수로 인한 인명피해 발생을 최소화하는 노력이 이어져야 한다.

도시침수방지법 시행

기후변화로 인한 극한강우로부터 도시지역의 침수피해를 줄이기 위한 「도시하천유역 침수피해방지대책법(이하 도시침수방지법)」 시행령이 2024년 2월 27일 국무회의에서 의결되어 3월 15일부터 시행했다. 「도시침수방지법」은 2023년 8월 24일 국회 본회의를 통과했으며, 3개월간의 준비기간을 거쳐 11월 20일부터 40일간 시행령 제정안이 입법 예고된 바 있다.

「도시침수방지법」 시행을 통해 '특정도시하천 침수피해 방지 기본계획'과 '침수피해방지사업 시행계획'의 수립 절차를 구체화하고, 도시침수 관리 전담조직에 대한 설치·운영 요건을 마련했다. 이로써 설계기준을 강화하고 사후 관리체계를 수립할 수 있게 됐다.

도시침수방지법 제정[3]

「도시침수방지법」은 통상적인 홍수방지 대책만으로 피해 예방이 어려운 특정 도시하천 유역의 홍수 피해를 줄이기 위해 제정했다. 극한강우에 대비해 하천시설, 하수도 등 침수방지시설 설계기준을 강화하고, 침수방지시설 통합 치수계획을 수립 및 시행한다. 또한 하천 및 하수도 수위·침수

1부. 물Water

범위까지 예측하는 도시침수예보를 활용하고, 물재해종합상황실과 도시침수예보센터 같은 전담조직 설치 근거를 마련해서 도시침수 피해를 최소화 및 예방하고자 했다.

법 제정 '목적'은 "기후변화와 도시화에 따른 대규모 홍수에 적절하게 대응함으로써 도시하천 유역 침수피해 방지"이며, '도시침수'는 "홍수로 인한 도시하천 범람 또는 도시지역 내에서 강우가 적절히 배수되지 아니하여 발생하는 침수현상"으로 정의했다. 또한 '특정도시하천'은 "기후변화와 도시화에 따라 현저하게 침수피해가 발생하였거나 발생이 예상되어 하천정비 등 통상적인 홍수관리대책만으로는 피해 예방이 곤란한 도시하천"을 의미한다.

주요 사항으로는 10년마다 특정도시하천 침수피해 방지 기본계획을 수립하고, 이에 따라 시행계획을 수립하도록 하고 있다. 기본계획과 시행계획을 수립할 때 침수방지시설 설계기준 및 설계빈도에 강화된 기준을 적용할 수 있게 했다. 이 외에도 물재해종합상황실 설치 및 운영 규정과 도시침수예보 실시 내용을 포함하고 있다.

도시침수방지법 시행령 제정 및 시행[4]

2024년 3월 시행된 「도시침수방지법」 시행령은 다음과 같은 내용을 중심으로 만들어졌다.

첫째, '특정도시하천 침수피해 방지 기본계획'과 '침수피해방지사업 시행계획'을 수립할 때 강우량 증가 전망 등 관련 내용을 추가했으며, 전문기관의 기술 검토를 거치는 등 수립 절차를 구체화했다. 시행계획 관련 내용에는 강우량 증가 전망, 특정도시하천유역 범위, 침수방지시설 효과 분석 및 우선순위, 침수방지사업 연차별 추진계획 등이 해당한다.

둘째, 환경부 내에 물재해상황실 등 도시침수관리 전담조직에 대한 설치 및 운영 요건을 마련했으며, 하천·하수도 수위, 침수범위 등 지자체에 제공하는 도시침수 예보정보를 구체화했다. 설치·운영 요건은 전담인력 확보, 물재해 상황관리를 위한 시설·장비, 정보통신체계 등을 포함한다.

셋째, 극한강우 등을 고려하여 침수피해 지역, 인구밀집 지역, 산업단지 설계기준을 강화할 수 있도록 했으며, 침수방지사업을 시행하는 지자체가 매년 추진실적을 환경부에 보고하도록 하는 등 사후 관리체계를 마련했다.

도시침수방지법의 주요 내용

1. 기본 개념

구분	(현행) 개별법에 따른 침수 방지	(개선) 도침법에 따른 침수 방지
인프라	도시침수방지대책을 하수도, 하천 등 개별 사업으로 추진	도시침수방지대책을 하천+하수도 통합·연계 추진
예보	하천범람 예보	하천범람+도시침수 통합 예보
기간·비용	개별 추진으로 공기 연장, 비용 증가	통합 추진으로 공기 단축, 비용 절감

2. 법안의 주요 내용

① 설계기준 강화

구분	내용
설계기준 강화	- 환경부 장관은 기본계획 및 시행계획 수립 시 강화된 기준 적용 가능 - 환경부 장관은 지자체장이 시행계획 수립 시 강화된 기준 적용 권고

② 시설 계획

추진주체	추진내용	비고
기본계획 (환경부 장관)	특정도시하천 침수피해 방지 기본계획 수립 – 침수피해방지 기본계획의 목표 및 추진전략 – 침수방지시설 연계 정비에 관한 사항 – 설계기준 및 설계빈도 강화	– 10년 주기(재검토 5년) – 관계 중앙행정기관, 지자체장 의견 청취 – 유역물관리위원회 심의

시행계획
(환경부 장관,
지자체장)
	침수피해방지사업 시행계획 수립
	– 사업시행자가 기본계획에 따라 실시계획
	  수립
	– 공사방법에 관한 설계도서, 도면, 시방서
	  등 작성
		국고 지원 사업은 환경부 장
		관과 사전 협의

③ 도시침수예보

구분	내용
물재해상황실	도시침수 등 물 재해 정보의 수집·전파, 상황관리 등의 업무 수행
도시침수예보	– 유역별로 도시침수예보 실시 – 도시침수예보를 위해 도시침수예보센터 설치·운영

④ 기타

구분	내용
사후관리	환경부 장관은 침수피해방지사업의 집행실적을 검토하여 지자체장에게 개선 권고 또는 시정 요청 → 지자체는 필요한 조치 시행

도시침수방지법 시행 의의

「도시침수방지법」이 시행됨에 따라 통상적인 대책만으로는 침수피해 예방이 어려웠던 지역을 대상으로 환경부가 직접 10년 단위 '특정도시하천 침수피해방지 기본계획'을 수립할 수 있게 됐다. 이를 통해 하천과 하수도를 아우르는 종합적인 침수피해 방지대책을 추진하여 일상화된 극한 강우에 능동적으로 대처할 수 있다.

환경부는 2024년까지 '도시침수방지 종합대책'을 수립하여 전국 도시하천 유역에 대한 침수 취약성 분석, 관리 우선순위 도출, 도시침수 예보체계 정비 방안 등을 마련할 계획이다.

또한, 인공지능(AI) 기술을 활용한 도시침수 예보도 침수취약 지역을 중심으로 단계적으로 확대할 계획이다. 도시침수 예보는 2023년 서울 도림천 유역을 대상으로 시범 운영한 바 있으며, 2024년 자연재해대책기간인 5월 15일부터 10월 15일까지 광주 광산구, 포항 냉천, 창원 창원천 지역까지 확대했다.

환경부 관계자는 "극한강우가 일상화되고 있어 정부 주도의 체계적인 도시침수 대응이 필요한 시점이며, 하천과 하수도를 연계한 종합적인 치수대책을 마련하는 등 국민의 생명과 재산을 보호할 수 있도록 최선을 다할 것"이라고 밝혔다.

「도시침수방지법」 제정은 도시하천 침수피해를 저감할 수 있는 계기를 제공했다고 평가되고 있다. 하지만 기본계획과 시행계획 추진을 위한 재원 마련, 설계기준 및 설계빈도 강화에 따른 사업추진의 어려움, 도시침수예보 실시의 실효성 등에 대한 우려도 공존한다. 추후 이러한 부분을 보완할 수 있는 법과 제도 개선 및 필요한 기술 개발 노력이 이어져서 도시침수 방지에 이바지할 수 있기를 기대한다.

임진강 황강댐 방류 대응

2024년 여름 북한의 황강댐 방류에 대응한 감시 활동을 진행했다. 2009년 임진강에서는 예고 없는 황강댐 무단 방류로 우리 국민 6명이 사망하는 일이 있었다. 이 일을 계기로 군남홍수조절지 본댐을 조기 완공하고, 인공위성과 강우레이더를 활용한 감시 및 대피체계를 운영하고 있다.

황강댐 방류 징후 포착에 따른 홍수 상황 감시[5, 6]

2024년 7월 오랜 기간 지속된 장마로 한반도에 많은 비가 내렸다. 환경부는 7월 18일 접경지역에 대한 위성영상 분석 결과 임진강 북측 황강댐 방류 징후를 포착하고 이에 대응했다. 7월 17일 10시경과 22시경 촬영한 위성영상에서는 댐 방류 징후가 나타나지 않았으나, 7월 18일 03시경 촬영한 위성영상에서는 하류 하천 폭이 증가한 것으로 관찰되어 황강댐 방류를 추정했다.

7월 18일 15시경 촬영한 접경지역 위성영상 분석 결과, 03시 촬영한 결과에 비해 방류량이 상당히 증가했다. 위성영상으로 하루에 1~2회 접경지역을 감시하며, 집중호우 등과 같은 상황에서는 하루 최대 3회까지 감시하고 있다.

이에 즉시 군부대, 지자체 등 관계기관 직통 연결 핫라인을 통해 상황을 신속히 공유하고 비상대응체계를 가동했으며, 하류 하천 주민의 안전을 확보하기 위해 경보방송과 순찰계도 등을 실시했다.

2009년 황강댐 방류에 따른 사망자 발생과 후속 대책[7]

2009년 황강댐 방류로 인해 우리 국민 6명이 사망하는 인명피해가 있었다. 북측이 일요일인 9월 6일 새벽 2시부터 오후 1시까지 11시간 동안 약 4천만 톤의 물을 일시에 방류하여 수위가 급하게 상승했다. 군사분계선 하류 필승교 수위는 4시간 동안 2.4m 상승 후 하강했다.

당시 국토해양부는 이에 대한 단기와 장기 대책을 수립해서 시행했다. 단기 대책으로는 임진강 경보국 운영시스템 보완과 한국수자원공사 사고대책본부를 구성 및 운영했다. 한국수자원공사에서는 필승교 수위가 3m, 5m, 7m일 경우 자동 경보가 작동하도록 시스템을 운영했으나, 원격데이터 전송장치 고장으로 작동하지 않았다. 따라서 고장 시 근무자에게 자동 경보가 작동하도록 개선하고, 각 기관 간 데이터 공유체계를 구축했다. 나아가 데이터 전송 라인을 이원화하여 사고에 대비할 수 있도록 조치했다.

장기 대책으로는 군남홍수조절지 조기 건설을 추진했다. 임진강 하류 홍수피해 대책 및 북측 황강댐 일시 방류에 대응하기 위해 군남홍수조절지 본댐을 2010년 6월 조기 완공하기로 했다.

임진강 상류에는 황강댐을 포함해서 4월5일댐이 1호부터 4호까지 4개 있으며, 황강댐 물은 약 4km 길이 도수터널을 통해 예성강으로 유역 변경되어 흘러간다. 하지만 많은 비로 인해 황강댐 수위가 상승할 때는 임진강 하류로 무단 방류하고 있다. 이에 대비하기 위해 군남홍수조절지 본댐 조기 완공이 필요했다.

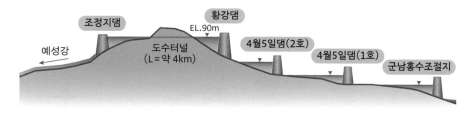

황강댐과 군남홍수조절지

군남홍수조절지 본댐 14개월 앞당겨 조기 완공[8]

임진강유역 홍수피해방지와 북측 황강댐 무단 방류에 대응하기 위해 추진해온 군남홍수조절지 건설사업은 2010년 6월 30일 본댐 공사를 조기 완공하고, 7월 1일부터 댐 운영을 시작했다. 군남홍수조절지는 높이 26m, 길이 658m, 총저수용량 7천만 톤인 홍수조절 전용 댐이다. 원래 2011년 8월 본댐 완공계획이었으나 14개월 앞당겨 완료했다.

임진강에서는 '96, '98, '99년 대홍수로 약 1조 원의 재산피해와 128명의 인명피해가 발생했고, 북측 댐 방류로 인한 수위 상승으로 큰 피해가 있었다. 군남홍수조절지 조기 운영과 홍수예·경보시스템 구축을 통해 하류 주민들을 인명 및 재산 피해로부터 보호할 수 있게 됐다.

임진강 상류 북측 황강댐으로 인해 수량이 줄어들 때를 대비해서 갈수기에는 군남홍수조절지에 약 1,300만 톤의 물을 가둘 수 있게 됐다. 연천과 파주지역에 안정적인 용수공급과 함께 물 부족에 따른 임진강 하류 하천생태계 훼손도 대비할 수 있게 됐다.

'군남홍수조절지 건설사업'은 2006년 착공해서 총사업비 3,787억 원을 투입했으며, 2011년 10월 26일 준공했다. 임진강 유역 홍수피해 방지와 북측 황강댐 무단 방류에 조기 대응하기 위해 2010년 6월 말 본댐 공사를 14개월 앞당겨 완공하고 댐 운영을 개시했으며, 이후 친환경공원 등

마무리 공사를 완료하고 준공했다.[9]

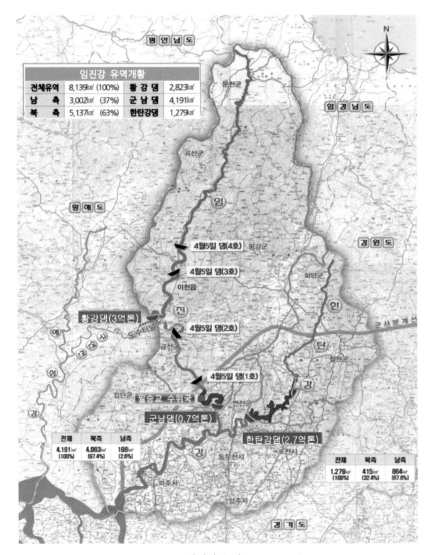

임진강 유역개황			
전체유역	8,139㎢ (100%)	황 강 댐	2,823㎢
남 측	3,002㎢ (37%)	군 남 댐	4,191㎢
북 측	5,137㎢ (63%)	한탄강댐	1,279㎢

임진강 유역도

군남홍수조절지 조감도

감악산 강우레이더 운영[10]

임진강, 한탄강 등 접경지역에 내리는 비를 관측할 수 있는 대형 강우레이더를 경기도 파주시 적성면 객현리 감악산 정상부 해발 675m에 설치하고, 2022년 6월부터 운영을 시작했다. 레이더는 주파수 2,791MHz, 최대출력 750kW로, 수평 및 수직 전파를 동시에 발사하는 이중편파 관측을 통해 빗방울 크기까지 관측할 수 있을 정도로 정밀하다.

강우레이더는 태풍, 기상변동 등을 목적으로 하는 기상레이더와 달리 반경 125km 이내에서 지표에 근접하게 내리는 강우량을 면적 단위로 관측하여 홍수예보에 활용한다. 감악산 강우레이더는 기존 임진강 강우레이더에서 관측하기 어려웠던 임진강 상류 지역에 내리는 비를 집중적으로 관측할 수 있다. 이에 따라 접경지역 침수와 주요 지천 강수 및 홍수 정보를 파악할 수 있어 돌발홍수에 신속하게 대비할 수 있게 됐다.

이러한 정보는 지자체, 기상청, 국방부, 국립공원공단 등 유관기관과 공동으로 활용하며, 긴급재난문자, 홍수통제소 누리집 및 홍수알리미앱 등으로 국민에게 바로 제공한다. 인공위성을 이용한 북한 댐 무단 방류 감시와 감악산 강우레이더를 활용한 홍수예보 질 향상 등을 통해 임진강 하류 홍수피해 사전 예방을 기대한다.

군남댐 대비와 감시체계 운영[11]

홍수기(6월 21일~9월 20일)를 앞둔 2024년 6월 18일 환경부 장관이 임진강 유역 홍수방어 최전선인 군남댐 현장을 방문했다. 장관은 군남댐을 방문한 자리에서 임진강 유역 홍수 대응계획에 대해 보고받고, 위성 및 폐쇄회로텔레비전(CCTV) 등 감시체계 운영현황, 군남댐 운영현황, 관계기관 비상대응체계 등 홍수준비 상황을 점검했다.

환경부는 북한 댐 방류로 인한 피해를 예방하기 위해 고해상도 위성 영상 등을 활용하여 이 지역을 면밀하게 감시하고 있다. 2024년 6월에는 위성 직수신 안테나를 설치하여 영상 확보 시간을 6시간 이상에서 2시간 이내로 단축하는 등 접경지역 감시체계를 강화했다.

임진강 유역 내 우리나라 최북단에 있는 필승교 수위도 실시간 감시한다. 행락객 대피 기준수위인 1m에 도달할 경우, 하류 하천에 대한 경보 방송과 순찰계도 등을 통해 신속하게 행락객을 대피시켜 인명피해를 예방한다.

임진강 하류 상황을 무시한 북한의 댐 방류에 대응하기 위해서는 필요한 구조적·비구조적 대책을 철저히 운영해야 한다. 군남댐을 활용한 구조적 대책과 수위 측정, 강우레이더 관측, 인공위성 감시, 비상대응체계 운영 등과 같은 비구조적 대책도 중요하다. 이 모두를 활용해서 북한의 활동을 감시 및 대비하여 다시는 우리 국민이 피해를 입는 일이 없어야 한다.

지하공간 침수피해 방지

2022년 8월 집중호우 때 서울 관악구 반지하에 살던 발달장애인을 포함한 일가족 3명이 침수피해로 사망했다. 9월에는 태풍 힌남노로 포항 냉천이 범람했으며, 인근 아파트 지하주차장으로 유입된 물로 인해 주민 9명이 사망했다. 2023년 7월에는 충북 미호강 제방을 월류한 물이 청주시 오송읍 궁평2지하차도로 유입해서 차들을 덮쳐 14명이 사망했다. 정부와 지자체에서는 이처럼 매년 반복하는 지하공간 침수피해 방지대책을 계속 발표하고 있다.

'지하공간'이란 "지하도로, 지하광장, 지하에 설치되는 공동구, 지하도상가, 지하에 설치되는 도시철도 및 철도, 지하에 설치되는 변전소, 바닥이 지표면 아래에 있는 건축물 등"을 말한다. 지하공간 관리자는 인명피해 예방을 위해 지하공간 침수 방지, 침수시간 최대한 지연, 안전한 대피로 확보, 신속한 배수 등 단계별 대책을 수립해야 한다.[12]

민관합동으로 내비게이션 상황 전달 서비스 마련 추진

2023년 7월 폭우로 인한 하천 범람으로 지하차도가 침수된 사고와 같이 도로 및 지하차도 등이 침수될 경우, 차량 내 운전자들이 실시간 현장 정보를 접하기 어려워 위험에 처하는 상황이 자주 발생한다. 현재 일부 내비게이션에서 결빙, 안개, 추돌사고지역 등 도로 위 위험상황 정보를 제공하고 있으나, 주로 상황 발생 이후 통제 정보가 내비게이션에 표출되는 방식으로 침수상황을 사전에 예측하기는 어렵다.

과학기술정보통신부와 환경부는 도로·지하차도 침수상황으로부터 국민의 생명과 재산 피해를 최소화하기 위해 2023년 7월부터 관련 기업들과 내비게이션 고도화를 통한 사고 예방 방안을 지속해서 논의했다. 2024년에는 차량 침수 위험이 있는 도로나 지하차도 인근 반경 1.5km 이내를 지날 때 운전자에게 내비게이션으로 실시간 위험 상황을 전달하는 시범서비스를 마련했다.

도로 침수가 우려되는 상황에서 실시간 홍수예보 발령정보와 침수 위험 데이터 중계를 민관 협력 지원 플랫폼 기반으로 사전에 운전자에게 내비게이션을 통해 제공하고, 운전자가 스스로 상황을 인지하여 주의를 기울이거나 위험지역에서 벗어나도록 유도한다. '국민 안전'이라는 가치를 위해 자사 내비게이션 고도화를 결정한 카카오 모빌리티, 티맵 모빌리티, 네이버, 현대자동차, 아틀란 등의 기업들이 참여했다.[13]

지하공간 안전관리를 위한 제도 개선

2022년 인명피해가 발생한 포항 지하주차장 같은 지하공간 피해 방지 방안을 마련하기 위해 2023년 1월 행정안전부는 「자연재해대책법」과 지하공간 침수 방지를 위한 수방기준을 개정하는 제도 개선 방안을 발표했다.[14]

지하공간 수방시설 설치 및 유지·관리를 소홀히 할 경우에 대한 벌칙(과태료) 조항과 지자체에서 수방기준을 운용할 수 있도록 지자체 조례 위임 조항을 신설하여 법적 실행력을 높이고, 기존 지하건축물에 대한 수

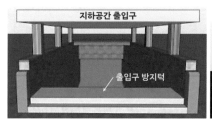

지하공간 출입구 방지턱

방시설 설치지원 근거를 마련했다.

　수방기준에서 규정하고 있는 "침수피해가 우려된다고 인정하는 지역"을 확대하고, 침수고립 방지 출입문, 개방형 방범창, 비상탈출 사다리, 지하 침수 공간 진입 차단시설, 침수 안내시설 등 피난시설 기준을 추가했다. 예상 침수 높이에 따른 출입구 방지턱, 난간의 설치규격 및 방법, 물막이판 설치 위치에 따른 종류와 설치 방법 등을 상세 그림과 함께 알기 쉽도록 설명하는 등 해설집을 개정했다.

반지하 피해 재발 방지를 위한 노력

2022년 여름 서울 반지하 침수로 인한 인명피해는 많은 이들을 가슴 아프게 했다. 이를 계기로 서울시에서는 반지하 주택 안전을 위해 다양한 대책을 마련했다. 서울시에서 수립한 '지하·반지하 거주가구를 위한 안전대책'에 따르면 앞으로 서울에서 지하·반지하는 사람이 사는 '주거 용도'로 사용할 수 없다.

　통계청에서 2020년 발표한 서울 시내 유형별 주택 현황에 따르면, 서울 전체 가구의 5% 수준인 약 20만 호의 지하·반지하가 주거용으로 사용 중이다. 2012년 「건축법」 제11조를 "상습침수구역 내 지하층은 심의를 거쳐 건축 불허가 가능"하도록 개정했으나, 그 이후에도 반지하 약

4만 호가 건설된 것으로 조사됐다.

따라서 서울시는 앞으로 상습 침수 또는 침수우려구역을 불문하고, 지하층은 사람이 살 수 없도록 개선할 방침이다. 또한, '반지하 주택 일몰제'를 추진해서 기존에 허가된 지하·반지하 건축물에 10~20년 유예기간을 주고 순차적으로 주거용 지하·반지하 건축물을 없애나갈 계획이다.[15]

서울시는 2023년 6월까지 반지하를 전수조사하고 이를 토대로 침수방지시설을 설치했다. 또한, 반지하 가구를 포함한 저소득 주거 취약계층의 공공임대주택 이주를 지원하고, 민간임대주택으로 이주 시 최대 5천만 원까지 보증금을 무이자로 지원한다.

반지하 전수조사는 반지하 주택을 방문하여 침수 위험도, 침수 예방시설 필요성에 대해 ▲매우 ▲보통 ▲약간 ▲불필요 등 네 가지 분류로 육안조사하고, 침수 예방시설 설치가 필요하다고 판단되면 추가로 실측조사를 진행해서 설치 위치, 규격 등을 파악했다. 신속한 대피가 어렵거나 침수 위험이 있는 2만 8천 호는 침수 예방시설 '불필요'로 분류된 곳을 제외한 '매우·보통·약간'에 해당하는 곳에 모두 설치하며, 비교적 침수 위험이 낮은 20만 호의 경우에는 '매우'로 분류된 곳에 침수 예방시설을 설치한다.

반지하를 비롯하여 열악한 주거환경에 놓인 취약계층을 위한 '주거상향' 사업도 본격 추진한다. 주거상향 대상은 반지하 또는 고시원·비닐하우스 등 비정상 거처에서 3개월 이상 거주 중인 무주택 세대 구성원으로, 가구원 수에 따라 전년도 도시근로자 월평균 소득 50~70% 이하에 해당하면 임대주택 입주를 신청할 수 있다. 2023년부터는 LH뿐만 아니라 SH 공공임대주택에 입주할 때도 보증금 전액을 무이자로 지원받을 수 있으며, 민간임대주택 이주 시에는 보증금 5천만 원까지 무이자 융자가 가능하다. 또 취약계층의 주거이전 부담을 덜어주기 위해 이사·생필품 구입 등에 사용된 실비도 40만 원까지 지원한다.[16]

반지하 주민대피 훈련

반지하 주민대피를 위한 '풍수해 재난대응 종합훈련'도 이루어졌다. 서울시는 2023년 5월 이상폭우에 의한 대규모 침수를 가정하여 전반적인 풍수해 예방체계를 점검하는 실전 종합 모의훈련을 시행했다. '풍수해 재난대응 종합훈련'은 ① 침수 예·경보 발령에 따른 동행파트너 반지하 재해약자 대피, ② 침수취약도로(강남역사거리) 사전통제, ③ 하천침수 위험으로 인한 안양천 통제 및 둔치주차장 차량 견인, ④ 강우로 인한 청계천 출입통제 및 고립된 시민 구조로 구성했다. 훈련에 참여한 모든 기관을 재난안전통신망(PS-LTE)으로 연결해 위기 상황 대응 전 과정을 종합적으로 연습했다.

특히 동행파트너 반지하 재해약자 대피훈련은 시간당 55mm를 초과하는 강우가 발생할 때 서울시 재난안전대책본부가 해당 자치구에 '침수 예보'를 발령하고, 동행파트너가 재해약자 가구에 출동했다. 자치구는 강우 강도가 더욱 거세지고 현장의 침수 위험 정도가 크다고 판단되면, '침수경보'를 발령해 동행파트너가 재해약자를 즉시 대피시키도록 했다.[17]

지하차도 침수 대비 비상대피로 설치

부산시는 전국 최초로 시내 34개 지하차도를 대상으로 '지하차도 비상대피로 확보사업'을 추진하고 있다. 2020년 초량제1지하차도 침수사고 이후 부산 시내 지하차도에 차단기, 수위계, CCTV 등 차단시스템을 구축해서 지하차도 진입을 원천 차단하는 방식으로 침수사고에 대처하고 있다. 그러나 2023년 7월 오송 궁평2지하차도 침수사고와 같이 극한호우 등으로 인한 급작스러운 침수 시 지하차도 내부에 고립될 위험은 여전하다. 이에 대비하고자 시내 지하차도에 대한 전수조사와 현장 확인을 하고, 다양한 검토와 관계기관 협의를 거쳐 '비상대피로 설치 표준안'을 마

비상대피로 설치 표준안

련했다.

표준안 1은 기존 지하차도 내부에 설치된 비상출입문과 계단, 사다리 등 연결통로를 활용해 비상대피로를 확보하는 방안이며, 표준안 2는 기존 시설을 활용한 대피로 확보가 불가능한 경우에 비상사다리, 대피유도 핸드레일, 인명구조함, 비상유도표지판 등 '비상대피시설'을 설치해서 지하차도 출입구 양측으로 신속하고 안전하게 대피를 유도하는 방안이다. 부산시는 2026년까지 관내 지하차도 34개소에 대해 비상대피로를 확보해나갈 계획이다.[18]

지하주차장 침수사고 방지 물막이판 설치

'물막이판'은 집중호우 시 지하주차장 출입구로 한꺼번에 많은 빗물이 쏟아져 피해를 보지 않도록 빗물 유입을 차단하는 시설이다. 서울시는 최근 10년 사이 한 번이라도 침수된 이력이 있는 지역이거나 실제 침수가 발생한 공동주택 단지 내 지하주차장 입구에 물막이판 설치를 지원한다. 공동주택은 '민간 소유'이므로 단지별 장기수선충당금을 통해 우선 설치하고, 서울시는 150세대당 지하주차장 입구 물막이판 1개소, 설치비의 최대 50%, 단지별 최대 2천만 원까지 지원할 계획이다. 예를 들어 150세대 단지는 1개소, 151~300세대 단지는 2개소 등 세대수와 비례하여 2천만 원 이내에서 물막이판 전체 설치비의 50%를 지원하는 내용이다.[19]

또한 서울시는 지하공간 물막이판 설치도 의무화한다. 앞으로는 신축 공동주택 건축위원회 심의 상정 시 지하주차장 입구에 물막이판 설치계획을 포함해야 한다. 다만, 대상지 입지여건 등을 고려하여 위원회 심의에서 침수 가능성이 없다고 인정할 때는 제외할 수 있다. 또한, 빗물 유

|설치 전|설치 후|

물막이판 설치 전후

입 방지 효과를 높이기 위해 주차장 출입구에 방지턱과 빗물 배수로 병행 설치도 검토할 계획이다.[20]

　　기후변화의 영향은 전혀 예측하지 못했던 형태로 집중호우를 야기하고 있다. 이에 따라 늘어난 많은 양의 물은 도심지 지하공간으로 모여들어서 생각하지 못한 인명피해를 만들었다. 정부와 지자체는 미리 막을 수 있었던 안타까운 상황들에 대한 대책을 계속해서 마련하고 있다. 차량 내비게이션에 위험정보 제공, 지하공간 관리, 반지하 개선과 대응훈련, 지하차도 비상대피로와 지하주차장 물막이판 설치 등과 같은 여러 대책을 추진했다. 이런 대책들이 실제 현장에서 효과를 발휘해서 다시는 동일한 피해가 발생하지 않아야 할 것이다.

3장

가문과 이수

2024년은 가뭄에 안전할까?

2022년부터 이어진 남부지방 가뭄으로 2023년 봄 극심한 상황을 맞이했다. 섬 지역에는 제한급수와 단수를 시행하고, 댐 저수율 하락으로 대도시에서는 생활용수와 공업용수 공급이 중단될 위기에 처했다. 국민과 관계 부처가 적극적으로 협력해서 물을 절약하고, 부족한 지역에 물을 기부했으며, 댐 연계 운영을 통해 용수를 지원했다. 다행히 2023년 여름부터 내린 많은 비로 위기를 극복하고 가뭄에서 벗어날 수 있었다.

2024년은 충분한 댐 저수율과 정상적인 기상 상황으로 인해 가뭄 걱정 없이 시작했다. 앞으로도 지속적인 감시와 대책 추진으로 가뭄을 걱정하지 않을 수 있는 환경을 만들어가야 할 것이다.

2023년 가뭄 상황

2023년 봄 남부지방 가뭄은 심각했다. 2022년 4월부터 남부지방 강수량이 평년의 68.8% 수준인 845.8mm에 불과해서 가뭄이 장기화했고, 주암댐 등 주요 수원 저수율이 악화한 상황이었다. 가뭄이 심각해지자 2023년 3월 31일 윤석열 대통령이 직접 주암댐을 방문해서 가뭄 상황을 점검할 정도였다. 행정안전부는 각 부처와 자치단체가 유기적으로 협조하는 통합적 가뭄 관리대책을 추진했다.

또한 물 관리 효율화를 통해 안정적으로 용수를 공급했다. 봄철 필요 용수를 선제적으로 확보하고, 효율적으로 용수공급을 관리하면서 물절약 운동을 확산했다. 통합적 가뭄 위기관리체계도 확립했다. 관계 부처 합동 가뭄대책 TF를 운영하고, 가뭄통합정보를 제공하면서 자치단체의 가뭄 관리역량을 높였다. 나아가 근원적인 가뭄대책 기반을 구축했다. 댐과 하천을 잇는 수자원 비상연계를 강화하고, 장기 수자원 확보 인프라를 확충하면서 가뭄 대응을 위한 법정 관리계획 제도화를 추진했다.[1]

2024년은 가뭄 걱정 없이 시작[2]

2024년은 일단 가뭄 걱정 없이 시작했다. 2024년 1월 기준 전국 20개 다목적댐 저수량은 역대 최대 규모인 약 95억 톤(㎥)이었다. 환경부는 2023년 홍수기인 6월 21일부터 9월 20일까지 강우를 댐에 최대한 저장한 결과, 다목적댐 총 저수율은 예년의 147% 수준으로, 2024년 홍수기 전까지 댐가뭄이 발생하지 않을 것으로 전망했다. 따라서 전국 대부분 지역에 안정적인 생활 및 공업용수 공급이 가능하다고 기대했다.

2023년 다목적댐 유역 강우량을 분석한 결과, 상반기 남부지방의 극한가뭄과 함께 하반기 역대급 강우까지 기후 양극화를 기록한 한 해로 나타났다. 2023년도 다목적댐 유역에는 예년보다 137% 많은 총 1,716mm의 비가 내렸으나, 1월에서 4월까지는 예년의 69%인 129mm에 불과했다. 특히 2022년부터 이어진 남부지방의 가뭄 상황이 지속하여 2023년 4월 4일 주암댐은 역대 최저 저수율인 20%를 기록했다.

환경부는 극한가뭄 극복을 위해 2022년 11월부터 관계기관 합동대책 TF를 구성해서 용수관리와 수요절감 등 다각적인 가뭄대책을 추진했고, 2023년 7월 가뭄단계를 해소했다. 특히 가뭄이 극심했던 주암댐은 한국수자원공사와 한국수력원자력 간 업무협약 체결을 통해 보성강댐 발전용수를 지원받았다. 이로써 용수공급 중단 위기에 몰렸던 여수산단에 정상적으로 공업용수를 공급할 수 있었다. 산업통상자원부 산하 보성강댐에서 환경부 산하 주암댐에 용수를 지원한 부처 간 협업 사례였다.

보길도 지하수 저류댐, 가뭄 속 단비 역할[3]

가뭄이 심한 상황에서 가뭄 위기 극복을 위한 대안 중 하나로 지하수 저류댐 효과를 확인했다. 전남 완도군 보길도에 운영 중인 지하수 저류댐이 인근 보길저수지 저수율 상승에 크게 기여했다. 보길도에 2023년 4월 4일부터 6일까지 3일간 내린 강우량 97.5mm를 분석한 결과, 보길저수지 저수량이 4월 4일 4만 6,750m³에서 10일 7만 7,350m³로 3만 600m³ 증

지하수 저류댐 조감도

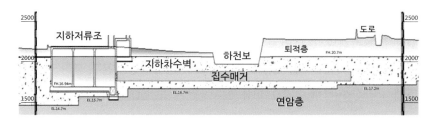

지하수 저류댐 주요 시설물 현황도

가했다. 이 중 약 56%인 1만 7,444m³가 보길도 지하수 저류댐 공급량으로 나타났다. 원래 1일 8시간 가동 기준으로 하루 1,100m³의 물을 공급하도록 설계된 보길도 지하수 저류댐은 당시 비가 내릴 때 최대로 가동하여 약 4배 규모인 하루 4,141m³의 물을 보길저수지에 보냈다.

보길도 지하수 저류댐은 전남 지역의 가뭄 상황을 고려하여 공식 준공예정일인 2023년 6월보다 6개월 앞선 2022년 12월부터 조기 가동을 시작했다. 이를 통해 매일 500~600톤의 물을 보길도 주민의 식수원인 보길저수지로 공급했다. 보길도 지하수 저류댐이 2022년 12월 26일부터 2023년 4월 9일까지 공급한 물은 총 6만 4,121m³로 보길도와 인근 노화도 주민 7,500명이 약 26일간 사용할 수 있는 양이다.

현재 전국 섬지역 지하수 저류댐은 보길도를 포함해 옹진군 대이작도(2020년 12월), 영광군 안마도(2021년 12월) 등 3곳에 설치되어 있다. 앞으로 지하수 저류댐을 섬 지역 5곳에 추가로 설치할 계획이다. 환경부 관계자는 "전남 섬 지역 외에도 전국으로 지하수 저류댐을 확대하여 가뭄에 선제적으로 대응하겠다"고 밝혔다.

2023년 가뭄, 국민과 함께 헤쳐나가[4]

앞서 설명했듯이 2023년 봄 남부지방 가뭄은 심각했다. 섬 지역은 제한급수와 단수로 인해 어려움이 있었다. 댐 저수율이 낮아 광주광역시에는 용수공급이 어려운 상황이었으나 국민과 관계 부처가 협력해서 위기를 극복했다. 먹는 물 기부 릴레이 캠페인을 벌였으며, 물 절약 캠페인에 적극적으로 참여했다.

제한급수로 어려웠던 섬 주민들에게 먹는 물 기부를 진행해서 생수 20만 병을 전달했다. 이로 인해 식수 부족 없이 가뭄을 이겨낼 수 있었다. 동복댐 수위가 20% 이하인 상황에서 시행한 물 절약 캠페인에도 시민들

먹는 물 기부 캠페인 안내문

저수지 준설로 물그릇 확대

섬 지역 이동형 해수담수화시설 설치와 운반급수

이 적극적으로 동참했다. 하루 물 사용량을 4만 4천 톤 줄여 동복댐 고갈 시기를 2개월 연장할 수 있었다. 또한, 섬 지역에 지하수 관정과 해수담수화시설을 긴급 설치하고, 저수지를 준설해서 물그릇을 확보했다. 그 결과 섬 지역 주민들은 가뭄으로 인한 어려움을 극복하고, 생활이 빠르게 안정될 수 있었다.

2024년 8월 기준 기상가뭄 정상

2024년 8월부터 10월까지 전국 가뭄 상황은 저수율이 예년 수준을 상회하는 등 정상 상태라는 통합 예·경보를 발표했다. 정부는 8월 강수량이 평년과 비슷하거나 많을 확률이 각각 40%, 9월은 평년보다 많을 확률이 50%, 10월은 평년과 비슷할 확률이 50%로 예상되어 추후 3개월 동안 기상가뭄을 정상 상태로 전망했다. 농업용 저수지 전국 평균 저수율은 75.4%로 평년의 68.3% 대비 약 110% 높았으며, 생활·공업용수 주요 수원인 다목적댐 20곳과 용수댐 14곳 저수량은 각각 예년 대비 약 123%, 114% 높았다. 다만 인천 중구와 옹진군, 전남 진도군, 경남 통영시 등 일부 섬 지역은 지역적 특성으로 인해 운반급수 등 비상급수를 시행하고 있다.[5]

가뭄이 심각했던 2023년에 비해 2024년은 전국적으로 물과 관련된 특별한 문제 없이 시작했으며, 8월까지도 큰 문제가 없었다. 기상가뭄, 농업가뭄, 수문학적 가뭄, 사회적 가뭄은 순서대로 이어지며 발생한다. 물그릇에 충분한 물을 담아두고 물이 필요한 지역에 적재적소에 공급할 수 있는 체계를 꾸준히 만든다면 효과적인 가뭄 대비에 큰 도움이 될 수 있다.

2024년 선제적인 가뭄 대비

2023년 3월 기준 광주·전남 지역 1년 누적 강수량은 평년의 61%에 불과했다. 이에 정부는 비상용수 확보대책을 실시했으며, 국민은 물 기부와 물 절약 캠페인에 적극적으로 동참했다.

2024년 8월 기준 강수량과 용수 저장량은 정상이다. 6개월 전국 누적 강수량은 874.4mm로 평년(1991~2020년)의 117.9% 수준이다. 8월과 9월 강수량은 평년과 비슷하거나 많고, 10월 강수량은 평년과 비슷할 것으로 전망했다. 전국 20개 다목적댐과 14개 용수댐 저수율은 각각 예년의 123.3%, 113.9% 수준이다.

2024년 가뭄 대비 종합대책을 마련했다. 대책은 2024년에 추진해야 할 단기·중장기 과제를 담았다.

2024년 가뭄 종합대책 수립[6]

2024년 3월 선제적으로 가뭄에 대비하기 위해 관계부처 합동으로 '2024년 가뭄 종합대책'을 수립했다. 행정안전부, 농림축산식품부, 환경부, 산업통상자원부, 농촌진흥청, 기상청 등은 단기·중장기·미래의 가뭄별로 가뭄 대비 대책을 마련했다.

단기 가뭄 대비 대책은 용수공급과 자재 및 물자 비축이다. 2024년 영농기에 대비하여 모내기 물 부족이 우려되는 저수지 51개소에 용수 912만 m³를 공급한다. 논 물마름, 밭작물 시듦 같은 가뭄 우려 징후가 나타나면 긴급 지원 대책을 시행한다. 긴급 지원 대책은 관정, 간이양수장, 둠벙 등 수원 확보, 양수기 구입 및 운영비 지원 등이다. 지자체는 가뭄에 대비해 자재와 물자를 비축하며, 가뭄 발생 시 유관기관 간 협조 체계를 사전에 구축한다. 정부는 현장 컨설팅을 통해 지역 실정에 맞는 대비 대책 수립을 지원한다.

중장기 가뭄 대비 대책은 인프라 구축과 수자원 연계성 강화다. 용수를 원활히 공급하기 위한 인프라 구축을 위해 2027년까지 저수지·양수장 구축 등 농촌용수 개발 사업 85개 지구를 마무리한다. 2024년 한 해에만 노후 상수관, 정수장 개량 등 지방상수도 현대화 사업 123개소를 추진한다. 기존 수자원 연계성 강화를 위해 농촌용수 이용체계를 재편해서 송수관로 수계를 연결하고, 소규모 양수장을 통폐합한다. 광역상수도 급수체계 조정 사업을 통해 신규 수원 개발 전 기존 시설 여유량을 물 부족 지역에 우선 공급한다.

미래 가뭄 대비를 위해 제도 개선과 기술 개발을 추진한다. 「자연재해대책법」 개정을 통해 지자체 가뭄 대비 대책 수립을 의무화한다. 가뭄 대비 대책을 법적으로 의무화함으로써 현장의 준비를 더욱 강화하려는 목적이다. 현장 가뭄 관측 기술을 강화하고, 노후화로 개선이 필요한 저수지에 다목적 계측시설을 설치한다. 또한, 무인 드론, 무인 수심측량기 등 첨단장비를 활용해 지자체 관리 저수지 측량, 저수량 분석, 준설량 산정 등을 지원한다.

빅데이터·AI를 활용한 가뭄 예측 기술을 고도화한다. 실측에 기반한 통합 가뭄지수, 초단기 가뭄지수를 개발한다. 지도 하나에 가뭄 상황을 표출하는 통합 가뭄 예·경보 맵인 OneMap을 작성한다. 또한 가뭄에 대비하여 농업 기술을 향상한다. 가뭄 대응 재배 기술을 개발하고, 가뭄 피해 진단과 물 통합제어 기술을 발전시킨다. 농장 단위 맞춤형 기상재해 조기경보 서비스 지역을 2025년까지 155개소로 확대하고 정확도를 개선한다.

기후변화를 고려한 가뭄대책 수립[7]

2023년 8월 감사원은 물과 식량 분야 기후위기 적응 및 대응실태 감사 결과를 발표했다. 점검 결과, 정부 관련 부처가 미래 기후변화에 따른 중장기 위험 예측 없이 물과 식량 분야 기후위기 적응 관련 정책과 사업을 추진하고 있다고 밝혔다.

장래 기후변화에 따른 중장기 영향을 예측하지 않고 가뭄대응 등 물 관리 대책을 추진하면 미래 기후변화에 따른 물 부족 위험 대비에 충분하지 않을 우려가 있다고 언급했다. 따라서 환경부에 관계기관이 가뭄 등 기후위기에 적극적으로 대응할 수 있도록 미래 기후변화 요인을 반영하여 국가물관리기본계획을 수립하는 등 중장기 물수급 예측체계 개선 방안을 마련하도록 통보했다.

이 외에도 농촌용수개발사업, 상습가뭄재해지구 지정, 해수담수화 사업, 나눔지하수사업 등 가뭄을 대비하는 정책이 기후변화에 따른 가뭄 위험을 반영하지 않았다고 지적했다. 따라서 관계 부처인 농림축산식품부, 행정안전부, 환경부 등에 기후변화에 따른 가뭄 위험에 대비할 수 있도록 미래 기후변화 등을 반영하여 사업대상지를 선정하는 등 개선 방안을 마련하도록 통보했다.

대규모 물 수요가 발생하는 산업단지 조성업무 중 '계획단계'에서 미래 기후변화에 따른 물 부족 여부를 고려하지 않았고, '지정·개발 과정'에서는 적정 용수 공급방안 검토가 미흡했다. 따라서 국토교통부에 시·

도지사 등이 산업입지수급계획 등을 수립하면서 미래 물 부족 위험을 고려하도록 관련 지침을 개정하고, 환경부 등과 협의해서 미래 물 부족 지역 용수 확보대책을 적기에 준비해서 신규로 조성될 산업단지 물 부족 문제에 대한 대비책을 마련하도록 통보했다.

강릉 연곡 지하수저류댐 설치 추진[8]

2024년 3월 11일 대통령 주재 강원 민생토론회에 참석한 강릉시 주민이 요청한 가뭄 대비 시설지원에 대한 후속 조치로, 지하수저류댐 설치 사업을 추진한다.

강릉시 연곡면은 2015년 6월 심한 가뭄으로 한 달여간 하루 10시간 제한급수를 겪은 지역으로, 요즘도 물이 부족할 때마다 인근 정수장으로부터 지원을 받고 있다. 또한, KTX 개통으로 점차 늘어나는 관광객 물 수요까지 감당하기 위해서는 연곡면의 유일한 수원인 연곡천을 대체할 수 있는 수원 개발이 필요한 상황이다.

이에 환경부는 강릉시 연곡면 송림리에 18,000m³/일 규모로 생활용수를 공급할 수 있는 지하수저류댐 설치를 추진한다. 이는 2023년 광주·전남 지역 극한가뭄 극복에 큰 도움을 준 보길도 지하수저류댐보다 16배나 더 많은 물을 공급할 수 있는 규모다. 2027년까지 총 250억 원을 투입해서 지하차수벽, 취수 및 배수시설, 관측정 등을 설치한다.

지하수저류댐이란 지하 내부에 지하수 흐름을 막을 수 있는 댐을 설치하여 지하수위를 상승시킴으로써 가뭄에도 안정적으로 이용할 수 있는 수자원 확보 시설이다. 사업 근거는 「지하수법」 제9조의6(지하수자원확보의 설치 등)과 제9조의8(물 공급 취약지역 등에 대한 지원)이다.

지하수저류댐은 가뭄 등 기후변화에 취약한 도서·내륙지역 물 부족 해소에 기여하고, 지하 모래·자갈에 의한 자연 여과작용으로 양호한 수

강릉 연곡 지하수저류댐 사업 현황도

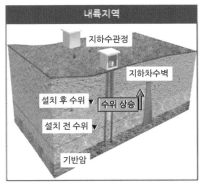

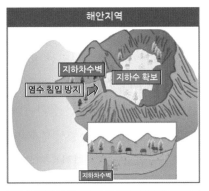

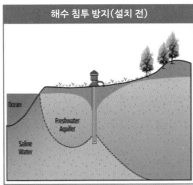

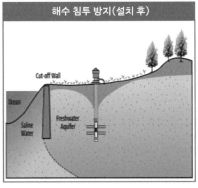

지하수저류댐 개념도

질 유지가 가능하다. 또한, 환경 영향이 적고 주민 선호도가 높은 자연·주민 친화형 수자원 확보 방안이다.

가뭄 걱정 없는 섬 만들기 총력 대응[9]

20년 후 우리나라의 강수량은 현재와 유사한 수준이나 강수일수가 감소할 전망이며, 기온 상승으로 물 증발량이 증가하여 가뭄 발생 우려도 커지고 있다. 특히 섬 지역은 하천이 부족하고 물 저장이 어려워 가뭄 위협에 더 크게 노출되어 있다. 이에 섬 지역의 특성을 고려해 가뭄 상황에 선제적·과학적으로 대응하기 위해 범정부 합동 '섬 지역 가뭄 대비 대책'을 마련했다.

우리나라에는 유인 섬 467개가 있으며, 주민 82만여 명이 거주 중이다. 유인 섬 중 45%인 210개 섬에는 상수도를 공급하고 있으며, 광역상수원 공급 110개, 지방상수원 공급 100개다. 상수도를 공급하지 못하는 나머지 257개 섬에는 주민 약 3만 5천 명이 거주 중이며, 소규모 급수시설, 관정, 담수 설비, 운반급수 등을 주 수원으로 활용하고 있다. 2024년 3월 초 기준으로 이 중 34개 섬 주민 4,200명이 가뭄 상황이 아닌 평시에도 급수선과 병물을 통한 운반급수 등 비상급수를 지원받고 있다. 섬 지역의 주요 가뭄 대비 대책은 다음과 같다.

첫째, 섬에서 사용이 가능한 용수를 확보한다. 섬 상수도 공급 기반을 확충하기 위해 해저관로, 관정, 저수지 등 기반시설 구축을 지원한다. 이를 위해 2027년까지 총 2,444억 원을 투자한다. 섬에 담수화 설비를 구축하여 소금기 섞인 지하수를 담수한 후 저수지에 저장함으로써 용수를 확보한다. 2024년 12개 섬에 담수화 설비를 새롭게 설치한다. 섬 지역에서 활용이 가능한 지하수를 확보하기 위해 2027년까지 총 21개 지구의 지하수 분포를 파악한다. 농업용 공공관정 여유수량을 조사하여 여유량이 있는 관정에서 용수를 추가로 얻어낸다. 이러한 대책을 통해 현재 비상급수를 지원받는 섬 주민 4,200명을 2024년 중 3천 명 이하로 감축한다.

둘째, 섬에 물을 저장하는 인프라를 확충한다. 상습 물 부족 섬의 유역 특성을 고려해 지하수저류댐을 구축하여 지하수 저장공간을 확충한다. 2027년까지 저류댐 4개소를 건설해 용수 1,160m³/일 저장공간을 확보한다. 섬 비상급수시설 확충의 하나로 급수선 등을 통해 운반한 물을 편리하게 옮기고 보관할 수 있는 저장탱크, 이송관로 구축을 지원한다. 「국토외곽 먼섬 지원 특별법」에 따라 관리되는 섬에는 저류지 등 비상급수시설 설치를 지원한다. 농업용수 저장공간을 확충하기 위해 저수지, 양수장, 용수로 등 수리시설을 구축하여 안정적으로 농업용수를 공급한다. 2027년까지 2개 섬에 수혜면적 371ha인 수리시설을 확충한다.

셋째, 섬-육지 간, 섬 내 용수 연계 대책을 마련한다. 물 부족 섬에 육지 지역 호수의 여유 수자원을 공급한다. 2027년까지 2개 섬을 대상으로 수혜면적 18,078ha 규모의 수계 연결 사업을 추진한다. 섬 내 농업용수와 생활용수 간 연계를 강화하여 비영농기 등 사용량이 적거나 여유수량이 있을 때 주민 협의를 거쳐 저수지 농업용수를 생활용수로 공급한다. 2024년 2개 섬, 3개 저수지를 대상으로 연계사업을 추진한다.

넷째, 과학적인 섬 가뭄 예측·관측 체계를 가동한다. 섬 가뭄 예측·관측망을 구축하여 지하수 관측지점 81개소에서 해수 침투, 지하수위 변화 등을 상시 측정한다. 무인 드론과 무인 수심측량 보트를 활용해 섬 내 5개 저수지의 저수량을 분석하고, 준설 필요량을 정확하게 계산한다. 관계기관이 합동으로 섬 가뭄 모니터링을 강화하여 비상급수를 실시하는 섬 용수 부족 실태와 비상 대응 현황을 점검한다. 영농기인 3월에서 6월까지 강수량과 기상가뭄 지수를 집중적으로 분석한다. 섬 가뭄에 대비하기 위한 비상용수 공급기술 R&D를 추진하고, 가뭄 전문가 그룹을 운영해 가뭄 예측·대응 기술 현장 적용을 지원한다.

2024년 중장기 가뭄 대비를 위해 다양한 대책을 마련했다. 단기적으로는 용수공급과 자재 및 물자 비축을 통해 2024년 가뭄을 대비하고, 중장기적으로는 인프라 구축과 수자원 연계성 강화를 추진한다. 특히 감사원 요구사항을 고려해서 미래 기후변화 영향을 중장기 정책과 사업에 반영한다. 지하수저류댐 개발을 통해 수원이 부족한 지역을 지원하고, 섬 지역 가뭄 대비 대책을 통해 섬 지역 가뭄 위험의 선제적 해소를 위해 노력한다.

2022년부터 2023년까지 지속된 남부 지방의 가뭄은 대도시, 산업공단, 섬 지역 등 여러 곳에 큰 어려움을 주었다. 국민과 정부 부처, 지자체가 합심해서 위기를 극복할 수 있었지만, 앞으로의 상황에 대비한 준비가 필요하다. 이를 계기로 마련한 2024년 중장기 가뭄 대책을 시기에 맞게 추진해서 가뭄을 선제적으로 대비해야 한다.

용인 첨단시스템반도체 국가산단 용수공급

용인미래 첨단산업 생태계 구축을 위해 추진 중인 용인 첨단시스템반도체 국가산단에 필요한 용수공급 방안을 수립했다. 2050년 하루 76만 4천 m^3의 용수공급을 위해 팔당댐 여유량, 하수 재이용수, 화천댐 발전용수 등을 활용하며, 이를 공급하기 위한 수도사업을 빠르게 추진하기 위해 예비타당성 면제 대상으로 확정했다.

화천군은 화천댐으로 인한 피해가 연간 480억 원에 달한다면서, 화천댐 물을 반도체 용수를 위해 공급하는 방안에 반대했다. 더불어 화천댐으로 빚어진 피해에 대한 합당한 보상 시행을 촉구했다.

용인 국가산단 용수공급사업 예타 면제[10]

'용인 첨단시스템반도체 국가산단 용수공급사업'을 공공기관 예비타당성조사(예타) 면제 대상으로 확정했다. 이 사업은 2023년 3월 국가 첨단사업 육성전략의 일환으로 발표된 15개 국가첨단산업단지 중 가장 먼저 추진되는 '용인 첨단시스템반도체 국가산단'에 1일 80만 m^3 용수공급을 목표로 한다. 대구광역시 시민이 하루에 사용하는 물양 78만 m^3와 비슷한 수량으로, 2034년까지 총사업비 1조 7,600억 원이 투입되는 대규모

수도사업이다.

환경부와 한국수자원공사는 국가산단 입주 예정 기업의 중장기 투자계획 및 현재 수도권지역 생활·공업용수 상황을 고려하고, 기존 다목적댐 외 다양한 수원을 활용하여 2단계로 구분한 용수공급사업을 추진할 계획이다.

용인 첨단시스템반도체 국가산단은 경기도 용인시 남사읍 일원에 조성되는 여의도 면적 2.4배인 710만 m^2 규모로 세계 최대 반도체 클러스터다. 용인 국가산단 용수 수요는 2031년부터 단계별로 발생할 전망이다. 2031년 6만 1천 m^3/일을 시작으로 2033년 16만 m^3/일, 2035년 25만 9천 m^3/일, 2040년 43만 7천 m^3/일, 2050년 76만 4천 m^3/일로 예상된다.

1단계는 2031년까지 하루에 20만 m^3 용수를 공급할 계획으로 팔당댐에서 이용할 수 있는 여유량 8만 m^3/일과 동탄·오산지역 하수 재

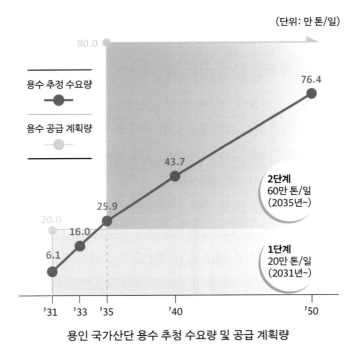

용인 국가산단 용수 추청 수요량 및 공급 계획량

이용수 대체물량 12만 m³/일을 활용한다. 2단계는 2035년부터 하루에 60만 m³ 용수를 추가로 공급하기 위해 발전용 댐인 화천댐 발전용수를 활용할 계획이다. 그동안 화천댐은 전력 수요에 따라 가변적으로 방류했으나, 2020년 7월부터 용수공급을 위해 다목적댐과 같이 일정량을 상시 방류하는 방식으로 전환하여 운영하고 있다.

사업시행자인 한국수자원공사는 1단계에서 직경 1.5m 수도관 34.5km를 신설하며, 2단계에서는 취수장을 새로 만들고 직경 2.2m 수도관 48.5km를 건설할 예정이다. 이번 예타 면제 대상 확정으로 사업 추진에 속도가 붙을 전망이다.[11]

국가 첨단산업벨트 조성 계획[12]

2023년 3월 정부는 첨단산업 생태계 구축을 위한 15개 국가첨단산업단지 조성 계획을 발표했다. 국가첨단산업 육성전략은 초격차 기술력 확보, 혁신인재 양성, 지역 특화형 클러스터, 튼튼한 생태계 구축, 투자특국(投資特國), 통상역량 강화 등 6대 국가 총력 지원 과제 추진 계획으로 구성했다. 반도체, 디스플레이, 2차전지, 바이오, 미래차, 로봇 등 우리나라가 강점을 보유한 첨단 분야 6대 핵심 산업에 대해서는 2026년까지 민간 주도로 550조 원을 집중투자하고, 정부도 투자, 인력, 기술, 생태계 등 종합적인 육성전략을 통해 적극 지원한다.

국가첨단산업벨트 조성 계획에서는 전 국토에 균형 잡힌 생산거점 확보를 계획했다. 이를 위해 국가산업단지 후보지를 선정했으며, 반도체·미래차·우주·원전 등 미래 첨단산업 육성을 위해 총 4,076만 m²(약 1,200만 평) 규모 15개 국가산업단지를 조성해서 기업 투자를 전폭적으로 지원할 예정이다. 이 중 반도체 부문은 경기도 용인에 시스템반도체 산단으로 계획했으며, 이를 위해 필요한 용수공급 방안 마련이 필요했다.

선정된 국가산업단지 후보지

	후보지	면적	중점산업		후보지	면적	중점산업
경기	용인 시스템반도체	710만 m²	반도체	전북	완주 수소특화	165만 m²	수소저장·활용 제조업
대전	나노·반도체	530만 m²	나노·반도체, 우주항공	경남	창원 방위· 원자력 융합	339만 m²	방위, 원자력
충청	천안 미래모빌리티	417만 m²	미래모빌리티, 반도체	대구	미래 스마트기술	329만 m²	미래자동차· 로봇
	오송 철도클러스터	99만 m²	철도	경북	안동 바이오생명	132만 m²	바이오의약 (백신, HEMP)
	홍성 내포신도시 미래신산업	236만 m²	수소·미래차, 2차전지 등		경주 SMR (혁신원자력)	150만 m²	소형모듈원전 (SMR)
광주	미래자동차	338만 m²	미래차 핵심부품		울진 원자력수소	158만 m²	원전 활용 수소
전남	고흥 우주발사체	173만 m²	우주발사체	강원	강릉 천연물 바이오	93만 m²	천연물 바이오
전북	익산 국가식품 클러스터 2단계	207만 m²	식품 (푸드테크)		총 15개소, 4,076만 m²		

용인 국가산단 용수공급 방안 모색

2023년 6월 12일자 「서울경제」에는 "팔당 취수 제동에 300조 삼성 클러스터 '삐걱'"이라는 기사가 실렸다. 하루에 공업용수 65만 톤이 필요하나 환경부는 팔당댐 취수가 어렵다는 입장으로, 사업 추진 지연이 우려된다는 내용이었다. 이에 국토교통부는 환경부가 "팔당댐 취수는 어렵다"고 한 내용은 사실이 아니라고 보도했다.[13]

팔당댐 용수공급 및 수요 전망을 고려할 때 추가적인 용수확보 방안이 없다면 용인 첨단시스템반도체 국가산단에 공급 가능한 용수가 부족한 상황은 환경부를 포함한 경기도, 산업계 등도 인지하고 있으며, 환경부는 용수공급에 차질이 없도록 용수공급 TF를 구성하여 추가적인 용수 확보 방안을 마련하고 있다고 밝혔다.

특히 용인 첨단시스템반도체 국가산단에 필요한 용수는 기업 추산 65만 m³/일로, 팔당댐 상류 대규모 발전댐을 활용하여 팔당댐 용수공급 능력을 확대하는 방안과 기업 기존 사업장 내 여유물량 활용, 하수 재이용 등 용수 추가 확보 방안 등을 검토하여 용수공급에 차질이 없도록 할 계획이라고 보도했다.

2023년 10월 24일 강원도 화천군에 위치한 화천댐에서 환경부 소속 한강홍수통제소와 산업통상자원부 산하 공기업인 한국수력원자력(주)이 '한강수계 발전용 댐 다목적 활용 실증협약'을 체결했다. 이 협약은 2023년 3월 정부가 발표한 신규 국가첨단산업단지 중 경기도 용인 시스템반도체 클러스터와 관련하여 산업단지를 조성하는 데 기존 한강수계 다목적 댐인 소양강댐과 충주댐 외에 추가적인 수원을 확보하기 위해 마련했다.[14]

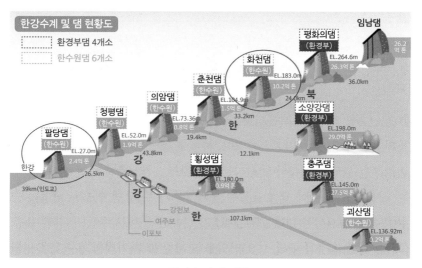

한강수계 댐 현황

1부. 물 Water

협약은 화천댐의 안정적인 용수공급 능력뿐만 아니라 화천댐에서 상시 공급한 물량을 팔당댐에서 얼마나 취수할 수 있는지를 실증하려는 조치로, 환경부는 실증운영 결과에 따라 화천댐에서 용인 국가산단에 실질적으로 공급 가능한 물량 확인을 진행한다.

용인 반도체 국가산단 신속 조성 추진

환경부와 국토교통부는 '환경-국토 정책협의회'를 발족하고, 2024년 3월 용인 반도체 국가산업단지 부지에서 '용인 반도체 국가산단 신속 조성'을 위한 회의를 개최했다. 이 회의에는 환경부, 국토교통부, 한국토지주택공사, 한국수자원공사 등이 참석했다. 2024년은 국토교통부와 한국토지주택공사가 용인 반도체 국가산단 계획 수립 및 승인 업무를 추진하고 환경영향평가 등 관계 부처 협의를 진행해야 하는 만큼 환경부와 국토교통부 협업을 통해 반도체 국가산단 조성기간 단축 성과 극대화가 필요했다. 또한, 2030년 말 반도체 제조공장 가동을 희망하는 기업 수요를 적기에 지원하기 위해서는 환경부에서 발표한 용수공급 방안을 더욱 구체화해야 한다. 협의회에서는 한국토지주택공사에서 신속 조성을 위한 예타 면제 등 그간의 경과 및 환경영향평가와 토지보상 등 신속한 행정절차 추진방안을 발표했고, 환경부는 기업 투자 적기 지원을 위한 용수공급사업 추진 상황 등을 발표하고 논의했다.[15]

국토교통부와 환경부, 산업통상자원부는 2024년 4월 서울에서 경기도, 용인시, 평택시, 한국토지주택공사 및 삼성전자와 용인 첨단시스템반도체 국가산업단지의 성공적인 조성 추진을 위한 상생협약을 체결했다. 협약은 용인 국가산단을 신속히 추진할 수 있도록 관계 부처, 관련 지자체 등과 협력하는 방안을 마련하기 위해 준비했다. 특히, 원활한 반도체 공장 입주를 위해 평택 송탄 상수원보호구역을 대체 취수원 마련을 전제로 해제하고, 산업단지 및 인근 지역에 용수를 적기에 공급하는 방안 등을 포함했다. 환경영향평가는 사전컨설팅과 패스트트랙 운영으로 신속히 추진하고, 토지 보상기간도 줄일 수 있도록 토지 보상 착수를 위한 해당 토지 사전조사와 주민 협의를 계획 수립 단계부터 선(先)이행하는 등의 노력을 하고 있다. 이를 통해 부지조성 착공까지 기존에 7년 이상 걸리던 것을 3년 6개월로 절반 이상 단축할 예정이다.[16]

화천군의 화천댐 용수공급 반대[17, 18]

화천군은 화천댐으로 인해 댐 소재지인 화천지역의 피해 규모가 연간 480억 원이 넘는다고 분석했다. 휴전 직후인 1954년부터 2022년까지 69년에 걸쳐 발생한 직간접적 피해가 총 3조 3,359억 원에 이른다고 잠정 집계했다. 연 단위로는 480억 원 규모다. 7.91km²에 달하는 농경지와 가옥 266동이 수몰됐고, 이주민 1,400여 명이 발생했으며, 수몰된 도로 총연장이 60km에 달한다고 추산했다.

또한, 화천은 풍부한 수자원으로 인해 '물의 나라'로 불리고 있지만, 정작 지역 상수도 보급률은 전국 군 단위 지자체 중 최하위권인 68.1%에 그친다고 밝혔다. 지역 주둔 중인 군부대 상수도 보급률 역시 20~30%에 불과하다고 언급했다.

화천군은 화천댐으로 인한 피해 해결을 촉구했다. 화천군 군수와 군의회의장은 반도체 산업발전은 누구나 바라지만, 댐 소재지 주민의 의견 수렴도 없이 화천댐으로 인한 상처가 그대로 방치된 현 상황에서 일방적으로 용수 사용을 결정한 점에 대해 강력히 반대한다고 밝혔다. 더불어 화천댐으로 인해 빚어진 피해에 대한 합당한 보상을 즉시 시행하라고 주장했다.

정부는 6개 핵심 산업을 집중 투자 및 육성하기 위해 15개 국가첨단 산업벨트 조성 계획을 발표했다. 이를 원활히 추진하기 위해 용수공급이 중요한 상황에서 환경부는 용인 첨단시스템반도체 국가산단 용수공급 방안을 마련했다. 여기에는 팔당댐 여유량, 오산·통탄지역 하수 재이용, 화천댐 발전용수 활용 등을 포함했다. 사업을 조속히 추진하기 위해 용수 공급사업을 예비타당성 면제 대상으로 확정했다. 하지만 화천댐이 위치 한 화천군은 피해에 대한 보상을 요구하며 반대 의사를 밝혔다.

미래 우리나라 산업 생태계 구축을 위해 첨단 국가산단 조성이 중요 하다는 사실은 모두가 인정한다. 이를 위해 필요한 용수공급 방안도 조속 히 마련해야 한다. 부처, 지자체, 기관 등이 협력해서 국가 미래 첨단산업 에 필요한 용수를 적기에 공급할 수 있도록 다양한 지원을 아끼지 말아 야 하며, 관련 절차를 신속하게 추진해야 한다. 다만 그 과정에서 불이익 을 받을 국민이 있다면 합리적이고 합당한 방안을 마련해서 그 피해를 최 소화하는 노력도 중요하며, 모두 하나 된 마음으로 국가 미래를 준비해야 한다.

반구대암각화 보존

국보인 반구대암각화는 울산 사연댐 상류에 위치하는데, 문화재 보존과 안전한 물 공급과 관련하여 주요 쟁점이 됐다. 정상적인 물 공급과 홍수 예방을 위해 댐 수위를 높게 운영하면 암각화가 물에 잠겨 손상될 수 있는 상황이 자주 발생했다. 침수 방지를 위해 물막이 설치를 추진하다가 중단되기도 했다. 최종적으로 사연댐 기본계획 변경을 통해 수문을 설치해서 평상시와 홍수기 모두 침수를 최소화하는 방안을 마련했다.

반구대암각화 보존을 위한 사연댐 기본계획 변경[19]

2024년 4월 울산시 반구대암각화 보존과 댐 안전성 강화가 포함된 '사연댐 건설사업 기본계획'이 변경 고시*됐다. 이번 '사연댐 건설사업 기본계획' 변경 고시는 국보인 반구대암각화 침수를 예방하고, 지진 등 재난에 대비하여 2027년까지 647억 원을 투입해서 댐 내진 성능을 높이는 사업을 위한 과정이다.

★ 글로 써서 게시하여 널리 알림. 주로 행정 기관에서 일반 국민을 대상으로 어떤 내용을 알리는 경우를 이른다.

반구대암각화는 1965년에 건설된 사연댐 상류 4.5km 저수구역 내에 있어 잦은 침수로 인한 손상 우려가 있었지만, 뚜렷한 해결책을 마련하지 못했다. 이에 정부는 2014년부터 사연댐 물을 추가로 방류하는 방식으로 댐 수위를 낮게 유지하여 침수를 막고자 노력했다. 그러나 집중호우나 태풍 등 홍수기에는 이를 막기에 역부족이어서 수위 조절 전인 2005~2013년 연평균 침수일 151일에서 수위 조절 후인 2014~2020년 42일로 감소하는 데 그쳤다. 따라서 관계기관과 울산시는 반구대암각화 보존을 위한 더욱 근본적인 대책 마련을 추진했다.

반구대암각화 발견 50주년인 2021년 10월 국정현안점검조정회의에서 「안전한 물관리를 통한 반구대암각화 보존 방안」이 발표됐다. 여기에는 사연댐에 수문을 설치하여 암각화 침수를 예방하는 방안을 포함했다. 수위 조절과 홍수기 침수 예방을 위한 근본 대책으로 사연댐에 폭 15m, 높이 6m인 수문 3개 설치를 계획했다. 수문을 이용하여 평상시에는 댐

2021년 수문 설치 계획(안)

수위를 반구대암각화 높이 EL.53m 이하인 52.5m로 운영하고, 집중호우 등에 따라 유입량이 증가할 때는 수문을 개방하여 암각화 침수를 예방하고자 했다. 과거 15년 강우량을 적용하여 수문 설치에 따른 효과를 분석하면 연평균 침수일은 약 48분 이내로 대폭 감소하는 것으로 나타났다.[20]

반구대암각화의 의의

1971년에 발견된 반구대암각화는 폭 8m, 높이 4.5m 암벽에 새겨진 고래 사냥 장면 등 300여 점의 선사시대 그림으로, 세계에서 가장 오래된 고래 사냥 암각화 중 하나로 평가받는 문화재다. 1995년 6월 국보로 지정됐으며, 문화재청과 울산광역시에서 세계문화유산 등재를 추진하고 있다.

반구대암각화의 세계유산적 가치는 "태평양 연안을 무대로 고래를 사냥했던 신석기 시대 포경활동을 보여주는 독보적 증거이자 동아시아

반구대암각화

장면	이미지		내용
탐색			고래 주위에 모여든 새는 멀리서 고래의 출현을 탐지할 수 있는 표식
사냥			작살로 고래를 사냥하는 장면
인양			부구를 이용하여 죽은 고래를 인양하는 장면
해체			배를 뒤집고 죽은 고래를 해체하는 장면

북방긴수염고래　혹등고래　돌쇠고래

향고래　귀신고래　범고래　상괭이　고래

확인되는 고래 종(최소 7종)

반구대암각화 고래와 포경활동에 대한 설명

에서 가장 이른 시기의 유산"이다. 특히 탐색, 사냥, 인양, 해체라는 포경 활동 전 과정을 담고 있다.

반구대암각화 보존을 위한 물막이 설치 추진 및 중단

정부는 반구대암각화 침수로 인한 손상을 방지하고자 가변형 투명 물막이인 일명 '카이네틱댐' 설치를 추진했다. 이를 위해 2013년 9월 관련 분야 전문가들로 구성된 기술평가팀을 발족했다. 기술평가팀은 토질, 암벽, 수리 등 기초조사 진행과정에서 관련 공학적 검사를 진행해서 기술적 타당성을 검토했다.[21]

2014년 6월에는 '가변형 임시 물막이' 설치 관련 사전 검증을 추진했다. 세부 검증항목을 6개로 나누어 물막이 침출수, 공사에 의한 소음·진동과 미시기후 영향 등에 대한 검토를 계획했다. 사전 검증은 반구대암각화 주변 상류와 하류의 약 400m 떨어진 2개 지역에서 26주 동안 진행하고, 검증 평가가 완료되면 '가변형 임시 물막이' 최종 설치 여부를 결정하고자 했다.[22]

사전 검증 결과 '가변형 임시 물막이' 사업은 중단됐다. 2014년 문화재위원회는 암각화에 임시 물막이를 설치했을 때 안전성에 대한 사전 검증 테스트를 요구했고, 울산시와 울주군이 설계와 검증 모형실험을 추진했다. 2015년 12월과 2016년 4월 및 5월에 물막이 투명막에 작용하는 최대 수압에 대한 수밀성 실험을 진행했다. 세 번째 실험에서도 이음매 부분에 누수가 발생하여 수밀성 확보에 부적합하다는 결과가 나와 안전성을 충족하지 못했다.[23]

안전한 물 공급과 문화재 보호

2024년 4월 고시된 사연댐 건설사업 기본계획의 사업목적은 "지진, 노후화 등 증가하는 댐의 안전 위협요인에 대응하고, 반구대암각화에 대한 항구적인 침수 방지"이며, 2027년까지 사업비 647억 원을 투입해서 반구대암각화 침수 방지를 위한 여수로 수문 등을 신설한다.

현재 위어 마루고 EL.60.0m인 월류형 슈트식 여수로를 절취하고 폭 15m, 높이 7.3m인 수문 3개를 설치한다. 2021년 계획 때의 높이 6m보다 1.3m가 높아졌다. 또한 접근수로, 급경사수로, 감세공 등을 부분 철거 및 신설한다. 이를 통해 현재 최고수위 EL.60.0m를 평시 52.0m, 최저 47.0m로 낮추어 집중호우 등으로 유입량이 증가할 때 수문을 신속히 개방하여 암각화 침수를 사전 예방할 수 있게 된다.

2024년 4월 기본계획 고시는 2024년 6월 진행된 반구대암각화 세계문화유산 등재를 위한 유네스코 자문기구 현지실사를 앞둔 시점에 범정부 차원 문화재 보존 의지를 국제사회에 보여준다는 점에서 의미가 있었다. 환경부 관계자는 "사연댐 안전성 강화사업을 차질 없이 추진하여 댐 안전성을 강화하고, 반구대암각화 세계문화유산 등재도 원활하게 이뤄지도록 적극 지원하겠다"고 밝혔다.

사연댐 전경

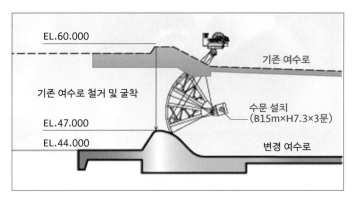

여수로 철거 및 수문 설치 계획

오랫동안 해결책을 찾지 못했던 반구대암각화 보존 문제는 사연댐 기본계획 변경 고시에 따른 수문 설치 방안 제시를 통해 전환점을 마련했다. 계획한 사업을 정상적으로 추진해서 문화재 보존과 안전한 물 공급이라는 두 가지 목적을 모두 달성할 수 있어야 한다. 이를 통해 2025년 7월로 목표한 세계문화유산에 등재되고, 그 가치를 전 세계에 알릴 수 있게 되기를 기대한다.

물시장 개척과 물산업 수출

2024년 3월 대전에서 개최된 국제물산업박람회에서 총 549억 원 규모의 계약성과를 달성했다. 2023년 8월에는 국내 건설회사가 9,200억 원 규모의 아랍에미리트 해수담수화사업을 수주했다. 탄소중립 무역장벽 해소에 기여할 수 있는 수상태양광 시설 기술 개발도 추진하고 있다.

2024년 3월 발표된 2022년 물산업 규모는 사업체 수 1만 7,553개, 매출액 49조 6,902억 원으로 국내 GDP에서 약 2.3%를 차지했다. 물산업 수출액은 2조 556억 원, 해외시장에 진출한 국내 물산업 사업체는 454개로 조사됐으며, 물산업 종사자 수는 20만 7,774명으로 나타났다.

2024 국제물산업박람회, 549억 원 규모 계약성과[24]

대전컨벤션센터(DCC) 전시장에서 2024년 3월 20일부터 22일까지 '2024년 국제물산업박람회(WATER KOREA)'가 열렸다. 환경부와 한국상하수도협회는 박람회에서 '해외 바이어 초청 수출상담회'를 운영했으며, 국내 기업들이 총 549억 원 규모의 계약성과를 이뤘다고 밝혔다. 2024년 수출상담회는 아시아, 북미, 유럽, 동남아시아 등 14개국 50개 해외 바이어를 초청해서 진행했는데, 이는 2003년 10개국 18개 해외 바이어보다 대폭 확대된 규모다.

　우리나라 물산업 기업체와 총 412회 대면 상담이 이뤄져 약 56억 원 (420만 달러) 규모의 수출계약 7건을 체결했는데, 미국 2건(약 33억 원), 태국 1건(약 20억 원), 베트남 4건(약 3억 원) 규모다. 또한 수출계약 사전단계인 업무협약(MOU)을 총 40건, 약 493억 원(3,700만 달러) 규모로 체결했다.

　주요 국가별 계약체결 현황을 보면 인도네시아가 12건 약 147억 원 (1,107만 달러)으로 가장 많았고, 대만 9건 약 104억 원(788만 달러), 미국 6건 약 91억 원(685만 달러) 규모로 계약을 체결했다.

　말레이시아 중앙부처(Ministry of Energy Transition and Water Transformation), 태국 내무부 산하 국영기업(Provincial Waterworks Authority of Thailand), 인도네시아 물산업 협의체(Global Water Partnership South-East Asia) 등이 참여해 하수처리 기술을 비롯한 우리나라 최신 기술과 제품에 대해 높은 관심을 보였다. 특히, 태국 내무부 산하 국영기업 관계자는 물산업 분야에서도 한류 열풍을 기대한다는 의견을 밝혔다.

물산업 매출액 49조 6,902억 원[25]

환경부는 2022년 기준 물산업 전반에 대한 현황과 실태를 담은 '2023 물산업 통계조사' 결과를 2024년 3월 공개했다. 물산업 통계조사는 물산업 분야의 주요 정책수립 기초자료로 활용하기 위한 국가승인통계다. 물산업 활동을 영위하는 종사자 1인 이상 사업체 중 4,500개를 표본으로 사업체 일반 현황, 사업 실태 및 인력 현황 등 7개 분야 20개 항목을 조사한 결과다.

　2022년도 기준 물산업 사업체 수는 전년도 1만 7,283개보다 약 1.6% 증가한 1만 7,553개로 나타났다. 그중 물산업 관련 건설업이 8,959 개로 전년 대비 9.2% 증가해서 51%를 차지했으며, 물산업 관련 제품 제조업 5,555개(전년 대비 9.2%↑), 물산업 관련 시설 운영 및 청소·정화업 1,501개(전년 대비 7.7%↑) 등의 순으로 나타났다.

2022년도 기준 물산업 매출액은 전년도 47조 4,220억 원 대비 약 4.8% 증가한 49조 6,902억 원으로, 국내총생산(GDP) 2,150조 6천억 원 중 약 2.3%를 차지했다. 매출액 규모는 물산업 관련 제품 제조업이 26조 7,401억 원(53.8%)으로 가장 컸으며, 물산업 관련 건설업이 14조 3,179억 원(28.8%), 시설 운영 및 청소·정화업 4조 3,728억 원(8.8%), 과학기술 및 설계·엔지니어링 서비스업 4조 2,592억 원(8.6%) 순으로 조사됐다.

특히, 물산업 관련 건설업 매출액이 전년 대비 가장 큰 폭인 7.2% 증가했으며, 주요 원인은 상하수도 시설 노후화 등으로 교체 수요가 증가함에 따라 지자체 상하수도 시설 투자 등이 활발했기 때문으로 분석됐다. 다음으로 제조업은 4.5%, 시설 운영 및 청소·정화업 3.0%, 과학기술 및 설계·엔지니어링 서비스업 0.5% 순으로 물산업 모든 업종에서 매출액이 증가했다.

2022년도 기준 물산업 수출액은 전년 대비 4.1% 증가한 2조 556억 원으로, 물산업 매출액 전년 대비 4.8% 증가와 비교해 비슷한 증가율을 보였다. 업종별 수출액은 물산업 관련 제품 제조업이 1조 8,148억 원(88.3%)으로 가장 큰 비중을 차지했으며, 다음으로 물산업 관련 건설업이 1,421억 원(6.9%)으로 나타났다. 제조업과 건설업 부문 수출 규모가 전체 물산업의 95.2%를 차지했는데, 이는 미국, 독일 등 선진국 물산업 분야의 기반시설 노후화에 따라 물산업 제품의 해외 수요가 꾸준히 증가한 것이 원인으로 파악됐다.

2022년도 기준 물산업 종사자 수는 전년의 20만 650명 대비 약 3.5% 증가한 20만 7,774명으로, 물산업 관련 건설업이 7만 7,734명(37.4%)으로 가장 많았다. 제품 제조업이 6만 6,107명(31.8%), 과학기술 및 설계·엔지니어링 서비스업 3만 8,178명(18.4%) 순으로 나타났다. 물산업

종사자 수는 지난 5년간 연평균 약 3.2%의 증가율을 보인 가운데 모든 업종에서 전년 대비 증가했으며, 특히 물산업 관련 시설 운영 및 청소·정화업에서 9.2%로 큰 폭 상승했다.

물산업 분야의 종사자를 직무별로 구분하면 생산직이 11만 6,234명(55.9%)으로 가장 많고, 다음은 사무관리직 6만 8,151명(32.8%), 연구직 1만 5,855명(7.6%), 영업직 7,535명(3.6%) 순으로 나타났다.

조사 결과를 보면, 물산업 사업체 수를 비롯해 물산업 매출액, 수출액 등이 전년 대비 증가세를 지속하고 있어 전반적인 물산업 성장 흐름은 양호하게 나타났다. 이는 세계 물산업 성장 흐름과 더불어 중소 물기업이 혁신기술을 개발하고 국내외 판로를 확대할 수 있도록 정부의 행정적·재정적 지원이 확대되는 등 다양한 요인이 복합적 영향을 미쳤다고 평가된다.

9,200억 원 규모 아랍에미리트 해수담수화사업 수주[26]

2023년 8월 GS건설 자회사인 GS이니마는 아랍에미리트(UAE) 수전력공사(EWEC)와 9,200억 원 규모의 '슈웨이하트 4 해수담수화시설(플랜트) 건설공사' 계약을 아부다비 현지에서 체결했다. 이 수주계약은 2023년 1월 윤석열 대통령이 아랍에미리트 국빈 방문과 양국 수자원 협력 업무 협약 체결을 계기로 맺어진 구체적 성과로 평가됐다.

해수담수화사업은 아랍에미리트의 수도인 아부다비 서쪽으로 약 250km 떨어진 슈웨이하트 지역에 역삼투막을 이용한 해수담수화시설을 건설하여 2026년 시설이 완공되면 해당 지역에 하루 약 100만 명이 쓸 수 있는 32만 톤의 생활용수 공급이 이뤄질 예정이다. GS이니마는 해수담수화시설 공사 설계부터 기자재 제작·설치, 시운전 등에 이르는 전 과정을 EPC 방식으로 일괄 수행하며, 2026년 완공한 이후 30년간 시설을 운영한다. EPC는 설계-구매조달-시공(Engineering, Procurement and Construction)을 의미한다.

수상태양광[27]

수상태양광은 신재생 태양에너지와 조선/계류 해양기술을 결합한 융복합 발전시설로, 수면에 부유하는 태양광 발전시설이다. 물 위에 설치하기 때문에 산림훼손이 없고, 수면 냉각효과로 육상태양광보다 발전효율이 5% 정도 높은 장점이 있다.

유럽연합(EU) 탄소국경조정제도, 재생에너지 100% 사용 기업과 거래 등 온실가스 배출 제로인 탄소중립이 새로운 무역장벽으로 대두되는 상황에서 수상태양광은 '탄소중립 무역장벽'을 해소해줄 기술로 주목받고 있다.

댐 수면에 설치하는 수상태양광은 한정적인 국내 재생에너지 자원을 효율적으로 사용해 가치를 인정받고 있다. 수상태양광은 2012년 합천

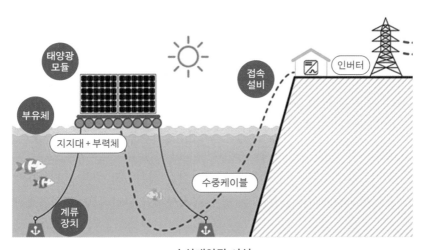

수상태양광 시설

댐에 최초로 설치된 이후 지금까지 10년 넘게 환경안전성평가를 받은 결과, 수질·퇴적물과 생태계 변화 등 환경에 미치는 부정적인 영향이 없음을 확인했다. 또한 주민참여제도를 활용하여 발전수익을 지역주민과 공유하면서 설치지역을 점차 확대하고 있다. 환경부는 2030년까지 단계적 확대를 통해 댐 수면 19곳에 총 1.1GW 규모 수상태양광 발전시설을 개발할 예정이다.

물산업은 국내 GDP의 2.3%를 차지하는 중요한 산업 부문이다. 적극적인 정부 지원과 기업, 기관의 노력을 통해 물산업 규모를 키우고 해외 진출도 추진해야 한다. 탄소중립, RE100 등과 연계한 에너지 공급 부문에서도 물산업 역할은 중요하다. 물시장을 개척하고 우리나라 경제에서 물산업의 역할이 더 커질 수 있도록 적극적인 관심과 투자가 필요한 시점이다.

4장

깨끗하고
안전한 물

저수지 안전관리

지어진 지 50년이 넘은 저수지는 우리나라 전체 저수지 중 87%가 넘는
다. 노후 저수지는 붕괴 위험이 클 수밖에 없으며, 지속적인 유지관리가
필수다. 따라서 노후 저수지 안전관리를 확대하고, 수리시설 개보수 사업
을 추진해야 한다. 비상대처계획을 수립하고, 이에 대한 정기적인 교육과
훈련도 중요하다. 최첨단 기술을 개발 및 활용한 저수지 관리도 필요하다.

노후 저수지 안전관리 확대 추진[1]

노후 저수지 보수·보강과 흙수로 구조물화 등 재해 예방을 위해 2024
년 총사업비 7,462억 원을 투입해서 664지구 수리시설 개보수사업을 추
진한다. 저수지 등 농업생산기반시설은 시설관리자인 한국농어촌공사와
지자체가 분기별 정기점검과 정밀안전진단 등을 통해 관리하고 있으며,
안전등급 D등급 이하 등 위험도가 높은 시설을 우선해서 개보수하는 사
업을 진행하고 있다.

　　농업용 저수지 총 17,066개소 중 지어진 지 50년이 지난 시설은
87.2%인 14,877개소로 태풍, 집중호우, 지진 등 자연재해 위험도가 높다.
최근에는 강우 강도가 세지는 추세다. 따라서 노후 저수지 물그릇을 키우

기 위한 저수지 준설을 확대해서 홍수 대응능력을 강화할 필요가 있다. 이를 위해 기존 30억 원 예산을 430억 원으로 대폭 증액했다. 시설 규모가 큰 저수용량 500만 m³ 이상 저수지는 내용적(內容積) 조사를 통해 저수용량 및 홍수 대응능력을 분석해서 기후변화에 선제적으로 대응할 계획이다.

집중호우 시 저수지 범람 또는 긴급 방류시기를 예측할 수 있도록 저수지 홍수 예·경보 체계를 도입한다. 저수지 하류 지역의 위험 상황을 경보장치, 마을방송, 휴대폰, 전광판 등을 이용해서 조기에 알리며, 2023년 여름철 집중호우로 침수된 하천 주변 저지대 배수장의 배수펌프 교체 등을 조속히 추진한다.

농림축산식품부 관계자는 "노후 저수지 적기 보수·보강으로 재해 예방능력을 키워서 국민 생명과 재산 보호에 최선을 다하고, 안정적인 수자원 확보 및 관리를 통해 영농에 불편함이 없게 하겠다"고 밝혔다.

수리시설 개보수 사업

수리시설 개보수 사업은 노후 또는 파손되거나 기후변화 대비 홍수 배제능력 등 기능이 저하된 수리시설을 보수·보강해서 재해에 대비하고 영농편의를 도모하고자 추진한다. 사업은 수원공과 용·배수로 개보수, 저수지 준설, 양수장 시설개선, 안전진단, 재해예방계측 등을 포함한다.

수원공 개보수는 정밀진단·점검 결과 시설상태가 미흡한 D등급 이하 시설을 보수·보강하고, 재해 대비 저수지·배수장 성능을 개선한다. 시설 보수·보강과 연계하여 집중호우 시 홍수 배제능력이 부족한 총저수용량 20만 m³ 이상 저수지에 비상수문 등 방류시설을 설치한다. 홍수 발생 시 배수장 가동에 문제가 없도록 시설을 보수·보강할 때 비상전원 확보, 협잡물이 많은 배수장에 제진기 설치 등 성능개선을 추진한다.

용·배수로 개보수는 노후·파손된 수로 정비, 흙수로 구조물화 등이 며, 양수장 시설개선 등은 4대강 보 처리방안 등에 따른 취수 장애 해소 등을 포함한다.

댐·저수지 비상대처계획

일정 규모 이상인 댐과 저수지는 붕괴에 대비한 비상대처계획(Emergency Action Plan, EAP)을 수립해야 한다. 관련 법으로는 「하천법」, 「저수지·댐의 안전관리 및 재해예방에 관한 법」, 「농어촌정비법」이 해당한다.

「하천법」에서는 댐 등 대통령령으로 정하는 하천시설을 설치하는 자는 하천시설 붕괴 등 비상상황으로 발생할 수 있는 국민의 생명·재산상 피해를 예방하거나 줄이기 위한 비상대처계획을 수립하도록 하고 있다. 대상 하천시설은 다목적댐, 발전용 댐, 저수용량 30만 톤 이상인 댐이다.

「저수지·댐의 안전관리 및 재해예방에 관한 법」은 저수지·댐 관리자가 저수지·댐 재해로 발생할 수 있는 국민의 생명·재산 피해를 예방하고 줄이는 데 필요한 대처계획을 세우도록 하고 있다. 저수용량 30만 톤 이상인 저수지·댐이 대상이다.

「농어촌정비법」은 저수지 축조 등 대통령령으로 정하는 농업생산기반시설을 설치하려는 자는 농업생산기반시설을 착공한 후 1년 이내에 농업생산기반시설 붕괴 등 비상상황으로 발생할 수 있는 국민의 생명·재산 피해를 예방하고 줄이는 데 필요한 종합적인 대처계획을 수립하도록 명시하고 있다. 저수용량 20만 m^3 이상인 저수지와 포용저수량 3천만 m^3 이상인 방조제가 대상이다.

행정안전부가 2022년 12월 고시한 「저수지·댐 붕괴 등에 따른 비상대처계획 수립 지침」에서는 앞서 언급한 시설물을 망라해서 대상 시설물을 다목적댐, 발전용 댐, 저수용량 30만 m^3 이상인 저수지·댐, 저수용량

20만 m³ 이상인 저수지, 재해위험저수지·댐으로 명시했다. 또한 수립한 비상대처계획을 5년마다 재검토해서 정비하도록 규정했다.[2]

댐·저수지 붕괴 대비 비상대처계획 훈련

2018년 5월 '2018 재난대응 안전한국훈련'의 일환으로 충청남도, 논산시, 농어촌공사, 119구조대 등 200여 명이 참여한 가운데 충남 논산시 탑정저수지 일원에서 저수지 붕괴에 대응한 현장훈련을 실시했다. 훈련은 재난상황 발생에 대비해 위기대응 매뉴얼을 실전 가동해서 유관기관 협업체계를 점검하고, 재난 시 초기 대응능력을 강화하기 위해 마련했다.

훈련내용은 태풍·집중호우·산사태 등으로 인한 인명·재산피해 최소화를 목표로 구성했다. 탑정호 수위 급상승, 탑정호 수위 위험수준 접근, 탑정저수지 제방 유실 및 붕괴 등 단계별로 상황을 설정하고, 이에 따른 주민대피, 구호활동 및 피해복구 등에 필요한 유관기관 협업기능을 재점검하며, 협조체계를 강화하는 데 중점을 두고 실시했다.[3]

2019년에는 3월 25일부터 4월 26일까지 저수지, 배수장에 대한 비상대처훈련을 시행했다. 저수지, 배수장 관리자인 시·군과 한국농어촌공사 주관으로 현장에서 직접 훈련했다. 119구조대, 한국전력, 긴급복구 동원업체, 지역주민 등이 참여하고 농식품부와 시·도는 훈련상황을 점검 및 지원했다.

훈련은 총저수량 100만 m³ 이상 저수지와 배수용량 560kW 이상 배수장 등 대규모 시설을 대상으로 했다. 호우 및 지진에 따른 저수지 붕괴, 배수장 정전·가동중단 등 가상상황을 설정하고, 시설관리자와 유관기관이 '관심-주의-경계-심각' 등 상황 단계별 매뉴얼에 맞춰 훈련했다.[4]

2022년에는 저수지 시설관리자인 한국농어촌공사와 시·군 주관으로 4월 6일부터 5월 20일까지 관계기관과 지역주민 합동으로 저수지 붕

2018년 훈련: 긴급복구

2018년 훈련: 환자이송과 방역작업

괴 대비 비상대처훈련을 시행했다. 비상대처계획이 수립된 저수지는 총 1,300개소로 3년 주기로 비상대처훈련을 시행하고 있으며, 2022년에는 이 중 361개소에서 훈련했다.

훈련은 코로나19 상황 등을 고려하여 지역 여건에 따라 현장훈련 또는 도상훈련으로 진행했다. 시설관리자 주관하에 지역 소방서, 경찰서, 보건소 등 관계기관이 합동으로 실시했고, 지역주민도 유사시 대피장소, 대피로 확인 등을 위해 함께 훈련에 참석했다.[5]

인공지능 기반 저수지 수위 예측으로 홍수피해 막는다[6]

기후변화 영향으로 집중호우 발생빈도가 높아진 가운데 정부가 국민 안전을 강화하기 위해 '저수지 수위 예측 모델' 개발에 나섰다.

행정안전부 통합데이터분석센터는 저수지 수위에 영향을 미치는 다양한 실시간 정보를 활용하여 전국 저수지 수위변화를 예측하기 위해 인공지능을 기반으로 한 '저수지 수위 예측 모델'을 개발했다. 모델 개발은 행정안전부 통합데이터분석센터와 농어촌 저수지 관리기관인 한국농어촌공사가 협업해서 진행했다.

모델 개발 과정에서는 한국농어촌공사가 보유한 저수지 운영 데이터와 기상청 기상관측·예보 데이터를 종합적으로 활용했다. 우선, 한국농어촌공사가 관리하는 1,700여 개 저수지 면적과 주변 환경 등을 고려하여 유형별로 분류했다. 유형별 저수지에 대한 10분 단위 저수위 수집 데이터와 기상청 강수량 관측·예보 데이터를 활용한 모델 개발을 통해 저수지 수위를 예측했다.

행정안전부는 이 모델이 매년 발생빈도가 높아지고 있는 국지성 집중호우에 대한 피해 예방과 정책 수립에 중요한 토대가 되길 기대했다. 한국농어촌공사에서는 개발된 분석모델을 저수지 운영관리 시스템에 탑재하고, 집중호우에 따른 급격한 저수위 변화가 예측될 때 사전 방류 등 홍수대응에 활용하게 된다. 또한, 저수지 수위 예측 결과를 지자체를 비롯한 관련 기관과 공유하여 홍수위험에 대한 사전안내 등 재난상황에 대비한다.

2023년 장마기간 중 평년의 2배에 달하는 극한 호우로 배수시설이 없는 저지대 농경지뿐만 아니라, 배수시설이 설치된 지역도 기존 시설 노후화 및 낮은 설계빈도로 침수 피해가 다수 발생했다. 설치된 지 오래된 저수지도 상류 하천으로부터 유입된 토사 퇴적으로 물그릇이 작아지고, 시설 노후화 등으로 홍수 조절 능력이 미흡하여 일상화되는 기상이변에 탄력적으로 대응하기 어려운 상황이다. 따라서 극한 자연재난에도 안전한 농업기반 조성을 위해 상습침수 농경지를 해소하고, 노후 저수지의 홍수 대응능력을 확충하는 등 농업생산기반시설 재해 대응능력을 적극적으로 강화해야 한다.

정수장 깔따구 유충 발생과 대응

여름철 기온이 높아지면서 정수장과 수도 관련 시설에서 깔따구 유충 발생사례가 계속해서 나타나고 있다. 2024년 전국 정수장 실태조사 과정 중 경기도 이천시 정수장에서 깔따구 유충을 발견했다. 이천시는 주민들에게 이 상황을 긴급하게 알리고, 수돗물 음용을 자제해달라고 전했다. 깔따구 유충에 대응하기 위해 실태점검을 통한 유충 발생 사전 차단, 깔따구 관련 수질감시항목 확대 등을 시행하고 있다. 기후변화로 인한 기온 상승이 반복되는 상황을 고려할 때 지속적인 대책 마련이 중요하다.

깔따구 유충 발견과 비상급수

경기도 이천시 상하수도사업소는 2024년 4월 20일 일부 정수장에서 깔따구 유충을 발견했다고 발표했다. 각 가정에서 수돗물을 세탁, 청소 등 생활용수로 사용하는 데는 문제가 없으나 별도 안내가 있을 때까지 수돗물을 직접 마시는 행동은 자제하도록 안내했다. 다만 끓여 먹을 때는 음용이 가능하다고 알렸다. 이천시는 급수 전 과정에 대한 모니터링을 1일 2회 이상 실시하고, 정수지 청소와 유충 필터를 보강했다.[7]

깔따구 유충은 모기와 유사한 형태의 성충이 되기 위한 변태 과정에서 번데기 전 단계인 소형생물이다. 수돗물에서 깔따구 유충을 발견하면 눈으로 보기에 불편할 수 있으나, 직접적으로 사람에게 질병 원인이 되거나 유해하다고 확인된 사실은 없다고 한다. 하지만 음용 안전성에 대한 검증도 확인된 바 없어서 음용은 자제해야 한다고 안내하고 있다.[8]

이천정수장 유충은 환경부가 이상기후로 인해 2024년 여름철 기온이 평년보다 높을 것이라는 기상청 전망을 고려해서 2023년에 비해 한 달 앞선 4월 1일부터 5월 10일까지 실시한 전국 정수장 위생관리 실태점검 과정에서 발견했다. 이천정수장 유충 사고 조기 수습을 위해 경기도 이천시는 한강유역환경청, 한국수자원공사 한강유역수도지원센터와 함께 역세척 주기 단축, 염소주입 강화, 공정별 방충시설 보완 및 내외부 청소 등 다양한 조치를 했다.[9]

붉은 수돗물과 깔따구 유충

정수장과 수도에서 이상이 발생한 사례는 이천정수장이 처음은 아니다. 2019년 5월 말 인천광역시 일부 지역 아파트에서 붉은 수돗물이 나왔다. 인천 서구에서 시작된 붉은 수돗물은 이후 인천 중구 등에서도 발견했으며, 한 달 이상 정상화하지 못했다. 박남춘 인천광역시장이 직무유기로 피소되고 경찰 조사가 실시되는 등 그 여파는 오랜 시간 지속됐다. 수도관 노후화로 인한 문제라는 조사 결과가 이어졌지만, 이미 수돗물에 대한 신뢰는 땅에 떨어진 뒤였다.[10]

유사한 사건은 다음 해에도 이어졌다. 2020년 7월 또다시 인천광역시에서 사건이 일어났다. 계양구 수돗물에서 유충이 검출됐다. 일명 '깔따구' 유충은 인천 북부권을 중심으로 계속해서 발견됐다. 환경부 조사 결과 인천지역 유충은 대부분 정수장 활성탄지에서 비롯됐다고 추정했다.

깔따구 유충은 가늘고 1~2mm 정도로 짧으며, 철사 모양 지렁이 또는 짙은 붉은색을 띤 실지렁이와 유사한 형태다. 유충 기간은 평균 20~30일, 이후 번데기 기간은 1~2일로 알려져 있다. 저수지, 강, 개울, 인공용기, 바닷물 등 거의 모든 종류에서 발생하며, 1급수 맑은 물에서 4급수까지 수질에 따라 발생하는 종도 다양하다. 특히 늦은 봄부터 여름까지 수온 상승 시에 저수조, 수도꼭지, 호스 등 정체된 곳에 알을 낳아 번식한다.[11]

환경부는 긴급 대응을 위해 다음과 같은 수돗물 위생관리 우선 조치 사항을 마련했다.[12] 첫째, 정수처리시설 내 유충 유입 방지다. 정수장 건물에 미세방충망·이중출입문 등을 설치하여 깔따구 등 생물체 유입을 원천 차단하고, 건물 내 유충 유입 시 퇴치할 포충기를 설치하며, 입상활성탄지에 개폐식 차단시설 등을 설치해 생물체 접근을 차단하는 '3중 차단'으로 유충 발생 원천 봉쇄를 추진했다.

둘째, 수도 공급계통 유충 번식 차단이다. 유충 번식 및 정수장 유입 가능성을 고려하여 여름철에는 활성탄지 역세척 주기를 최대한 단축하

주요 관리강화 필요 사례

유형	방충망 강화	청결 강화	시건장치 도입
사진 및 설명			
	정수지 에어벤트 방충망 없음	여과지 창틀 청결 불량	정수지 점검구 시건 불량
필요 사유	벌레 유입 차단	벌레 서식 환경 억제	승인받은 인력만 출입하도록 관리

고, 저수조 등은 강화된 일상점검을 실시하도록 조치했다. 지자체에는 역세척 속도 및 지속시간 증대 운전을 권장했다. 또한, 깔따구 번식을 고려하여 7~8월은 관할지역 내 저수조·물탱크를 일제 청소하는 등 강화된 일상점검을 홍보했다.

셋째, 대국민 정보제공 확대 및 국민 소통 강화다. 수돗물 유충 사태 조기 수습 및 주민 불안 방지를 위해 수돗물 민원을 실시간으로 파악함과 동시에, 민원 조치사항 전 과정을 신속하게 공개했다. 유충 민원 대응 우수사례를 발굴해서 다른 지자체와 공유하고, 민원 발생 즉시 현장 출동부터 유충 발견과 조치 결과 등에 대한 사항을 투명하고 신속하게 공개하는 등 주민이 안심할 수 있도록 소통을 강화했다.

실태점검을 통한 유충 발견 및 사전 차단[13]

2021년 전국 정수장 실태점검을 통해 일부에서 유충을 발견했다. 환경부는 수돗물 유충 발생 사전예방 및 관리를 위해 전국 정수장 447곳에 대해 2021년 3월 15일부터 4월 12일까지 위생관리 실태를 점검했다. 점검 결과, 5개 정수장정수에서 깔따구 유충을 소량 발견했고, 18개 정수장은 원수 및 정수처리 과정에서 유충을 발견했다. 정수에서 유충이 발견된 5개 정수장에 대해서는 수계전환을 통한 광역상수도 전환, 정수처리 강화, 정수지와 배수지 청소 및 유충 차단망 설치 등을 조치해 유충이 수돗물을 공급받는 수용가로 확산하지 못하도록 조기에 차단했다.

유충이 발견된 5개 정수장 조사 결과에 따르면 경기도 연천군 및 동두천시 정수장은 동일한 취수원을 사용하는 정수장으로 원수에 유입된 유충을 처리공정에서 제거하지 못해 정수한 물에서 발견했다. 충청남도 보령시 성주정수장은 역세척수와 정수 등에서 유충을 발견했으며, 방충망 일부 손상 및 정수지 내부 청결상태 미흡이 원인으로 확인됐다. 강원도 화천군 산양정수장 및 충북 제천시 고암정수장은 시설 노후화, 위생관리 미흡 등으로 정수장 내 유입 유충을 제거하지 못했다고 추정했다. 정수에서 유충이 발견되지 않았지만, 원수 및 여과지 내벽, 역세척수 등 처리 과정에서 유충이 발견된 18개 정수장에 대해서는 유충 차단조치 및 처리공정별로 거름망을 설치해서 확인했다.

수돗물은 통상 정수장에 유입된 원수가 혼화, 응집, 침전, 여과, 소독 등의 단계를 거치면서 정수된 후 정수지를 거쳐 배수지에서 일정 시간 머무르며 일반 가정으로 공급된다. 수생태계에 존재하는 깔따구 유충이 원수에 들어오거나 정수처리 공정 중에 깔따구가 날아들어 올 가능성은 있으나, 침전지나 여과지 등 정수처리 공정에서 제거된다.

깔따구 관련 수질감시항목 확대[14]

2023년 7월 환경부는 먹는 물 수질감시항목 중 조류독소 항목을 변경하고, 깔따구 유충을 추가하여 먹는 물 안전관리를 강화할 계획이라고 밝혔다. 「수도법」에 따른 '먹는 물 수질감시항목 운영 등에 관한 고시'를 개정해 2023년 10월 1일부터 정수 여과 후 100L 시료를 월 1회 주기로 현미경을 통해 깔따구 유충을 확인하며, 유충을 발견하면 하루 1회로 검사 주기를 단축하기로 했다. 이는 수돗물 깔따구 유충 민원 발생 등 먹는 물 안전관리 강화 필요성이 증가함에 따라 실시하는 사항이다.

수돗물 신뢰 회복을 위한 노력

2020년 깔따구 유충으로 전국이 시끄러웠던 일을 계기로 환경부는 매년 적극적으로 정수장 실태를 점검한다. 이를 통해 사전에 유충을 발견하고 필요한 대책을 세우고 있다. 하지만 추락한 수돗물에 대한 신뢰 회복은 더욱 어려워지는 상황이다.

2024년 8월 언론에서는 플라스틱병에 담긴 물이 고혈압의 주범이라는 놀라운 소식을 전했다. 오스트리아 연구팀이 2주 동안 실험 참가자에게 플라스틱병에 담긴 물 대신 수돗물만 마시는 연구를 진행했는데, 참가자의 이완기 혈압이 상당히 떨어지고 4주 후까지 유지되는 현상을 확인했다. 이를 통해 플라스틱병에서 나오는 미세플라스틱으로 인한 혈압상승을 수돗물을 그냥 마실 때 예방할 수 있음을 알려주었다. 수돗물이 가지는 긍정적인 영향을 보여준 사례였다.

정수장 깔따구 유충이나 붉은 수돗물 등은 수돗물에 대한 신뢰를 더욱 떨어뜨렸는데, 이를 해소하기 위한 다양한 노력이 필요하다. 정수장 관련 시설에 대한 점검, 노후시설 개선 등을 적극적으로 추진하면서 긴급 상황에 대해서는 국민과의 소통을 소홀히 하지 말아야 한다. 하지만 수돗물에 대한 국민의 신뢰 회복을 위해서는 갈 길이 멀어 보인다.

2024년 여름철 재난 대비

여름철 자연재난 피해가 갈수록 심해지고 있다. 예상치 못한 집중호우로 도시침수, 하천범람 등이 발생하면서 산사태, 지하공간 침수 등으로 인명피해가 많았다. 이상기후 영향은 여름철 기온 상승까지 부추겨서 폭염으로 인한 피해도 급속히 늘어나고 있다. 이에 대비하기 위한 다양한 대비책 마련과 준비가 필요한 상황이다.

정부는 2024년 여름철 자연재난 대책기간에 돌입하면서 산사태, 하천재해, 지하공간 침수 대책 등을 논의했다. 폭염 취약계층에 대한 보호대책도 준비했다. 홍수안전주간을 운영하고, 대비 태세도 점검했다. 이외에도 저수지 안전관리 실태를 점검하고, 지자체와 군부대 간 협력 방안을 마련했다.

여름철 자연재난 대책기간 돌입[15]

관계부처와 전국 지자체가 참여한 가운데 2024년 5월 14일 여름철 재난안전 점검회의가 열렸다. 회의에서는 5월 15일부터 시작되는 여름철 자연재난 대책기간에 대비해 기관별 준비 상황을 점검하고, 인명피해 최소화를 위한 중점사항을 논의했다.

우선 풍수해 3대 인명피해 유형인 산사태, 하천재해, 지하공간 침수 대책을 점검하고 관계부처와 지자체에 빈틈없는 안전관리를 지시했다. 최근 10년간 호우와 태풍으로 인한 사망·실종 피해 170명 중 75%인 128명이 3대 인명피해 유형에서 발생한 만큼 사전에 위험요소를 제거하고 인명피해 우려 시 선제적인 대피가 이루어질 수 있도록 당부했다. 특히, 지자체는 국장급 이상을 상황실 책임자로 지정하여 상황관리를 강화하고, 부단체장 중심으로 대응체계를 운영하여 비상상황에 신속히 대응할 수 있도록 했다. 하천 공사를 위해 설치한 임시시설물로 인한 범람·침수 위험이 없는지 현장에서 다시 한번 점검하기를 관계부처와 지자체에 요청했다.

농·어업인, 현장 근로자 등 폭염 취약계층에 대한 보호 대책도 점검했다. 노령 농·어업인에 대해서는 지역자율방재단 등과 협력하여 수시로 건강상태 등을 확인하고, '부모님께 안부전화 드리기' 등 대국민 캠페인도 함께 추진했다. 현장 근로자에게는 보냉장비를 지급하고, 폭염 위기경보 '심각' 단계가 발령되면 공사 일시정지를 권고했다. 아울러 사회·경제적 취약계층에 대해서는 전기요금을 감면하고, 경로당 냉방비 지원 금액도 상향했다. 또한 무더위쉼터 정비, 그늘막 설치 등 지자체별 폭염피해 예방 사업 조속 완료를 당부했다.

자연재난 대비 태세 선제 점검[16]

점검회의 이전에 사전대비 실태점검이 있었다. 행정안전부, 농식품부, 환경부, 국토부, 해수부, 산림청, 기상청 등 정부 부처 합동으로 4월 24일부터 5월 3일까지 전국 17개 시·도 여름철 태풍·호우 사전대비 실태를 점검했다. 2024년 여름철에도 기후변화로 인한 국지성 집중호우 등으로 피해가 발생할 수 있는 만큼 인명피해를 최소화하기 위해 지자체 호우·태풍 준비 상황을 선제적으로 점검했다. 특히, 2023년 큰 피해가 발생했던 지하공간 침수, 산사태, 하천 급류에 대한 대비 태세를 중점적으로 점검했다.

먼저, 비상 대응체계 구축 및 인명피해 우려지역 발굴·점검 상황을 확인했다. 위험 상황 발생 시 부단체장 직보 체계를 구축하고, 해당 지역에 대한 사전 통제기준과 주민대피계획을 수립하고 있는지 등 재난에 신속하게 대응할 수 있는 체계가 마련되었는지를 점검했다. 지하차도·반지하주택 등 지하공간과 산사태 취약지역, 하천변 등 인명피해 발생이 우려되는 지역을 확대 발굴했는지 중점 점검했다.

방재시설 정비와 정상 작동 여부도 점검했다. 집중호우 대비 배수펌프장 시설 정비 상황과 하천 및 우·오수관로 준설 등 정비상태를 확인했다. 지하차도와 하상도로에 설치된 진입 차단시설, 경보시설 등이 정상 작동하는지 점검하고, 설치 중인 사업장에 대해서는 우기 전인 6월까지 설치가 완료될 수 있도록 중점 관리했다.

시간당 강우량 100mm 이상의 강한 호우 발생 상황을 가정한 상황 전파, 위험지역 사전통제 및 주민대피 등 재난대응훈련을 시행했는지 점검했다. 기존 공무원 중심으로 추진했던 재난 대비 현장교육·훈련을 대피조력자(이·통장 등)·마을주민 등으로까지 확대해서 시행했는지를 점검했다. 점검 결과 지적된 사항에 대해서는 본격적인 여름철 돌입 전인 5월 말까지 신속히 보완하도록 조치했다.

홍수안전주간, 홍수 대비 태세 점검[17]

홍수대응 준비상황을 최종적으로 점검하기 위해 2024년 4월 29일부터 5월 3일까지 홍수안전주간을 운영했다. 홍수안전주간은 환경부에서 처음 운영한 정책으로 관계기관 간 홍수 대응계획을 공유 및 논의하고, 실제 현장에서 작동될 수 있도록 합동으로 훈련했다.

또한 광역지자체를 대상으로 간담회를 개최했다. 장관 주재로 서울특별시 등 17개 광역지자체 부단체장이 참석해서 기관 간 홍수 대응계획과 협력 방안에 대해 중점적으로 논의했다. 홍수 대응 전문가, 관계기관 및 지자체 담당자와 함께 홍수 안전 정책토론회를 개최했다. 홍수 대응 과정에서 중점을 두어야 할 사항과 향후 개선방안 등을 전문가, 관계기관 및 지자체 담당자들과 함께 논의했다. 학계 및 업계 전문가들과 함께 "디지털 기술을 활용한 홍수관리 혁신"이라는 주제로 종합토론을 하여 홍수관리 개선 방향을 심도 있게 다루었다.

유역별로 실제 홍수 상황을 가정하고 진행하는 합동훈련을 실시했다. 환경부는 유역(지방)환경청 및 홍수통제소, 기상청, 지자체, 한국수자원공사, 한국수력원자력, 한국농어촌공사 등 관계기관과 함께 홍수 상황 시 기관별 역할을 숙지했다.

합동훈련에서는 2024년부터 새롭게 도입하는 인공지능(AI) 홍수예보체계에 맞춰 홍수예보를 발령하고, 새로운 정보전달 수단인 '보이스 메시지 시스템(VMS)'과 재난안전통신망 등을 활용하여 신속하게 전파했다. 아울러, 홍수예보 발령에 따라 주민대피 및 응급조치 등 관계기관의 상황 대응을 점검하는 등 기관 간 협업체계를 다졌다.

영산강·섬진강 유역은 전남 구례군 구례읍 일원에서 영산강유역환경청, 영산강홍수통제소, 구례군청, 구례경찰서, 한국수자원공사 등과 함께 현장훈련을 시행했다. 훈련은 2020년의 집중호우 기상 및 하천 상황을 가정하여 홍수예보를 발령 및 전파하고, 섬진강 유역의 섬진강댐 수문 방류를 위한 의사결정체계 등을 점검했다. 현장에서 배수시설물 수동조작 및 제방 유실구간 응급복구 등 조치사항도 확인했다. 훈련을 통해 관계기관과 함께 새롭게 바뀌는 홍수 대응체계를 최종적으로 점검하고, 실제 홍수 상황에서도 차질 없게 작동하도록 준비했다.

유역별로 홍수 대응을 위한 관계기관 합동연수회도 개최했다. 유역 (지방)환경청이 주관하며 홍수통제소, 한국수자원공사, 기상청 등 홍수 대응 관계기관이 참여했다. 각 기관은 인공지능(AI) 홍수예보 및 정보전달, 홍수 취약지구 관리 및 위험정보 제공 등 활용방안을 논의했다. 2024년 부터 늘어난 홍수예보지점과 수위관측소 현황, 새롭게 도입한 홍수정보 전달 수단을 담당자들이 명확히 숙지하는 데 중점을 두었다.

저수지 안전관리 실태점검[18]

지자체 차원 대비도 있었다. 광주광역시 관할 자치구에서 관리하는 저수지 88개소, 시 상수도사업본부에서 관리하는 댐 3개소 중 89%인 81개소가 축조된 지 50년 이상 된 노후 시설물이다. 따라서 기후변화에 따른 집중호우를 대비해 철저한 관리가 필요한 실정이다.

　　광주광역시는 자치구, 민간 전문가와 합동으로 여름철 집중호우에 대비해 남구 이장제, 북구 석저제·금곡제, 광산구 두정제 등 저수지 4곳

광주광역시 금곡저수지

에 대한 안전관리 실태를 점검했다. 시설관리 주체인 5개 자치구에 철저한 안전관리를 유도하고, 재해 위험요인을 사전에 파악해 조속한 보수·보강 대책을 수립하는 조치였다. 특히 저수지 안전점검 적정 실시 여부, 저수지 관리자 지정 및 비상연락망 정비 여부, 저수지·댐 안전관리자 교육 현황 등을 집중적으로 점검했다.

침수에 대비한 서울시와 수도방위사령부의 협력[19]

서울시는 수도방위사령부와 함께 2022년 집중호우 피해를 입은 사당역 인근 사당천 상류부에 우수유출저감시설을 설치한다고 밝혔다. 2년 전 여름 시간당 최대 141.5mm의 집중호우로 동작구와 서초구 일대 주택과 상가가 침수되는 피해가 발생했다. '우수유출저감시설'이란 홍수나 호우 같은 자연재해로 많은 빗물이 발생한 경우, 지하로 침투시키거나 강제로 유입하여 저장하는 시설이다.

서울시는 저지대 침수피해를 막기 위해 건물을 비롯한 운동장, 연못 등 가용부지에 빗물을 일시적으로 저장해 유출량을 줄이는 '10cm 빗물 담기 프로젝트'를 진행하고 있다. 수방사 우수유출저감시설 설치도 '10cm 빗물 담기 프로젝트'의 일환으로 수방사 건물 옥상과 운동장 상·하부, 관악산 계곡 등에 우수유출저감시설을 설치해 사당천 상류에 최대 6만 5천 톤의 빗물을 저장할 계획이다.

사당천 상류 유역 약 2km²에 1시간 동안 100mm의 극한강우가 내린다고 가정했을 때, 시설 설치 시 총유출량 30% 이상의 감소를 기대했다. 수방사는 6만 톤 용량 저류조 부지를 제공하고, 서울시는 방재시설을 설치 및 운영하는 방식이다. 저류조를 사용하지 않는 시기에는 해당 시설을 장병 대피소나 기타 군 관련 시설 용도로 사용하는 방안도 협의해나가기로 했다.

서울시는 2024년 안에 '사당-이수' 지역 침수피해 예방을 위한 우수 유출저감사업에 대한 타당성 검토 및 기본계획을 수립하고, 수방사 내 빗물 저류조 설치 효과와 적정 규모, 효율적 운영방안 등을 검토해 사업을 시행할 예정이다. 이와 관련해 서울시와 수방사는 '사당역 일대 침수 예방을 위한 공동협력에 관한 업무협약(MOU)'을 체결했다. 서울시는 서울 방어는 물론 서울시민의 생명과 재산을 보호하는 역할을 하는 수방사와 수해복구 중심으로 운영되던 병력지원을 우기 전 빗물받이 청소 등 사전 수해예방 활동까지 확장하는 등 다양한 공동협력 방안을 적극 검토해나갈 예정이라고 밝혔다.

2024년 여름철 재난 대비를 위해 정부 부처와 지자체가 선제적인 준비를 시행했다. 대비 상황에 대한 점검을 중심으로 상황에 맞는 교육과 훈련을 진행했다. 정부 부처와 지자체가 최선을 다해 대비한다고 해도 홍수나 폭염 등으로 인한 피해를 완전히 예방할 수는 없다. 하지만 발생한 재난으로 인한 피해를 최소화해서 재난이 큰 재해가 되는 일은 막을 수 있다. 재난으로 인한 피해가 아예 생기지 않도록, 발생하더라도 최소화할 수 있도록 철저한 준비가 필요하다.

여름철 물놀이 안전

여름철 물놀이 사고로 인한 인명피해는 감소하는 추세이지만 매년 끊이지 않고 발생한다. 주로 하천이나 강, 해수욕장, 계곡 등에서 피해가 있었지만, 최근에는 갯벌이나 해변 등과 같은 바닷가에서도 발생하고 있다. 안전 부주의, 수영 미숙, 음주수영 등 피해 원인도 다양하다. 기본 수칙만 잘 지켜도 대부분 수상 안전사고 예방이 가능하다. 정부와 지자체는 '2024년 여름철 수상안전 대책'을 마련해서 운영하고, 놀이터 물놀이시설에 대한 일제점검 등을 통해 물놀이 안전을 지키고자 노력했다. 여기에 더해 안전을 최우선으로 하는 개인적인 노력도 필수다.

'2024년 여름철 수상안전 대책' 마련 및 대책기간 운영[20]

2024년 6월 1일부터 8월 31일까지를 '여름철 수상안전 대책기간'으로 정하고, 국민이 안전한 여름 휴가철을 보낼 수 있도록 수상안전관리를 중점 추진했다. 여름철에는 하천, 계곡, 해수욕장 등 여러 장소에서 물을 이용한 여가활동이 많아 안전사고가 발생할 수 있으므로 종합적인 안전관리가 필요하다. 정부는 '2024년 여름철 수상안전 대책'을 관계부처 합동으로 마련하고, 5월 30일 국무총리가 주재하는 국정현안관계장관회의에서 확정했다. 이에 따라 6월부터 여름철 수상 인명사고 예방활동을 본격 시행했다. 여름철 수상안전 대책기간에는 해수욕장 284곳, 하천·계곡 1,083곳 등 물놀이 장소를 포함하여 안전관리가 필요한 지역 2만 4천여 개소를 중점 관리했다.

무엇보다 수상 안전사고 위험이 큰 지역에 대한 안전관리를 강화했다. 인명사고가 자주 발생하는 시·군·구를 중심으로 중점관리가 필요한 지역을 선정하고, 해당 지역에 대해 단체장 면담, 관리실태 점검 등 집중관리를 추진했다.

또한 안전시설을 사전에 정비하여 안전한 수상환경을 조성했다. 본격적인 휴가철에 앞서 구명환, 안내표지판, 인명구조함 등의 안전시설을 정비하여 국민이 안전시설을 쉽게 인식할 수 있게 하고, 노후시설과 소모품은 교체했다. 계곡·하천 물놀이 장소의 구명조끼 무료 대여소도 확대 운영했다. 위험구역에는 CCTV를 확충하는 등 더욱 촘촘한 안전관리를 추진했다. 또한 동해안을 중심으로 증가하고 있는 상어 출몰에 대비해 상어퇴치기나 그물망 설치 등 안전관리 방안도 도입했다. 최근 고성에서 포항 사이 동해안에서 대형 상어가 잡히거나 신고된 사례가 2022년 1건에

2024년 여름철 수상안전 관련 보도영상[21]

서 2023년 29건으로 급증했다.

그리고 민·관 협업, CCTV·드론 등을 활용하여 관리 사각지대를 최소화했다. 해수욕장 개장 이전에 안전요원을 조기에 배치하도록 권고하고, CCTV·드론을 활용한 감시 등을 통해 물놀이 안전관리 사각지대를 최소화했다. 아울러 민간 안전요원 및 관련 협회와 협력하여 빈틈없는 안전관리를 추진했다. 민간 안전요원으로는 내수면의 지역자율방재단, 계곡·하천·해수욕장의 119시민수상구조대, 연안해역의 연안안전지킴이 등을 들 수 있다. 관련 협회로는 해양안전협회, 테마파크협회, 수상레저안전연합회, 수영장경영자협회, 수중레저협회 등이 있다. 이 외에도 국민이 물놀이 위험요소 발견 시 직접 안전신문고를 통해 신고할 수 있도록 6월에서 8월까지 집중신고 기간을 운영했다.

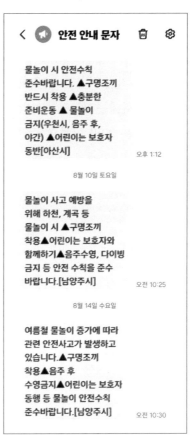

특별대책기간 중 지자체에서 발송한
물놀이 안전 문자

수상 안전사고가 많이 발생하는 방학·휴가철 성수기에 맞춰 7월 15일부터 8월 15일까지 특별대책기간을 운영하여 강화된 안전조치를 시행했다. 행정안전부는 간부공무원을 지역책임관으로 파견하여 현장 안전관리실태 등을 중점 점검했다. 지자체에서는 읍·면·동 전담공무원을 지정하여 취약지역 예찰을 확대 운영했다.

구명조끼 착용 같은 수상사고

예방·행동 요령을 집중적으로 홍보했다. 어린이 생존수영 교육을 실습 중심으로 운영하고, 방학 전 학생 수상안전 교육을 필수로 시행했다. 학부모를 대상으로 한 사고예방 요령도 안내했다.

최근 물놀이 사고 현황 및 원인

2023년에도 '2023년 여름철 수상안전 대책'을 마련해서 수상안전관리를 중점 추진했다. 특히 이전에는 계곡, 해수욕장 등 물놀이 장소를 중심으로 수상안전을 관리했으나, 2023년부터는 저수지, 낚시터, 수중레저(스쿠버다이빙)도 관리대상에 포함하여 여름철 수상인명사고 예방활동을 본격 시행했다. 그렇지만 인명피해 19명은 막을 수 없었다.[22]

인명피해는 2018년 33명에서 2019년부터 30명 아래로 감소했고, 2023년에는 20명 이하로 줄었다. 이런 감소 추세는 고무적이지만, 여전히 두 자릿수 피해가 발생하고 있으므로 이를 최소화하기 위한 노력이 필요하다.

최근 물놀이 사고 현황

① 원인별 (단위: 명)

구분	계	안전 부주의	수영 미숙	음주수영	튜브 전복	높은 파도 (급류)	기타
2023	19	3	13	3	–	–	–
2022	26	9	4	3	1	5	4
2021	24	9	11	4	–	–	–
2020	25	14	4	6	–	1	–
2019	28	5	12	5	–	5	1

1부. 물Water

(단위: 명)

구분	계	하천·강	해수욕장	계곡	유원지	바닷가 (갯벌, 해변)	기타
2023	19	5	6	8	–	–	–
2022	26	6	10	5	–	5	–
2021	24	11	5	7	–	1	–
2020	25	12	3	7	–	3	–
2019	28	3	8	12	–	5	–

③ 시기별

(단위: 명)

구분	계	6월				7월				8월			
		소계	초순	중순	하순	소계	초순	중순	하순	소계	초순	중순	하순
2023	19	2	–	2	–	10	4	–	6	7	2	5	–
2022	26	2	1	–	1	13	3	2	8	11	7	4	–
2021	24	3	3	–	–	14	–	4	10	7	5	2	–
2020	25	2	1	–	1	7	2	2	3	16	6	8	2
2019	28	3	–	–	3	8	2	3	3	17	11	3	3

원인별 물놀이 사고를 살펴보면 안전 부주의, 수영 미숙, 음주수영 등과 같이 피해자 스스로 안전을 챙기지 못한 부분이 많았다. 높은 파도와 급류도 일정 원인을 차지했다.

장소에 따른 물놀이 사고 범위도 다양해지고 있다. 기존에는 주로 하천이나 강, 해수욕장, 계곡 등에서 주로 피해가 발생했으나, 최근에는 갯벌이나 해변 등과 같은 바닷가에서도 사고가 발생했다.

시기별로는 7월 초순부터 8월 중순까지 여름철 휴가 기간에 피해가 집중하고 있음을 알 수 있다. 따라서 휴가철 물놀이 때는 안전에 대한 각별한 주의가 필요하다.

여름철 앞두고 놀이터 물놀이시설에 대한 일제점검[23]

행정안전부는 지자체와 함께 6월 중순부터 전국 1,100여 개 물놀이형 어린이놀이시설에 대한 안전점검을 실시했다. 물놀이형 어린이놀이시설은 물을 분사하거나 저장시키는 등 물을 이용해 놀 수 있도록 설치된 놀이시설로 아파트, 공원에 주로 설치되어 있다. 이번 점검은 물놀이형 어린이놀이시설이 본격적으로 운영되는 7월을 앞두고 안전사고를 예방하기 위해 마련했다.

전국 물놀이형 어린이놀이시설을 대상으로 관리감독기관인 시·군·구가 민간 전문가와 함께 전수 점검하고, 행정안전부와 시·도가 표본 합동점검을 실시했다. 주요 점검 사항은 ▲안전요원 배치 및 안전요원 자격 적합 여부 확인, ▲수심 기준 및 배수장치 접근 제한 조치 등 시설 안전기준 준수 여부, ▲미끄럼 방지조치 등 시설 운영 적합성 등이다. 점검 결과 미흡 사항에 대해서는 즉시 보완하여 위험요인을 해소하고, 중대한 안전기준 위반사항이 확인되면 보완 전까지 시설 사용을 중단하거나 행정처분을 부과하는 등의 시정 조치를 시행했다.

여름철 수상안전과 관련해서는 다양한 부처가 연관되어 담당하고 있다. 내수면 계곡과 하천은 행정안전부, 수영장과 워터파크는 문화체육관광부, 해수욕장과 수중레저, 낚시터는 해양수산부, 연안해역과 수중레저는 해양경찰청, 저수지는 농림축산식품부, 국립공원 계곡과 해수욕장은 환경부 소관이다. 이처럼 넓고 다양한 지역에서 수상안전을 지키기 위해서는 정부 부처, 지자체의 노력도 중요하며, 시설을 이용하는 시민 스스로도 안전을 위한 모든 노력을 기울여야 한다. 전국 물놀이시설에서 단 한 명의 인명피해도 발생하지 않는 여름을 기대한다.

녹조 발생과 대응

폭염으로 인한 저수지 수온 상승은 소양강댐 소양호에도 녹조*를 만들었다. 북한강 최상류에 위치한 소양호에서는 그동안 녹조 발생이 거의 없었다. 하지만 수온이 매우 높았던 2023년 7월 28일 소양강댐 상류 53km 부근에서 녹조가 시작되어 하류로 4km 떨어진 38대교까지 조류**가 발생했다.[24] 녹조는 한 달 정도 지속한 후 소멸했다. 2024년에도 장마 후 폭염이 이어지면서 소양호에서 녹조가 발생했으며, 금강 대청호와 보령호에서는 위기경보 '경계'를 발령했다.

2023년 첫 녹조 '경계' 경보[25]

2023년 6월 22일 오후 3시 기준으로 낙동강 칠서지점에서는 조류(녹조) 경보를 '관심'에서 '경계'로 상향했다. 2023년 첫 사례였다. 조류 '경계' 발령은 2022년 첫 '경계' 발령일인 6월 23일과 유사하지만, 2022년 강정고

★   호수나 하천, 바다 등에서 조류가 대량 증식해서 물색을 녹색으로 변화시키는 현상이다. 번성한 조류는 많은 산소를 소비해서 수질을 악화시킨다.

★★ 물속에 서식하는 수중생물로서, 다량으로 번식하면 녹조를 발생시킨다.

령과 물금매리 2개 지점 발령과 비교했을 때, 2023년은 1개 지점에 그쳤다. 환경부와 한국수자원공사는 녹조가 발생한 낙동강 유역에서 물 순환 장치 등 녹조저감설비 219대를 운영했다. 또한, 녹조 제거를 위한 에코로 봇 2기를 녹조 발생지점에 재배치했으며, 대용량 처리가 가능한 녹조 제거 선박 2대를 추가로 투입했다.

조류경보 '경계' 단계를 발령한 수역정수장에서는 활성탄, 오존처리 등 고도처리 과정을 강화하여 먹는 물의 안전을 담보했다. 주변 수역에서는 낚시와 물놀이, 어패류 어획·섭취 등과 같은 활동 자제를 권고했다. 환경부는 녹조 예방을 위해 6월 말까지 낙동강 주변 공유지에 방치된 야적 퇴비를 전량 수거하도록 조치했다. 또한, 공공 하·폐수처리시설 총인 배출량을 기준치보다 더 낮게 배출하도록 약품비를 지원하고, 저감량을 오염총량제에 반영하여 총인처리 강화 유인을 제공했다.

2023년 소양호 녹조

정부와 지자체, 한국수자원공사 등 관계기관은 2023년 7월 말 소양호 상류에서 발생한 녹조현상에 대한 현장조사와 대책을 논의했다. 조류 발생 원인은 고온 현상이 지속되고, 유속이 정체된 구간에서 조류가 대량으로 번식할 수 있는 조건 마련으로 추정했다. 소양호가 위치한 강원도에서는 조류 발생 원인 규명을 위한 정밀조사 실시와 시·군 환경기초시설 운영 강화를 조치했다. 조류 확산 방지를 위해 차단막을 설치하고 조류제거선을 투입했으며, 선박을 이용하여 조류를 물 가장자리로 이동시켜 제거했다.[26]

대책 마련을 위해 8월 2일 원주지방환경청, 강원도, 한국수자원공사, 도 보건환경연구원, 인제군, 양구군 등의 관계자들이 모였다. 이를 통해 한국수자원공사는 조류제거선 추가 확보 및 1차 차단막을 3~4차까지 추

낙동강 칠서지점에서 녹조 제거를 위해 운영한 에코로봇

가 설치했으며, 강원도와 함께 수계기금을 활용한 방제를 추진했다. 인제 군은 수면 위 조류 제거와 수질검사 등을 위한 선박을 지원하고, 양구군 과 함께 수거된 조류를 신속하게 처리했다. 도 보건환경연구원은 조류 농도 변화 확인을 위한 수질분석을 지원했다.[27]

　한강수계 소양강댐에서 녹조가 발생함에 따라 팔당호 상수원 녹조 예방을 위해 8월 7일부터 18일까지 오염원이 밀집한 남한강 일대 가축분뇨 배출·처리장 30개소를 특별 점검했다. 점검은 장마철 오염물질 유입과 연이은 폭염으로 녹조 발생 우려가 큰 상황에 맞춘 선제 대응으로, 가축분뇨에 의한 고농도 오염물질 유입 가능성을 차단하기 위해 실시했다.

　남한강 수계인 이천, 여주, 안성, 용인 지역은 대규모 축산 농가들이 밀집해서 돼지 사육 두수 기준 전국 12%, 경기도 56%인 약 132만 두가 사육되어 평소에도 오염부하량이 높으며, 녹조 위험이 큰 시기에는 더욱 철저한 관리가 필요한 곳이다. 대규모 축산 농가 중 가축분뇨 자체 정화시설 운영 농가와 민간·공공 처리시설 방류수는 하천에 직접적인 영향을 주기 때문에 수질기준 준수가 더욱 엄격히 요구된다. 가축분뇨를 비가림 시설이 되어 있지 않은 야외에 쌓아놓거나, 빗물에 유출되는 장소에

방치하는 등 강우 시 오염물질이 하천에 유입되게 하는 행위에 대해서도 집중적으로 점검했다.[28]

2024년 녹조 중점관리방안[29]

녹조로부터 국민이 안심할 수 있는 물환경을 조성하기 위해 ▲사전예방, ▲사후 대응, ▲관리체계 구축 등을 주요 내용으로 하는 2024년 녹조 중점 관리방안을 마련했다. 2024년은 월평균 기온이 평년보다 높고 수온이 높아져 일부 지역에서 녹조가 일찍 발생했다. 이에 환경부는 ▲(사전예방) 주요 오염원 집중관리, ▲(사후 대응) 녹조 발생 시 신속 제거 및 취·정수장 관리 강화, ▲(관리체계) 상시 관리체계 구축 등 3대 추진 전략과 9개 세부 실천과제를 마련했다.

첫째, 주요 오염원 집중관리를 통해 사전에 녹조를 예방한다. 4대강 수계를 대상으로 야적 퇴비 점검을 확대 시행하고, 일 처리 용량 50톤 이상 개인오수처리시설 1,200여 곳과 금강·낙동강 수계 500인 이상 정화조 총 190곳을 점검한다. 지역별 녹조가 자주 발생하거나 오염원 배출이 많은 곳을 중점관리지역으로 지정하고 맞춤형 대책을 추진한다. 축분 처리의 다변화를 위해 바이오가스 시설을 확대하고 우분·보조연료 고체연료,* 바이오차** 생산 시범사업 등을 추진한다. 하수시설 목표강우량 설정으로 미처리 하수 유출을 최소화하고, 개인오수처리시설의 전문기관 위탁과 정화조 청소비용 지원을 추진한다.

둘째, 녹조가 발생한 곳의 녹조를 신속하게 제거하여 취·정수 관리

★ 　가축분뇨를 분리·건조·성형 등을 거쳐 제조한 고체상 연료

★★ 　바이오차(biochar): 축분을 고온으로 가열하여 생산한 물질로 영양분 손실 저감, 미생물 성장 증진 등 토양 개선 효과가 있다.

를 강화한다. 녹조제거선 총 35대를 취수원 주변에 확대 배치하여 촘촘하고 신속하게 녹조를 제거한다. 댐·보·하굿둑 연계 운영을 확대하고, 하천시설 가용수량 활용 등을 실시하여 녹조를 효과적으로 통제한다. 먹는 물의 안전을 위해 취수장에 조류차단막 등을 운영하고, 정수장에서는 활성탄·오존처리 등 정수처리를 통해 조류를 제거한다.

셋째, 상시 관리체계를 바탕으로 녹조 대응 역량을 강화한다. 유관부서와 관계기관의 긴밀한 협조와 기민한 대응을 위해 녹조상황반을 구성하고, 녹조가 빈발하는 5~9월에는 정기적으로 유역별 점검회의를 개최한다. 6월에는 관계기관 합동으로 녹조 모의 대응훈련을 시행하여 기관별 대응과 협조체계를 점검한다. 남조류 독소기준을 경보제 발령 조건에 추가해 먹는 물의 안전을 강화하고, 친수구간 조류경보제 지점을 1곳에서 5곳으로 확대하여 친수활동 안전을 챙긴다. 공공 하·폐수처리시설 여름철 총인 방류기준을 강화한다. 가축분뇨처리시설·개인하수처리시설을 전문기관에 위탁 관리할 경우 수질오염총량관리제 삭감량으로 인정하여 지자체가 주요 오염원을 자발적으로 저감하도록 각종 지원책을 강화한다.

영주댐 상류에 비점오염저감시설 가동[30]

영주댐 상류 내성천에 설치한 비점오염저감시설을 2024년 4월 30일부터 본격적으로 운영했다. 저류지와 인공함양지로 구성된 저감시설은 모래를 이용해서 빗물에 섞여 유입된 비점오염물질을 걸러내 제거하는 친환경적인 방식을 적용했다. 2023년 1월부터 약 1년 3개월간 총사업비 77억 원을 투입했으며, 하루에 하천수 2,400톤(2,400m³/일)을 처리할 수 있다.

내성천 유역 인근에는 축사와 과수원, 농경지 등이 분포하고 있다.

그동안 비가 내리면 퇴비와 비료 성분 등이 포함된 총인* 등과 같은 오염물질이 빗물과 함께 하천으로 쓸려 들어와 영주댐에 녹조 등 수질오염을 일으켰다. 본격적인 시설 운영으로 녹조 발생 주요 원인물질인 총인을 약 80%까지 저감할 수 있어 내성천 수질개선과 영주댐 녹조 발생 예방을 기대했다.

녹조 확산에 맞선 대응 협력체계 구축[31]

한국수자원공사는 녹조 발생에 선제적으로 대응하기 위해 '2024년 녹조 대응 전담반'을 구성했다. 녹조는 주로 하절기의 높은 온도와 집중호우로 인한 오염원 유입으로 대량 발생할 확률이 높아진다. 특히 2024년은 봄철부터 이어진 빈번한 강우와 잦은 이상고온으로 녹조 발생 가능성을 더욱 크게 예상했다. 전담반은 녹조 발생에 유기적이고 신속하게 대응하기 위해 협력체계를 구축하고, 발생 원인 예방부터 발생 시 녹조 집중제거와 취·정수 처리 고도화를 통해 먹는 물 안전성 강화에 이르는 전 주기적 관리를 위해 구성했다.

전담반 구성은 ▲녹조 발생 및 유량에 대응하는 상황반, ▲정수처리 강화를 담당하는 수도운영반, ▲녹조 발생 분석 및 예측을 맡는 기술지원반, ▲각 유역의 현장대응반 등으로 이루어졌다. 각 분과는 녹조가 소강상태로 접어드는 10월까지 ▲방치 축분 등 오염원 점검, ▲녹조 제거설비 운영, ▲댐·보 연계운영 및 정수처리 강화 의사결정, ▲녹조 발생 예측 기술지원 등을 수행하여 녹조 피해 최소화를 위해 노력한다.

★ 총인(總燐, Total Phosphorus): 호소, 하천 등에서 부영양화를 나타내는 지표 중 하나로 물속에 포함된 인의 농도를 의미한다. 인은 질소와 함께 호소 부영양화의 주요 원인이다. 총인은 수중에 존재하는 인(P)의 총량을 말한다.

조류경보제 개선안[32]

상수원 구간에서 '조류독소' 기준 추가 및 친수구간 지점 확대 등 조류경보제 개선안을 2024년 6월부터 시범 운영했다. 환경부와 국립환경과학원은 조류경보제 개선방안을 마련하고, 다양한 의견을 수렴한 후 개선안을 최종적으로 확정했다.

개선안에 따르면 상수원 구간은 현재 운영하는 28지점에 대해 '조류독소' 기준을 추가했다. '경계' 단계 발령 시 조류독소를 추가로 측정하여 10㎍/L를 초과하면 경보를 발령한다. 조류독소 측정 결과는 국립환경과학원에서 운영하는 물환경정보시스템(water.nier.go.kr)에 공개한다.

친수구간은 기존 한강 1지점에 낙동강 3지점과 금강 1지점 등 4개 지점을 추가로 확대한다. 지점별 친수시설 영업 기간, 녹조 발생 정도 등에 따라 지자체별 경보제 운영기간과 채수 주기 등을 별도 수립하여 탄력적으로 운영한다. 운영기간은 부산 2지점은 2024년 6월부터 2025년 3월까지, 대전 1지점은 2024년 7월부터 10월까지, 경북 1지점은 2024년 8월부터 10월까지다.

현재 친수구간 경보 발령 기준인 '관심' 2회 연속 2만 cells/ml 이상, '경계' 2회 연속 10만 cells/ml를 그대로 적용한다. 경보 발령 시 현수막을 설치하여 친수활동 자제를 권고하는 등 단계별 조치사항을 이행한다. 또한 중앙부 1지점에서 채수한 방법을 친수활동이 활발하게 일어나는 구간에서 표층 3지점으로 나누어서 혼합 채수한다.

2024년 녹조 발생

2024년 7월에도 소양호에 녹조가 발생했다. 한 달 가까이 지속한 장마로 상류에서 많은 양의 물이 내려왔다. 시간이 지나면서 흙탕물은 가라앉았지만, 함께 떠내려온 유기물이 높은 기온에 노출되면서 조류가 번식하여

2023년 안동댐 녹조 제거 활동

녹조로 이어졌다.[33]

8월에는 금강 대청호와 보령호에서 처음으로 조류경보 '경계' 단계를 발령했다. 대청호와 보령호는 예년보다 많은 강수로 인해 오염원이 호소로 유입된 상태에서 장마 이후 폭염이 지속됨에 따라 표층 수온이 29~33℃로 높았고 이에 따라 녹조가 다량으로 발생했다.[34]

한강에서도 조류경보를 발령했다. 한강유역환경청은 8월 22일 팔당댐 앞 지점에 조류경보 '관심' 단계를 발령했다. 이에 따라 조류 모니터링을 주 1회에서 2회로 늘렸다. 안전한 수돗물 공급을 위해 팔당 취수구에 조류 차단막 3개소를 설치하고, 팔당호를 취수원으로 하는 정수장에 대해서는 집중적으로 점검했다.[35] 이후 수온 하락으로 유해 남조류 개체수가 감소하면서 9월 5일 팔당댐 앞 지점에 발령 중이던 조류경보 '관심' 단계를 해제했다.[36]

장마 등 오랜 기간 내린 비로 많은 흙탕물이 저수지나 하천으로 유입한다. 흙탕물에 섞여 들어온 유기물은 수생식물인 조류의 좋은 먹이가 되

조류경보제 개선안

구분		기존	개선안
상수원	① 발령기준	남조류 세포 수	'조류독소' 기준 추가 ('경계' 단계 10㎍/L 또는 조건으로 발령)
친수구간	② 운영구간	한강 1지점	낙동강 3지점, 금강 1지점 추가
	③ 채수방법	표층 중앙부 1지점	친수활동 활발 구간 표층을 3지점으로 혼합채수

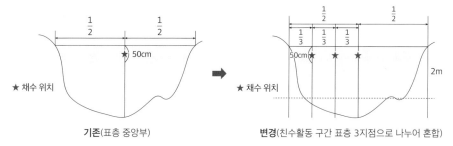

친수구간 표층 3지점 혼합 채수

며, 이때 이어진 폭염으로 수온이 올라가면 활동이 더욱 활발해진다. 이에 따라 조류가 대량 번식하면 녹조로 이어지면서 수질이 악화하고, 상수원으로 이용하는 지점에서는 심각한 문제가 될 수 있다.

　녹조 대응을 위해서는 상류로부터 비점오염원이 유입되지 않도록 예방하고, 녹조 발생 시에는 신속하게 처리할 수 있는 대책 마련이 필요하다. 이를 위한 정부와 지자체, 관련 기관의 녹조 대응 역량 강화가 중요하다. 특히 녹조 발생 자체에만 집중하지 말고 예방 차원에서 녹조 원인이 되는 비점오염원 유입 차단을 위한 다각적인 노력이 필요하다.

2부

재난Disaster

5장

지진, 폭염, 산불, 산사태

일본 지진과 영향, 대책

2024년 새해 첫날 일본을 강타한 지진과 '거대지진 주의'

2024년 새해 첫날인 1월 1일 오후 일본 혼슈 이시카와현에서 강진이 발생했는데, 규모가 7.6에 달했다. 2011년 3월 동일본대지진 때의 규모 9.0에는 못 미치지만, 1995년 한신대지진 규모 7.3보다 컸다. 일본 기상청은 인근 지역에 쓰나미 경보를 발령했다.[1]

시간이 지나면서 지진피해 규모가 드러났다. 1월 2일 오후 3시 30분 이시카와현은 사망자 48명을 확인했다고 발표했다. 일본의 유명한 새벽 시장인 '와지마' 주변에서 발생한 화재로 건물 200채가 불에 탔고, 7층짜리 건물이 쓰러져 도로를 덮쳤다. 1월 3일 오후 7시에는 사망자가 73명으로 늘어났다.

1월 5일 일본의 기시다 후미오 총리는 가설주택과 재해 공영주택 등 임시주택을 필요한 수만큼 건설하라고 지시했다. 스즈키 슌이치 일본 재무상은 이재민 지원을 위해 47억 4천만 엔(약 430억 원)을 투입하겠다고 밝혔다. 이후 사망자와 실종자는 300명을 넘었다.

8월 8일에는 일본 미야자키현 앞바다에서 강진이 발생했다. 이를 계기로 일본 기상청에서는 난카이해곡*을 따라 거대지진이 발생할 가능성이 평소보다 크다고 판단하고, 지진 임시정보인 '거대지진 주의'를 발표했다. 우리나라에 큰 영향을 주지는 않았지만, 전문가들은 만일에 대비한 대처 방안 마련도 필요하다는 의견을 제시했다.[2]

일본 지진의 영향은 우리나라에 크지 않았다

1월 1일 발생한 일본 지진은 우리나라에 큰 영향을 주지는 않았다. 기상청에 따르면 일본 지진은 1월 1일 16시 10분 00초에 도야마현 도야마 북쪽 90km 해역에서 규모 7.6으로 발생했으며, 1시간 51분 후인 18시 01분 동해안 남항진에서 최초로 관측됐다. 이후 주변 해안으로 전파됐으며, 지진해일의 최대 높이는 묵호에서 1월 1일 20시 35분 관측된 85cm였다. 이외에도 후포 66cm, 속초 45cm 등 지진해일이 있었으나 영향은 크지 않았다.[3]

　　정부 차원의 즉각적인 대응도 있었다. 행정안전부는 지진해일 발생 즉시 자체 비상대응반을 1월 1일 16시 40분경 가동하여 강원과 경북 등 지자체는 상황관리를, 해양수산부와 해양경찰청 등은 선박 관리를 빈틈없이 하도록 관계기관과 긴밀한 대응체계를 유지했다.[4]

　　당초 1월 15일부터 지진해일 긴급대피장소 점검이 예정돼 있었으나, 일본 지진에 따른 지진해일 대비 시급성을 고려해서 앞당겨 시행했다. 이에 따라 행정안전부는 1월 3일부터 동해시 묵호지역을 시작으로 12일까지 동해안 지역 전체를 점검했다. 점검을 통해 지진해일 긴급대피장소, 표지판 관리상태와 설치 위치 적정성 등을 확인하고, 보완이 필요

★　　일본 혼슈 남쪽에 있는 해곡으로 스루가만에서 남서쪽으로 길게 뻗어 있으며, 지질 활동이 활발하다.

한 사항은 조속히 개선 조치했다. 이를 통해 주민뿐만 아니라 동해안을 찾는 관광객 안전관리에 온 힘을 다하고자 했다.

아울러 정부는 1월 11일부터 동해안 22개 지자체 부단체장 및 담당 공무원을 대상으로 지진해일 대비태세를 점검하고, 지진해일 대응체계, 지진해일 위험지구 관리 등 관련 교육을 시행해서 대응 역량 제고를 추진했다.

전북 장수지진, 경북 경주지진, 전북 부안지진으로 깜짝깜짝 놀랐다[5, 6]

최근 들어 우리나라에서도 지진이 끊이지 않고 발생해서 국민의 우려가 커지고 있다. 2023년만 하더라도 전북 장수와 경북 경주에서 주민들이 느낄 만한 규모의 지진이 있었으며, 2024년에는 전북 부안에서 지진이 났다.

2023년 7월 29일 19시 07분 59초 전라북도 장수군 북쪽 17km 지역에서 규모 3.5 지진이 깊이 6km에서 발생했다. 지진 발생 2초 후인 19시 08분 01초에 동향 지진관측소에서 최초로 관측하고, 8초 후인 08분 09초에 지진조기경보시스템이 지진속보를 자동으로 발표했다. 또한 관측 10초 후인 08분 11초에 긴급재난문자를 전국으로 송출했다. 지진을 느낀 유감신고는 7월 29일 20시 기준 전북 30건 등 총 39건이었으며, 19시 43분에 규모 1.3의 여진이 있었다.

2023년 한반도 내륙 최대 규모의 지진은 11월 경상북도에서 관측됐다. 11월 30일 04시 55분 24초 경상북도 경주시 동남동쪽 19km 지역에서 규모 4.0 지진이 깊이 12km에서 발생했다. 지진 발생 2초 후인 04시 55분 26초에 경주시 양북 지진관측소에서 최초로 관측했고, 5초 후인 04시 55분 31초에 지진속보를 자동으로 발표했다. 관측 6초 후인 55분

32초에 긴급재난문자를 전국으로 송출했으며, 05시 07분 08초에는 지진 규모를 수정한 추가 안전안내문자를 전국에 송출했다.

경주지진은 유감신고가 총 93건에 달했고, 최대 규모 1.5를 포함한 총 6회의 여진이 있었다. 그러나 새벽 04시 55분에 전국으로 지진문자가 송출되면서 놀라서 잠이 깬 많은 국민이 당황했고, 05시 07분에 규모를 조정하는 추가 문자가 송출되어 전국 문자 발송에 대한 불만이 제기됐다. 2023년 9월 4일 지진재난문자 추가 송출기준이 변경되면서 이에 따른 필요 조치였음에도 규모 4.0 정도 지진 경보를 꼭 전국으로 해야 하느냐에 대한 다양한 의견이 있었다.

2024년 6월 12일 전라북도 부안군 남남서쪽 4km 지점에서 규모 4.8 지진이 발생했다. 다행히 인명피해는 없었으며, 창고 건물 벽 균열, 유리창 파손 등 소규모 시설 피해 32건(부안 31, 익산 1)이 신고됐다. 정부는 피해 복구를 위해 10억 원을 긴급 지원했다.

지진 대피 황금시간을 확보하라[7]

국내 지진 발생 시 발생 위치와 규모에 따라 재난문자방송 송출 대상 지역 범위가 다르다. 내륙 지역에서는 규모 4.0 이상일 경우 전국으로 송출하며, 규모 3.5~4.0은 발생 위치를 중심으로 반경 80km 해당 광역시·도까지, 규모 3.0~3.5는 반경 50km 해당 광역시·도까지가 대상이다. 해역에서 발생한 경우는 규모 4.5 이상일 때 전국이며, 규모 4.0~4.5와 3.5~4.0일 경우 각각 반경 80km와 50km 해당 광역시·도까지가 대상이다. 따라서 내륙에서 규모 4.0이었던 경주지진은 전국이 송출 대상 지역이었다.

기상청 지진신속정보는 지진재난문자를 통해 규모에 따라 전국 또는 해당 광역시·도에 전달되고, 동시에 텔레비전 자막, 기상청 날씨알리미 앱과 누리집, 사회관계망 등 다양한 매체를 통해서도 국민에게 신속하게 제공된다.

지진신속정보는 속도가 빠른 피(P)파를 먼저 분석 및 통보해서 피해를 발생시킬 수 있는 에스(S)파가 도달하기 전에 지진정보를 국민에게 전달한다. 기상청에 따르면 에스(S)파 도착 2초 전에 지진정보를 전달하면 지진을 인식해서 행동 개시가 가능하다. 5초 전이면 근거리 대피로 80%의 생명 보호가 가능하며, 10초 전이면 건물 밖 탈출로 90%의 생명을 보호할 수 있다. 20초 전이면 침착하게 상황을 전달해서 95%의 생명 보호가 가능하다. 따라서 지진 대응 시간의 선제적 확보가 지진피해 예방에 중요한 관건이다.

2023년 12월 기상청은 지진 발표 시간 10초 벽을 깨고 5초까지 단축했다고 밝혔다. 2023년 1월 규모 3.7인 강화 해역지진 최초 관측 후 지진정보를 9초 만에 발표하여 최초로 '10초 벽'을 허문 데 이어 5월 규모 4.5인 동해 해역지진은 6초, 11월 규모 4.0인 경주지진은 5초로 지진 통보 시간을 획기적으로 단축했다. 이를 통해 지진 대피 황금시간 확보가 가능해졌다.

지진방재종합계획 수립[8]

지진방재종합계획은 우리나라 최상위의 지진방재정책이다. 예고 없이 찾아오는 지진재난으로부터 국민을 보호하고, 범정부 차원의 지진 대응 역량을 지속해서 강화하기 위해 5개년 단위로 수립해서 추진하고 있다. 2024년 1월 행정안전부는 18개 중앙행정기관 및 17개 시·도와 함께 '제 3차 지진방재종합계획'을 확정하고, 2024년부터 2028년까지 5개년간 본격 추진한다고 밝혔다.

'제3차 지진방재종합계획'은 튀르키예 강진과 강원 동해 해역 연속 지진 발생 등을 고려하여 낮은 민간 건축물 내진보강률 제고 방안, 그간 진행된 단층조사 등 지진방재 연구 결과, 기존 과제에 대한 발전적 추진 방안 등을 포함해서 마련했다. 특히 '국민이 안심할 수 있는 지진안전 대한민국'이라는 비전 아래 주요 공공시설물 내진보강 집중 추진, 민간건축물 내진보강 참여 활성화, 현장에서 작동하는 지진대비 역량 강화, 피해경감 지진관측·예측 시행, 과학기반 지진 R&D 협업체계 구축 등 5대 전략별 추진계획을 담았다.

주요 공공시설물 내진보강은 2028년까지 집중적으로 추진하여 내진율 87%를 달성하고, 2035년까지 100% 완료를 목표로 추진한다. 국민안전을 위해 도로, 철도, 전력 등 주요 국가핵심기반시설과 지자체 청사는 2025년까지, 학교시설은 2029년까지, 재난 대응 관련 공공시설인 소방서·경찰서는 2030년까지 내진보강을 추진한다. 이 중 특히 소방·경찰관서와 지자체 청사는 내진보강 완료 목표 기간을 기존 계획보다 5년씩 단축했다.

민간건축물 내진보강의 자발적 참여 활성화를 위해 제도개선을 통한 참여 환경을 조성하고 이에 대한 정부 지원을 확대한다. 또한 민·관 협력을 강화하여 내진율 상승을 목표로 추진한다. 특히 건축물 내진보강 시 용적률과 건폐율 상향 등 인센티브 제도를 강화해나갈 계획이다.

현장에서 작동하는 지진대비 역량을 강화하기 위해 인파 사고 등을 고려한 지진대피 훈련, 안전취약계층을 관리하는 공무원·조력자 행동요령 교재 개발과 함께 장소별·상황별 교육·훈련도 확대 운영한다. 특히 지진대비 교육·훈련 외에도 지진해일에 따른 효과적인 대비훈련, 폭발·매몰·붕괴 등 복합재난을 대비해서 훈련한다.

이 외에도 지진피해를 줄이기 위해 지진관측·예측을 강화한다. 2027년까지 국가 지진관측망을 426개로 확충해서 지진탐지 시간을 단축하고, 지진해일 발생 시 신속한 대피정보를 제공해서 대피 골든타임을 확보한다. 이를 위해 지진해일을 유발할 수 있는 해저 화산, 사면 붕괴 등 복합적 요인을 고려한 예측기술을 개발한다.

　　일본을 비롯한 전 세계에서 지진이 증가하고, 우리나라에서도 연이어 지진이 발생하고 있다. 지진피해 최소화를 위해 다양한 대비가 필요한 시점이다. 예고 없이 찾아오는 지진재난의 특성을 고려한 내진보강 활성화, 제도개선, 신속한 정보제공, 지진교육과 훈련 등을 계속해서 추진하여 지진재난에 안전한 사회를 만들어가야 한다.

지진위험 대비

2024년 새해 첫날 일본 이시카와현에서 발생한 규모 7.6 강진으로 동해 안에 지진해일이 내습하여 동해 묵호에서는 최대 높이 82cm 파고를 관 측했다. 동해안 지진해일로 큰 피해가 발생하지는 않았지만, 지진해일 잠 재 위험에 대비한 관련 대응체계 점검과 사각지대 최소화를 위한 철저한 대비와 대응 태세 강화가 필요하다.

동해안 지진해일 후 30일 동안 대응체계 집중 점검[9]

31년 만에 발생한 동해안 지진해일을 계기로 한 달간 지진해일 대비·대 응체계를 종합적으로 점검하고, 미비점은 향후 보완하는 등 지속적인 개 선을 추진했다. 이를 위해 지진해일 긴급대피장소를 특별 점검하고, 지진 해일 대응 역량강화 교육·훈련을 시행했다.

동해안 지진해일 발생 시 가장 위험한 지역인 강원·경북·울산·부 산 지역을 대상으로 1월 3일부터 12일까지 10일간 지진 전문가와 함께 지진해일 긴급대피장소와 표지판 관리 실태 등을 점검했다. 지리에 익숙 하지 않은 관광객도 지진해일 긴급대피장소를 쉽게 찾아갈 수 있도록 안 내표지판을 정비·보강하고, 검색포털에 등재된 긴급대피장소 위치정보를 전수 점검하여 오류가 있는 경우는 시정 조치했다. 폐쇄된 지형이나 돌출된 항구는 높은 지진해일이 발생할 가능성이 있어 지진해일 대피지 구와 긴급대피장소 추가 지정 여부를 검토했다.

　지역 22개 지자체 부단체장과 담당 공무원을 대상으로 1월 11일 지 진해일 대응 역량 강화 교육을 진행하고, 부단체장에게 국민 행동요령 홍 보와 긴급대피장소 점검을 직접 챙겨주길 요청했다. 교육 내용은 지진해 일 관리 중점사항, 대응체계, 위험지구 관리, 대응시스템 활용법 등이다. 그동안 지진 중심으로 시행했던 지자체 공무원 대상 교육을 별도 과목 신 설 등 교육과정 개편을 통해 지진해일 교육을 강화하고, 강원도 지역 초 등학생을 대상으로 '찾아가는 교육'도 병행 추진했다. 하반기에는 지진해 일 대응훈련을 시행하며, 지자체 대응 역량을 높이기 위해 동해안 지역은 지진해일 자체 훈련을 연 1회 이상 의무적으로 실시하고, 컨설팅도 지원 한다.

시·군·구 단위로 지역마다 다른 지진 재난문자 서비스[10]

지진 발생 시 광역시·도 단위로 재난문자를 송출하는 현재 방식이 2024년 10월부터 시·군·구 단위로 세분화된다. 기상청은 지진이 발생한 곳으로 부터 원거리에 위치하여 약한 진동을 느끼거나 거의 진동을 느끼지 못하 는 국민에게 지진 재난문자가 송출되지 않도록 단계적으로 개선해나갈 예정이다. 현재는 지역에서 지진 규모 3.0 이상이 발생하면 관련 규정에 근거해서 재난 경중에 따라 위급재난, 긴급재난, 안전안내문자로 구분하 고, 지진 발생 위치를 중심으로 해당 광역시·도 단위로 지진 재난문자를 송출한다.

　현행 기준으로는 진동을 거의 느끼지 못하거나 피해가 없는 지역 주 민들이 광역적인 지진 재난문자를 수신했을 때 불편함이 발생할 수 있기에 이를 개선하고, 더욱 효과적으로 지자체 지진 재난 대응을 지원하기 위해 세분화된 지진 재난문자 서비스 체계로 개선을 추진한다. 기상청은 국민 안전과 효율성 등을 고려한 단계별 이행 계획을 수립하여 2024년 에는 지진 재난문자 서비스 송출 범위를 17개 광역시·도에서 250여 개 시·군·구 단위로 세분화하기 위해 송출 시스템을 개선하고, 관련 기술 과 제도 개선사항 등을 포함한 지진 재난문자 송출기준 개선 추진방안을 마련할 예정이다.

「풍수해·지진재해보험법」[11]

「풍수해보험법」이 「풍수해·지진재해보험법」으로 바뀌었다. 현행 「풍수 해보험법」은 '풍수해'의 정의에 지진·지진해일을 포함해서 규정하고 있 으나, 일반적으로 사용하는 풍수해(비·바람 등으로 인한 재해) 용어와는 의 미적 차이가 있었다.

'풍수해'와 '지진재해'를 구분하고 법명을 「풍수해·지진재해보험법」 으로 개정함으로써 통상적 의미인 풍수해뿐만 아니라 지진으로 인한 시 설물 피해도 풍수해보험으로 보상할 수 있음을 명확히 규정했다. 이는 법 률에 대한 국민의 직관적인 이해를 돕는다는 측면에서도 의미가 있다.

행정안전부 관계자는 "그간 풍수해보험이라는 용어가 통상적인 비· 바람에 의한 피해보상으로 한정된다고 여겨지는 경우가 있었는데, 이번 법률 개정으로 풍수해보험 피해보상 범위를 더욱 명확히 했다는 점에서 의미가 있다"고 강조하면서, "풍수해보험(풍수해·지진재해보험) 보험료 일 부를 국가에서 지원하여 납부 보험료 대비 보상 혜택이 큰 만큼 풍수해, 지진 등 취약지역에 거주하시는 국민께서는 적극적으로 가입해주시길" 당부했다.

연도별 지진피해 보상 현황

2016	2017	2018	2019	2020	2021	2022	합계
10건	33건	168건	21건	4건	5건	5건	246건
1억 600만 원	9억 3,400만 원	41억 7,600만 원	2억 5,400만 원	1억 7,500만 원	3억 700만 원	1,400만 원	59억 6,600만 원

지진에 강한 서울 만든다[12]

서울시는 지진방재종합계획 주요 과제를 추진하고 있다. '지진에 강한 서울'을 만들기 위해 공공시설물 100% 내진율을 조기에 달성토록 내진보강 사업을 연차별로 추진하고 있으며, 지진 예방부터 대비·대응·복구에 이르기까지 지진재난 전 과정에 대한 체계적인 대책을 마련해서 지진을 대비하고 있다. 지진방재종합계획 추진내용은 주요 시설물 내진성능 확보, 체계적인 예방·대비책 확대, 지진연계 재해대책 마련, 조기 안정화를 위한 대응·복구 등이다.

지진피해 최소화를 위해 주요 공공시설물 2,465개소에 대한 내진율을 2024년 1월 1일 기준 2,352개소 95.4%에서 2030년까지 100%로 끌어올릴 계획이다. 내진성능 확보가 필요한 공공시설물 113개소 중 올해 19개소에 대해 202억 원을 투입해 내진보강사업을 진행한다. 이미 도로·수도·하수처리시설, 공동구, 시립병원 등은 내진성능을 100% 확보했다. 이 외에 도시철도 99.8%, 공공건축물 89.7%, 놀이시설 22.5% 등에서 내진성능 확보를 추진하고 있다.

내진성능을 확보하지 못한 민간건축물에 대해서도 내진보강을 유도하기 위해 다양한 제도개선을 추진 중이다. 건축물 내진성능평가 의무화 대상을 확대하고, 건폐율·용적률 완화 등 인센티브 제도를 강화해서 내진보강을 독려하고 있다. 서울시 소재 민간건축물은 2024년 1월 1일 기

지진옥외대피장소 예시

준 59만 2,320동 중 20.2%인 11만 9,669동이 내진성능을 확보했으며, 면적 기준으로 환산 시 총면적 6억 6천 m^2 대비 내진성능이 확보된 건물 면적은 약 4억 4천 m^2로서 내진율 66.4%다.

지진옥외대피장소 전수 점검, 지진안전체험교육 상시 운영, 지진으로 인한 시설물 피해와 위험도 측정 등 지진피해를 체계적으로 예방하고 대비하기 위한 노력도 함께하고 있다. 지진옥외대피장소는 지진 발생 시 낙하물 같은 위험으로부터 일시적으로 대피할 수 있는 안전한 야외장소로, 자치구에서 지정·관리하고 있다. 총 1,558개소로 학교 운동장 1,016개소, 공원 489개소, 주차장 등 기타 53개소를 포함한다.

지진 발생 시 최소한 시민 스스로 안전을 지킬 수 있도록 지진대비 교육과 훈련을 시행하고 있다. 광진·동작·송파·양천·성북 등 5곳에 있는 안전체험관에서 지진체험훈련 프로그램을 상시 운영하고 있으며, 연간 시민 40만 명이 지진안전체험교육을 받고 있다. 또한, 지진재난에 대비한 인명구조 및 구급대책을 점검하고 지속적인 긴급구조훈련과 교육으로 재난 대응력을 강화하기 위해 노력하고 있다. 2023년 4월에는 서울에 규모 5.0 지진이 발생했다는 상황을 가정해 25개 자치구와 합동으로 불시응소 상황을 훈련했다.

지진피해 정도를 예측하고 신속히 대응하기 위해 지진가속도계측기도 설치 및 운영하고 있다. 시청을 포함해 26개소에 설치된 계측기로 진동을 측정하여 지진이 났을 때 건물 피해 정도와 위험도를 분석한다. 지진가속도계측기는 지진으로 인한 시설물과 주변 지표면 가속도를 계측해 지진에 따른 피해 정도와 위험도를 분석하는 장치다. 서울에는 서울시청, 각 구청, 올림픽대교, 신행주대교, 월드컵대교 등에 설치돼 있다.

지진피해를 조기에 안정시키고 일상으로 신속히 복귀할 수 있도록 지원하는 다양한 분야의 대응·복구대책도 마련했다. 재난을 겪은 시민의 심리회복 지원부터 재해구호체계 확립, 지진재해 원인조사단과 지진피해 위험도 평가관리반 운영 등을 포함했다.

정부와 지자체는 일본 지진으로 발생한 동해안 지진해일을 계기로 다양한 대비책을 마련했다. 지진 대응체계를 점검하고, 지진 재난문자도 기존 시·도에서 시·군·구 범위로 세분화해서 전달하는 체계를 준비 중이다. 풍수해보험에서 지진피해를 보상하는 방안도 강화했다. 서울시는 지진방재종합계획을 더욱 꼼꼼하게 추진하고 있다. 건축물 내진율을 적극적으로 끌어올리고, 대피장소 확보와 교육·훈련을 강화했다. 이러한 모든 노력이 모여 지진위험에 대비할 수 있는 안전한 체계를 다 함께 구축해야 한다.

한반도가 뜨겁다

기록상 가장 더웠던 2023년

2024년 1월 12일 세계기상기구(World Meteorological Organization, WMO)는 2023년이 기록상 가장 더웠던 해였다고 공식 발표했다.[13] WMO는 지구 기온 모니터링에 사용되는 6개 주요 관측자료에 따르면, 2023년 연평균 지구 온도가 산업화 이전(1850~1900년) 수준보다 1.45±0.12℃ 높았다고 밝혔다. 특히 6월부터 12월까지 매달 전 세계 기온이 월별 신기록을 경신했으며, 7월과 8월은 기록상 가장 더운 달이었다.

이러한 상승은 기후변화협약인 파리협정에서 장기적인 기온 상승을 산업화 이전 수준보다 1.5℃ 이하로 제한하는 것을 목표로 하고 있다는 점에서 상징적인 상황임을 보여준다.

당시 셀레스테 사울로 WMO 사무총장은 "2023년 중반 라니냐에서 엘니뇨로 전환하면서 기온 상승에 영향을 주었다. 엘니뇨가 정점에 이른 후 지구 기온에 가장 큰 영향을 미친다는 점을 고려하면 2024년은 더 더울 수 있다"고 언급했다. 기록적이었던 2023년보다 2024년이 더 더울 수도 있다는 의미다.

지구 전체가 이렇듯 더웠으니 한반도 상황도 예외는 아니었다. 연합뉴스[14]에 따르면 2023년이 역대 '가장 더운 해'였다. 연합뉴스가 기상청

기상자료개방포털을 참고로 보도한 내용에 따르면 2023년 전국 평균기온은 13.7℃를 기록했는데, 이는 체계적으로 전국적인 기상 관측이 시작된 1973년 이후 가장 높은 연평균기온이다. 기존 1위였던 2016년 13.4℃보다 0.3℃가 높았다.

기상청에서 발표한 계절별 분석 자료에서도 같은 결과가 나타났다. 2023년 6월 기상청 '2023년 봄철(3~5월) 기후 분석 결과'에 따르면[15] 전국 평균기온은 평년 대비 1.6℃ 높은 13.5℃로 1973년 이후 가장 높은 기록이다. 평년에 비해 이동성고기압의 영향을 자주 받은 가운데 따뜻한 남풍이 자주 불어서 기온 상승이 일어났다.

특히, 역대 가장 높았던 3월 기온(9.4℃, 평년 대비 +3.3℃)이 봄철 고온에 가장 큰 영향을 미쳤다. 3월 유라시아 대륙의 따뜻한 공기가 서풍류를 타고 우리나라로 유입했고, 맑은 날 햇볕 등의 영향으로 3월 일 최고기온 극값 1위를 기록한 지점이 많았다. 4월은 동아시아에서 발생한 폭염의 간접 영향을 받기도 했다. 4월 상순부터 중순까지 인도차이나반도에서 이상적으로 발생한 고온역이 중국 남부지방까지 확장하여 찬 대륙고기압은 오래가지 못하고 따뜻한 이동성고기압으로 바뀌면서 우리나라는 높은 기온을 보였다. 5월 중순에는 우리나라 동-남동쪽에 이동성고기압이 위치하면서 따뜻한 남서계열 바람이 강하게 불고 강한 햇볕이 더해져 전국적으로 고온이 나타났다. 특히, 동해안 지역은 푄현상이 더해지면서 일 최고기온이 30℃를 훌쩍 넘기도 했다.

여름철 전국 평균기온은 24.7℃로 평년(23.7℃)보다 1.0℃ 높았다.[16] 6월 하순~7월 상순 북태평양고기압의 가장자리를 따라 고온다습한 바람이 불어 기온을 높였고, 8월 상순에는 태풍 '카눈'이 동중국 해상에서 북상할 때, 태풍에서 상승한 기류가 우리나라 부근으로 하강하면서 기온을 크게 높였다. 특히, 장마철에는 평년에 비해 따뜻한 남풍이 강하게 불어 비가 내리는 날에도 밤사이 기온이 크게 떨어지지 않아 여름철 평균 최저

기온 21.1℃로 가장 높았던 2013년 21.5℃에 이어 역대 2위를 기록했다. 여름철 폭염일수와 열대야일수는 각각 13.9일과 8.1일로 평년 10.7일과 6.4일보다 많았고, 모두 상위 12위를 기록했다.

가을철 전국 평균기온은 15.1℃로 평년(14.1±0.3℃)보다 1.0℃ 높았다.[17] 9월 상순 중국-우리나라-일본에서는 동서로 폭넓게 고기압이 발달한 가운데 강한 햇볕이 더해져 기온이 크게 올랐다. 9월 중·하순에는 동중국 해상으로 확장한 북태평양고기압의 가장자리를 따라 따뜻한 남서풍이 불어 기온이 매우 높았다. 10월에는 대륙고기압이 여섯 차례 우리나라에 영향을 주었지만, 유라시아 대륙 기온이 평년보다 1~3℃가량 높은 가운데 대륙고기압 강도가 약해 우리나라 기온이 크게 떨어지지 않았다. 11월 기온 변동폭은 5.9℃로 가장 폭이 컸던 1979년 6.1℃ 다음으로 컸다. 11월 상순 이동성고기압이 우리나라 남동쪽에서 느리게 이동하면서 강한 햇볕과 함께 따뜻한 남서풍이 강하게 유입되어 기온이 크게 올랐고, 11월 중순부터는 시베리아 상공에서 기압능이 급격히 발달 후 고위도의 찬 공기가 우리나라로 지속적으로 유입되어 기온이 큰 폭으로 떨어졌다.

폭염으로 인한 영향은 갈수록 더 심해질 듯

현재와 같은 온실가스 상태라면 극한 열스트레스 발생일이 현재 9일 미만에서 21세기 후반에는 90일 이상으로 11배 증가할 것으로 전망했다. 2023년 8월 기상청에 따르면[18] 한반도, 중국, 일본을 포함한 동아시아 전 지역에서 여름철 평균 열스트레스 지수는 현재 26.1℃ 대비 21세기 후반에 3.1~7.5℃까지 상승할 것으로 예상했다. 극한 열스트레스 일수도 현재 4.7일에서 42.8~103.8일로 증가하고, 최대 지속 기간은 현재 2.4일에서 15.1~68.2일까지 늘어날 것으로 전망했다. 특히 한반도는 열스트레스 지수 3.2~7.8℃로 동아시아 6개 권역 중 중국 북동부지역 다음으로 가장

2부. 재난Disaster

많은 증가를 예상했다.

또한, 우리나라는 산간지역을 제외하고 기온과 습도의 영향을 많이 받는 내륙과 해안지역에서 상대적으로 여름철 열스트레스 지수가 높게 나타나는 분포를 보였다. 수도권을 비롯한 권역별 차이도 나타났으나, 전체 권역에서 현재 9일 미만으로 발생하는 극한 열스트레스 일수가 21세기 후반에는 90일 이상, 6월 중순에 시작하여 9월 중하순까지 발생하고, 최대 지속 기간도 현재 3~4일에서 70~80일로 늘어난다고 전망했다.

도시 규모에 따른 폭염 특성도 달라져서 중소도시 폭염 증가 추세가 대도시를 넘어섰다. 2023년 8월 기상청에 따르면[19] 지난 48년간 우리나라 16개 도시 연평균기온은 10년당 0.37℃ 상승했고, 기온 상승 중 약 24~49%는 도시화 효과로 분석했다. 특히, 중소도시 도시화 효과는 29~50%로 대도시 22~47%에 비해 크게 추정했다. 이는 대도시 인구 증가 추세가 1990년대 이후에 정체됐으나, 중소도시 인구가 최근까지 꾸준히 증가하고 있는 상황이 연관이 있다고 분석했다.

같은 기간 폭염 발생 빈도 증가 경향은 매 10년당 중소도시에서 1.8일 증가하여 1.6일 증가한 대도시보다 증가 속도가 빠르게 나타났다. 인접한 대도시와 중소도시 간 폭염 발생 빈도 증가 경향을 직접 비교한 사례에서도 중소도시 증가 폭이 비교적 큰 결과를 보였다.

폭염특보와 대책

기상청은 2023년 5월 15일부터 체감온도 기반 폭염특보 운영을 시작했다. 기상청에 따르면[20] 기존에는 폭염특보를 단순히 기온만을 고려해서 발표했는데, 이후로는 습도까지 고려해서 사람이 실제로 더위를 느끼는 체감온도를 기반으로 폭염특보를 운영하는 부분이 개선된 사항이다.

체감온도는 습도나 바람에 따라 사람이 느끼는 더위나 추위를 의미

폭염특보 발표기준 변경사항

구분	주의보	경보
기존	일 최고기온 33℃ 이상인 상태가 2일 이상 지속될 것으로 예상될 때	일 최고기온 35℃ 이상인 상태가 2일 이상 지속될 것으로 예상될 때
개선	폭염으로 인하여 다음 중 어느 하나에 해당하는 경우 ① 일 최고 체감온도 33℃ 이상인 상태가 2일 이상 예상될 때 ② 급격한 체감온도 상승 또는 폭염 장기화 등으로 중대한 피해 발생이 예상될 때	폭염으로 인하여 다음 중 어느 하나에 해당하는 경우 ① 일 최고 체감온도 35℃ 이상인 상태가 2일 이상 예상될 때 ② 급격한 체감온도 상승 또는 폭염 장기화 등으로 광범위한 지역에서 중대한 피해 발생이 예상될 때

한다. 개선된 폭염특보에서는 최고기온을 체감온도로 변경했으며, 추가로 급격한 체감온도 상승이나 피해 발생이 예상될 때 주의보나 경보를 발생할 수 있다.

스마트기기를 활용한 폭염 취약계층 보호 방안도 시작했다. 2023년 9월 행정안전부에 따르면 폭염 취약계층을 과학적·효율적으로 안전하게 관리하기 위해 농식품부, 농진청, 복지부, 고용부 등 관계기관과 협력하여 스마트기기를 활용한 건강상황 모니터링과 실시간 응급상황 대처 기술을 준비하고 있다.[21] 선제적으로 취약계층을 보호하기 위해 스마트밴드 같은 정보통신기술(ICT) 기반 보조 수단을 적극적으로 활용한다.

착용형 스마트기기를 활용하여 심박수·피부온도 등 폭염 취약계층의 신체 상태를 실시간으로 확인하는 기술을 보급 및 확산한다. 스마트기기는 실시간 신호를 모니터링하고 높은 피부온도, 심박수 변동 등 이상신호를 감지할 경우 착용자에게 경고를 보내 위험 상황임을 알린다. 폭염으로 인해 쓰러지거나 급격한 심박수 변화 등으로 긴급상황이 감지될 경우, 사전 연결된 보호자에게 즉시 위치를 전송한다. 행정안전부는 효과적인 대응을 위해 이·통장, 생활지도사, 지역자율방재단에 상황이 직접 전달되어 빠르게 구조할 수 있는 긴급 대응체계를 구축하고 있다.

관계부처는 스마트기기를 활용한 긴급 대응체계가 고령층 농업종사자, 현장 근로자, 재해취약계층 등 폭염 3대 취약분야 및 주민생활 현장에 적용·확산될 수 있도록 적극 협력한다. 분야별로 농림축산식품부와 농촌진흥청은 인명피해가 다수 발생하는 고령층 농업인, 고용노동부는 건설현장 등 야외작업자, 보건복지부는 독거노인·쪽방촌 주민·노숙인 등 재해 취약계층 안전관리에서 폭염 대비를 위한 스마트기기 활용방안을 모색한다.

맞춤형 폭염 예보

맞춤형 폭염 영향예보 서비스 덕분에 온열질환 사망자가 발생하지 않은 지자체가 있었다. 2023년 12월 기상청에 따르면[22] 폭염에 취약한 농촌 어르신을 위해 경남 창녕군 어르신·보호자·마을 이장을 대상으로 2023년 6월부터 8월까지 눈높이 맞춤형 폭염 영향예보 서비스를 시범 운영해 온열질환 피해를 최소화하는 데 이바지했다.

창녕군은 부산·울산·경남 20개 시·군 중 최근 10년간 연평균 폭염일수(31.4일)와 여름철(6~8월) 평균최고기온(31.0℃) 최고 지역으로, 양파·마늘 수확 등 여름철 야외작업이 많아 온열질환에 취약한 고령 농업인들에게 각별한 주의가 필요한 시·군이다.

이에 부산지방기상청은 창녕군 70대 이상 어르신 264명과 정보 수신을 희망한 보호자 27명, 마을 이장 90명에게 폭염, 기상예보, 열대야 등 기상 상황을 반영한 대상별 눈높이 맞춤형 기상정보를 지난여름 동안 총 46회 제공했는데, 그 결과 2023년 창녕군 어르신 온열 사망자는 0명으로 나타났다.

정보 제공 기준은 ① 폭염 영향예보에서 취약인 대상 보건 분야가

'주의' 단계 이상일 때, ② 단계가 조정되거나 폭염 상황이 3일 이상 지속될 때로 했다. 대상별 맞춤형 정보 제공을 위해 어르신·보호자에게는 폭염 주의 당부 등 친근하고 편안한 구어적 표현을 사용했으며, 마을 이장들에게는 폭염 영향예보 통보문과 대응 요령 등을 중심으로 정보를 제공했다.

기상청은 앞으로 폭염과 온열질환 다발지역을 추가 선정하여 맞춤형 폭염 영향예보 서비스를 확대해나갈 계획이다. 특히, 2024년에는 서비스 대상 지역의 현재 날씨, 폭염 영향 전망, 대응 요령 등을 더욱 체계적으로 제공하기 위해 폭염정보 자동생산·전송시스템을 준비하며, 대상 보호자 추가 확보를 위한 사전 환경조사 및 관련 기관 협업체계도 더욱 강화한다.

2023년 폭염 '심각' 단계 발령 및 중대본 2단계 최초 가동[23, 24]

행정안전부는 2023년 7월 1일 폭염 위기경보 '경계' 단계를 발령해서 대응하다가 점점 심각해지는 폭염 상황을 고려해 8월 1일 '심각' 단계로 상향하면서 중앙재난안전대책본부 1단계를 가동했다.

이후 8월 3일에는 중앙재난안전대책본부 1단계를 사상 처음 2단계로 격상했다. 이는 향후 3일간 일 최고 체감온도 35℃ 이상이 되는 특보구역이 108개를 넘는다고 예상하여 중앙재난안전대책본부의 2단계 격상 요건을 충족했기 때문이다. 중앙재난안전대책본부의 2단계 격상 요건은 ① 전국 108개 이상의 지역에서 일 최고체감온도 35℃ 이상인 상태가 3일 이상 지속한다고 예상하는 경우, 또는 ② 전국 72개 이상의 지역에서 일 최고체감온도 38℃ 이상인 상태가 3일 이상 지속한다고 예상하는 경우다.

이에 중앙재난안전대책본부는 관계부처와 지방자치단체에 사회 취약계층, 공사장 야외근로자, 고령 농업인 등 폭염 3대 취약분야 관리대책, 농축수산업 피해 예방대책, 도로·철도 등 기반시설 관리대책 등 소관 분야별 폭염대책 강화를 지시했다. 또한 폭염으로 인한 인명 및 재산 피해 최소화를 위해 실시간으로 피해상황을 확인하고, 철저한 대응태세 준비를 당부했다.

특히 고령층 농업작업자를 중심으로 인명피해가 지속되고 있어 관계부처 및 지방자치단체에 각별한 관심과 현장 예찰활동 등 적극적인 대책 이행을 주문했다. 또한 지방자치단체는 예비비, 재난관리기금 등 활용할 수 있는 모든 행정력을 동원하여 대응해달라고 강조했다. 중앙재난안전대책본부장은 "지자체를 포함한 각 기관에서는 지금까지 해오던 폭염 대응의 수준을 넘어 취약계층, 취약시설 등을 집중적으로 관리할 것"을 강조하면서, "국민께서도 햇볕이 뜨거운 낮 시간대에는 외부활동을 최대한 자제해주시고, 수분을 충분히 섭취하는 등 국민행동요령에 따라 건강을 최우선으로 챙기길" 당부했다.

2024년 최악 폭염

2024년 폭염은 2023년보다 더했다. 기상청이 분석한 2024년 6월부터 8월까지 여름철 전국 평균기온은 25.6℃로 평년 23.7℃보다 1.9℃ 높아서 1973년 이래 1위를 차지했다. 전국 평균 폭염일수는 24.0일로 역대 3위를 기록했으며 평년 10.6일보다 2.3배 많았다. 열대야일수*는 20.2일로 역대 1위였으며, 평년 6.5일 대비 3.1배에 달했다.

특히 전국 주요 기상관측지점 66곳 중 총 10곳**에서 여름철 폭염일

★ 열대야일수: 밤(18:01~익일 09:00) 최저기온이 25℃ 이상인 날의 수

★★ 2024년 폭염일수 1위를 기록한 10개 지점(일수): 밀양(49), 합천(49), 산청(37), 완도

수 역대 1위를 경신했고, 서울은 27일을 기록해 역대 세 번째로 많은 폭염이 발생했다. 또한 전국 주요 기상관측지점 66곳 중 총 36곳[*]에서 여름철 열대야일수 역대 1위를 경신했고, 그중 서울은 39일 열대야가 발생했다.[25]

이에 따라 온열질환[**]자 발생도 급증했다. 질병관리청은 2024년 8월 21일 기준으로 온열질환자가 2023년 누적 환자 발생 수 2,818명을 넘어서는 3,019명이 발생했다고 발표했다. 이 중 추정 사망자는 28명에 달했다. 온열질환은 야외작업장(31.3%)과 논밭(14.6%) 등 주로 실외에서 78.0%가 발생했다. 연령대별로는 50대 558명(18.5%), 60대 557명(18.5%)으로 많았고, 65세 이상 노년층이 전체 환자의 31.4%를 차지했다. 질환은 열탈진(55.6%)과 열사병(20.7%)으로 나타났으며, 남성 환자(77.6%)가 여성보다 많았다.[26]

폭염 대응을 위해 행정안전부는 2024년 7월 21일 폭염 위기경보 수준을 '주의' 단계에서 '경계' 단계로 상향 조정했으며, 7월 31일에는 최고단계인 '심각' 단계로 상향하고 중앙재난안전대책본부를 가동했다.[27, 28]

2024년 여름은 뜨거웠다. 모두 괴롭고 힘든 시기를 보냈다. 2023년 폭염도 심했는데 그 수준을 뛰어넘는 더위였다. 세계기상기구(WMO)가 평가한 기록상 가장 더웠던 2023년이 2025년 초에는 2024년으로 바뀌었

---

(35), 제주(35), 고흥(34), 강릉(31), 해남(28), 서귀포(18), 속초(15)

★ 2024년 열대야일수 1위를 기록한 36개 지점 중 11개 지점(일수): 제주(56), 여수(42), 청주(41), 고산(40), 서울(39), 목포(38), 인천(36), 강릉(35), 전주(35), 부안(31), 남해(31)

★★ 온열질환: 열로 인해 발생하는 급성질환으로 고온의 환경에 장시간 노출 시 두통, 어지럼증, 근육경련, 피로감, 의식 저하 등의 증상을 보이고, 방치 시에는 생명이 위태로울 수 있는 질병으로 열사병과 열탈진이 대표적이다.

다는 보도가 나오지 않을까 예상한다.

　뜨거운 여름으로 고통받는 대상은 주로 실외에서 활동하는 사람과 상대적으로 고령인 사람이다. 날이 뜨겁다고 경제 활동을 모두 중단할 수도 없다. 폭염에 취약한 고령 농·어업인, 현장근로자, 사회·경제적 취약계층 등에서 피해가 발생하지 않도록 총력 대응 방안을 마련해서 운영해야 한다.

원인과 시기에 맞는 산불 대책

2014년부터 2023년까지 최근 10년간 연평균 산불은 약 4천 ha 면적에서 567건이 발생했다. 이 중 입산자 실화가 33%로 가장 큰 원인이었으며, 논·밭두렁과 쓰레기 소각도 25%로 작지 않은 비중을 차지하고 있다. 월별로는 3월 141건, 4월 123건 등 56%가 3~5월 봄철에 발생했다. 1년 내내 감시를 소홀히 해서는 안 되겠지만, 특히 봄철 입산자와 소각에 대한 관리가 중요하다. 기후변화 영향으로 건조한 날씨가 자주 나타나는 상황에서 원인과 시기에 맞는 적절한 대책 수립과 추진이 필요하다.

2024년 산불방지대책[29]

기후변화로 동시다발화·대형화되는 산불의 신속한 대응태세 구축을 위한 '2024년 산불방지대책'을 수립했다. 대책은 ① 산불 주요 원인별 예방대책 강화, ② 첨단과학기반 산불감시·예측체계 구축, ③ 철저한 산불대비 태세 확립, ④ 초동진화체계 마련에 중점을 두었다.

산불의 주요 원인인 소각으로 발생하는 산불 차단을 위해 산림청, 농촌진흥청, 지자체 등이 협업으로 '찾아가는 영농부산물 파쇄'를 확대한다. 산림에 접한 지역의 화목보일러 재처리 시설을 일제 점검하여 산불

2부. 재난Disaster

위험요인을 제거한다. 산불위험이 큰 183만 ha 지역은 입산을 통제하고 등산로 6,887km를 폐쇄하여 입산자 실화를 예방한다.

AI 기반 산불감시체계인 'ICT 플랫폼' 20개소를 전국으로 확대하여 산불을 초기에 감지한다. 산불상황관제시스템에는 요양병원, 초등학교 등 19만 6천 개소의 주요 위치정보를 추가로 탑재해서 산불 발생에 대비한 안전을 확보한다. 산불진화자원 투입이 어려울 수 있는 대도시 주요 100개 산과 섬 지역은 사전에 산불대응 전략을 마련해서 신속한 진화가 이루어질 수 있도록 조치한다.

해외임차 헬기를 도입하고 유관기관 헬기와 산불진화 공조체계를 강화한다. 기존 진화 차량보다 담수량이 3배 많은 고성능 산불진화차 11대를 추가로 도입해서 야간산불과 대형산불에 대응한다. 지자체 운용 헬기 비행안전을 위해 조종사 280명에 대해 산림청 모의비행훈련장치를 활용한 비행교육·훈련을 연중 지원한다.

2023년 산불과 후속 대책

2023년 산불은 최근 10년 평균 대비 건수 596건으로 5% 늘어났고, 면적은 4,992ha로 25% 증가했다. 4월 2일에는 35건이 동시에 발생해서 역대 세 번째 동시다발을 기록했으며, 특히 4월 3일에는 역대 최초로 대형산불 5건이 동시에 발생했다. 산불 원인은 입산자 실화가 29%로 가장 큰 비중을 차지했으며, 소각 22%, 담뱃불 실화 9%, 건축물화재 비화 7% 등으로 나타났다. 최근 10년 평균 발생 원인은 입산자 실화 33%, 소각 25%, 담뱃불 실화 6%, 건축물화재 비화 6% 등이다.

정부는 2023년 4월 11일 발생한 산불로 피해를 입은 강원도 강릉시를 특별재난지역으로 선포했다. 강릉시 산불은 최대 풍속 30m/s인 강한 바람의 영향으로 짧은 시간 많은 주택 등 생활기반건축물 피해가 발생해

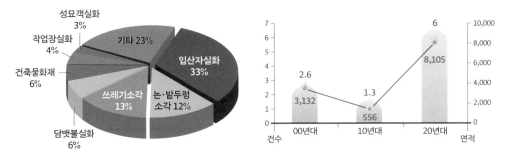

최근 10년 산불 원인과 대형산불 변화추세

서 국가의 행정·재정적 지원이 필요하다고 인정되어 특별재난지역으로 선포했다. 특별재난지역으로 선포된 강릉시에는 피해주민 생계구호를 위한 생활안정지원과 함께 지방세 등 납부유예, 공공요금 감면 등 간접지원을 추가했다.[30]

강릉시 외에도 대전·충북·충남·전남·경북 등을 산불피해 특별재난지역으로 선포했다. 행정안전부는 빠른 피해 복구를 위해 다양한 지원방안을 해당 지자체에 통보했다. 특별재난지역으로 선포된 지자체는 긴급 복구를 위한 자재 구매와 구호물품 조달에 수의계약을 활용할 수 있으며, 지방의회가 동의하면 지자체 소유 공유재산을 피해주민이 무상으로 사용할 수 있다. 이 외에도 주택피해가 발생한 이재민이 거주할 수 있도록 임시조립주택 설치를 추진했다. 임시 주거용 조립주택은 $24m^2$(약 7평) 크기이며 방 1개, 거실과 주방, 화장실 1개로 구성됐다.[31]

기후변화에 따른 무더위로 폭염이 심해짐에 따라 행정안전부는 2023년 7월 충남 홍성군과 강원 강릉시 산불 이재민 '임시주거용 조립주택' 150여 세대에 쿨루프(Cool Roof) 설치를 위한 재난구호사업비 6,200여만 원을 긴급 지원했다. 쿨루프는 태양광 반사 및 태양열 차단 효과가 있는 흰색 특수 페인트를 건물 옥상이나 지붕에 칠해서 건물에 열기 축적을 막아 실내온도를 낮추는 설비다. 쿨루프를 통해 주거환경이 열악한 산

쿨루프 설치 이전(좌)과 이후(우)

불피해 이재민의 건강을 보호하고, 냉방에너지 절감과 전기료 부담 감소 효과를 기대했다.[32]

산불진화훈련

국립공원에서는 계절별 산불에 대비한 산불 진화를 훈련했다. 계룡산국 립공원은 봄철 산불 발생 시 신속한 공조체계 구축과 안전한 산불진화 를 위해 2023년 4월 유관기관 합동 산불진화훈련을 실시했다. 훈련은 동 학사 자동차야영장에서 진행했으며, 계룡산사무소와 공주소방서 동학사 119안전센터 직원 30여 명이 참가했다.[33]

계룡산 산불진화훈련

설악산 산불 및 목조문화재 화재 합동 진화훈련

북한산국립공원은 2023년 11월 가을철 산불에 대비해 유관기관 합동 산불진화훈련을 실시했다. 훈련은 신속한 산불진화 체계 마련과 유관기관 간 유기적인 임무 확립 등 산불 대응 역량을 강화하기 위해 북한산국립공원 내 천축사 일원에서 실시했으며, 북한산국립공원 도봉사무소와 도봉소방서, 도봉구청 등 120여 명이 참가했다.[34]

설악산에서는 산불진화훈련과 목조문화재 화재 대응훈련을 동시에 진행했다. 설악산국립공원에서는 2023년 11월 신흥사 일원에서 가을철 산불화재 발생 대응력 강화를 위한 유관기관 합동 훈련을 실시했다. 훈련에는 속초소방서, 속초시, 신흥사 등 여러 기관이 참여했다. 산림에 인접한 목조문화재 가상 화재 상황과 산불 확산 상황을 설정하여 신속한 진화 및 대피, 문화재 이송 등 유관기관 간 유기적인 협조체계를 가동했다.[35]

국립공원 탐방로 통제와 산불방지대책본부 가동

국립공원공단은 산불 발생 위험이 큰 탐방로를 통제했다. 2023년 가을에는 가을철 산불 예방을 위해 11월 15일부터 12월 15일까지 전국 국립공원 탐방로 609개 구간 중 산불 발생 위험도가 높은 92개 탐방로를 전면 통제했다. 전면 통제된 92개 탐방로는 설악산 오색-대청봉 구간 등 총 길이 411km이며, 부분 개방 및 통제된 탐방로는 28개 구간 252km다. 나머

지 489개 구간 1,322km는 평상시와 같이 이용했다.[36]

2024년에는 2월 15일부터 5월 15일까지를 봄철 산불 총력대응 기간으로 정하고, 전국 국립공원 탐방로 659개 구간 2,136.86km 중 산불 발생 위험도가 높은 104개 탐방로를 전면 통제했다. 전면 통제된 104개 탐방로는 설악산 오색-대청봉 구간 등 전체 길이 434.26km이며, 부분 통제된 탐방로는 27개 구간 242.76km다. 나머지 528개 구간 1,459.84km는 평상시와 같이 이용했다.

국립공원공단은 24시간 '산불방지대책본부'를 가동하고 연휴 등 주요 시기에 '산불방지 특별대책' 기간을 운영하여 순찰 인력을 확대 배치하는 등 국립공원 특성에 맞춘 산불 원인별 예방대책을 추진했다. 특히, 2024년부터는 산불감시 및 진화 능력을 높이기 위해 감시 시스템을 도입하고 진화 장비를 확충했다. 산불 발생 빈도가 높은 4개 국립공원에 연기 감지 센서와 인공지능이 탑재된 지능형 산불감시 폐쇄회로텔레비전(CCTV)을 설치하여 산불 감시체계를 강화했다.

산불신고 산림청 통보가 2배 빨라진다

국민이 112(경찰) 또는 119(소방)로 산불을 신고하면 즉시 산림청으로 신고 내용을 전달해서 신속하게 공동대응할 수 있는 체계를 만들었다. 행정안전부는 개편된 체계를 2024년 봄철 산불조심기간인 2월 1일부터 5월 15일 사이에 2월 한 달간 시범 운영하고, 3월부터 본격 운영했다.[37]

이전에는 112·119 신고가 접수되면 소방청 국가긴급이송정보망과 행정안전부 국가재난관리정보시스템(NDMS*)을 거쳐 산림청 산불상황관제시스템으로 들어가며, 산림청 중앙산림재난상황실에서 산불 발생을

★　　National Disaster Management System

119 신고체계 개선

112 신고체계 개선

인지하는 데 평균 약 4분이 소요됐다. 시스템 개편 후에는 112·119 신고 정보가 행정안전부 긴급신고통합시스템을 통해 산림청에 바로 전달되어 산불정보가 평균 2분 20초 이상 빨라졌다.

다목적 산불 진화차량 개발[38]

행정안전부, 과기정통부, 산림청 등 관계부처가 협업하여 신속하고 효율적인 산불 진화와 구급 활동을 지원하기 위해 '다목적 산불 진화차량'을 개발했다. 다목적 산불 진화차량은 2천 ℓ 물탱크와 고성능 펌프를 갖춘 중형급 진화차량으로 차체와 특장을 모두 국산화하여 유지보수가 용이하다.

산불 진화차량에 펌뷸런스 기능을 최초로 탑재하여 초기 응급처치와 후송까지 가능하도록 하여 산불 현장의 구급 대응력을 강화했다. 펌뷸런스는 펌프차(Pump)와 구급차(Ambulance)의 합성어로, 구급장비를 적재한 산불 진화차량을 의미한다. 아울러 300m에서 1km 거리까지 산불 진

다목적 산불 진화차량

화용수를 분당 300~1,100ℓ 전달하는 기능이 있어 폭이 좁은 임도에서도 차량 이동 없이 산불 진화차량에 용수 공급이 가능하다. 2024년 4월부터 9월까지 다목적 산불 진화차량에 대한 실증과 현장 성능평가 등을 거쳐 현재 운용 중인 소형 산불 진화차를 대체하는 등 보급에 나설 예정이다.

　　과거 발생한 산불에 대한 분석을 통해 주요 발생 원인을 찾아내고 이에 맞는 대책 수립이 필요하다. 평상시에는 산불 발생에 대비한 훈련 등을 통해 적절한 장비와 유관기관 협조체계를 갖춰야 하며, 시기별로는 입산자 관리를 위해 탐방로를 통제해야 한다. 산불이 난 후에는 피해자에 대한 적극적인 지원과 후속 조치를 추진해야 한다.

　　첨단 장비를 활용한 산불감시 및 산불신고 전달체계 개선도 중요하다. 다목적 산불 진화차량도 비중 있는 역할을 할 수 있도록 적극적으로 보급해야 한다. 기후변화 등으로 인한 대형산불 발생 빈도가 늘어나는 추세를 고려할 때 더욱 적극적인 산불방지 대책 마련과 추진이 필요한 시기다.

산사태 방지 대책

2023년 6월 23일부터 7월 24일까지 역대 세 번째로 많은 장마철 강수량 (662.9mm)을 기록했으며, 2022년 대비 약 2배 증가한 2,410건의 산사태가 발생했다. 피해 면적 459ha에 13명이 숨졌다. 해외에서도 전례 없는 이상기후로 산사태 피해가 다수 발생하고 있다.

  우리나라 산림은 전체 국토 중 63%를 차지하는데 이 중 경사도 20° 이상인 급경사지가 65%이며, 흙 구성도 응집력이 낮은 모래흙이 대부분이다. 이런 산사태 취약 구조는 산사태 발생이 증가할 수밖에 없음을 보여준다. 따라서 실효성 있는 산사태 방지대책 수립과 운영이 필수다.

2023년 산사태 점검 및 예방조치[39]

2023년 7월 폭우로 인한 산사태 피해가 컸지만 사전 대비가 없지는 않았다. 산림청은 여름철 호우에 대비해 산사태 피해가 우려되는 산사태 취약지역과 산불피해지, 산림복지시설 등 총 3만여 개소에 대해 2023년 5월 15일부터 6월 22일까지 일제 현장점검을 마쳤다. 산사태취약지역 27,939개소, 산불·산사태 피해지, 산지 태양광, 임도, 산림복지시설 등 1,853개소 등 총 29,792개소에 대해 실시한 일제점검은 2023년 여름 엘니뇨 현상과 국지적으로 많은 비가 온다는 기상청 전망에 따라 장마 시작 전 발 빠른 예방 차원에서 진행했다.

산림청과 소속기관, 지자체가 전국 263명 전문가 풀을 토대로 전문기관, 전문가 합동으로 이루어진 현장점검에서 산사태 발생 위험요인을 확인하고 바로 시정조치까지 마무리했다. 특히, 인력 접근이 어려운 지역의 재해위험 사각지대 해소를 위해 드론 등 과학기술장비를 적극 활용했다. 점검과정에서 산사태 발생이 우려되는 곳은 토사유출 예방을 위한 낙석 제거, 배수구 정비, 풀씨 파종 등 응급복구를 조치했다. 2022년 산사태 피해지 1,278개소는 92% 복구 완료했으며, 미복구지는 호우 시 방수포 덮기 등 긴급조치 실시를 계획했다. 2023년 산불피해지는 긴급진단 후 응급조치 24개소 등 2차 피해 예방조치와 더불어 태풍 전 긴급벌채를 완료했다.

이처럼 산림청을 중심으로 전국적으로 진행된 현장점검 및 예방조치를 통해 산사태 피해 최소화를 기대했다. 하지만 오랜 기간 지속된 장마철 강수량은 넓은 지역에서 많은 산사태를 유발했으며, 인명피해를 피할 수 없었다.

산사태 방지대책[40]

2024년에도 산사태 방지대책이 수립됐다. 산림청은 산사태 위험사면 통합·관리를 통한 예측 사각지대를 해소하고, 기존 2단계 예측정보를 3단계로 세분화해 주민대피 골든타임을 확보하는 등 산사태 인명피해 최소화를 목표로 한 '2024년 산사태 방지대책'을 2024년 5월 발표했다. 산사태 방지대책은 ① 디지털 기반 범부처 위험사면 통합관리 체계 구축, ② 산림과학을 기반으로 주민대피 시간 추가 확보, ③ 관측사각지대 해소를 통한 산사태 예측력 향상, ④ 산사태취약지역 확대와 위험요소 사전예방 등에 중점을 두었다.

　우선, 행정안전부(급경사지), 국토교통부(도로사면), 농림축산식품부(농지), 산업통상자원부(발전시설), 문화재청(문화재) 등 각 부처에서 제공한 위험사면 정보를 '디지털 사면통합 산사태 정보시스템'으로 통합해 예측 사각지대를 해소한다. 이 시스템을 기반으로 범부처 위험사면 통합관리체계를 구축하기 위해 2024년 4월 산림청, 행정안전부, 국토교통부, 농림축산식품부가 참여하는 '디지털 산사태 대응팀'을 신설했으며 2026년 3월까지 운영한다.

　둘째, 산림청에서 제공하는 '산사태 예측정보' 단계를 현 2단계(주의보, 경보)에서 3단계(주의보, 예비경보, 경보)로 세분화해 주민대피 시간을 1시간가량 추가 확보하고, 문자메시지로 제공하던 예측정보를 카카오톡으로도 전송해 더욱 신속한 대응이 이루어지도록 했다. '산사태 정보시스템'에서 토양이 머금을 수 있는 최대 수량 등을 기준으로 토양함수량이 일정 수준에 이르면 주의보(토양함수지수 80%), 예비경보(90%), 경보(100%) 등 예측정보를 지역 담당자에게 자동으로 발송한다.

　셋째, 평지 기상과 풍속은 최대 3배, 강수량은 최대 2배까지 차이가 나는 산악기상 정보 수집을 강화하기 위해 전국 480개소에 설치된 산악기상관측장비를 2024년 말까지 496개소로 확충해 산사태 예측정확도를 향상했다. 또한, 산림계곡 형상과 그 계곡에 흐르는 수량을 실시간으로 모니터링하고 대응하기 위해 산림수계수치지도와 유량관측망을 2027년까지 순차적으로 구축한다.

　마지막으로, 산사태취약지역을 생활권 중심으로 확대하고 제도개선을 통해 위험요소를 사전 차단한다. 산사태취약지역은 연 2회 이상 현장점검·안전조치, 예방사업 우선실시 등 집중관리가 이루어지고 있다. 현재 2만 9천 개소인 산사태취약지역을 장기적으로 확대해 예방체계를 강화하고 산사태취약지역에서 재해 예방시설을 설치하는 경우 예외적으로

토석류를 막은 사방댐

산지전용을 허용해 위험요소를 사전에 차단할 계획이다.

산사태 재난대비 훈련[41]

2024년 4월 경상북도 문경시 산북면 창구리 마을에서 지역주민과 함께 '산사태 재난대비 대피훈련'을 실시했다. 훈련은 마을주민을 비롯한 경상 북도·문경시, 경찰, 소방 및 산림조합 등이 참여해 짧은 시간 많은 비가 내려 산사태 위험이 커진 상황을 가정해 인명피해 예방을 위한 주민대피 현장훈련과 토론훈련을 병행했다.

　▲산사태 위험징후 감지, ▲상황판단회의 및 위험상황 전파, ▲대피 명령, ▲주민대피 등 일련의 대피체계를 촘촘히 점검하고 실제 산사태 발 생에 대비한 현장훈련을 진행했다.

　훈련상황은 오후 2시를 기해 마을주민 개인 휴대전화로 재난문자를 전송하고, 각 가정에 보급된 '스마트 마을 방송 시스템'을 통해 동시에 전 파했다. 대피 명령에 따라 주민들은 집 밖으로 나와 대피소인 창구리 마

산사태 재난대비 훈련

을회관으로 이동하고, 재난대응 부처와 경찰 등 관계자들이 공조하여 주민을 안전한 대피경로로 안내했다.

특히, 고령자나 거동이 불편하여 스스로 대피가 어려운 안전취약계층은 민간 대피조력자를 일대일로 연결해 대피를 지원하고, 안전의식 부족 등으로 대피를 거부하는 주민은 경찰과 협조하여 대피를 유도하는 훈련을 통해 산사태 위험에 즉각적으로 대응할 수 있도록 했다. 현장 대피 훈련을 마친 뒤 토론훈련을 진행해서 주민 재난대응 부처, 민간조력자가 상호 협력해 주민대피체계 구축과 이행력 강화방안을 모색했다.

국립수목원 관람객과 광릉숲 인접 주민을 안전하게 보호하기 위해 산사태 취약지역을 점검하고, 광릉숲 인접 주민을 대상으로 재난 대처역량 강화를 위한 주민대피 훈련을 시행했다. 2024년 7월 진행한 훈련은 최근 국지성 폭우가 많아 산사태취약지역 인근 거주민에게 산사태에 대한 경각심을 고취하고, 재난 시 대처 능력을 향상하고자 실시했다. 주민들은 지정 대피소와 대피경로를 확인하고 산사태 행동요령을 숙지하는 등 산사태 재난에 대한 대응 능력을 습득했다.[42]

산사태현장예방단 전국 배치[43]

여름철 산사태 대응 태세를 강화하기 위해 '산사태현장예방단'을 운영했다. 산사태현장예방단은 여름철 자연재난대책기간인 5월 15일부터 10월 15일까지 산사태 발생에 대비해 각 지방자치단체에서 선발하는 인력으로, 2024년에는 각 시·도 652명, 전국 국유림관리소 108명 등 산사태 취약지역을 중심으로 총 720명을 배치했다.

주요 활동으로는 ▲산사태 예방 및 응급복구 활동, ▲사방댐 등 사방시설물 점검 및 관리, ▲산사태취약지역 조사 및 관리지원, ▲산사태 예방대책 수립을 위한 기초정보 수집, ▲산사태위험 예·경보 발령 시 취약지역 순찰 및 주민대피 안내, ▲산사태 예방·복구에 대한 지역주민 교육·홍보 등을 수행했다.

산사태 발생 원인은 직접적인 외적 요인과 간접적인 내적 원인으로 구분할 수 있다. 이 중 직접적인 원인은 강우다. 우리나라는 연평균강수량 절반 이상이 여름에 집중되며, 이 시기에 발생하는 장마·태풍 등에 의한 집중호우가 가장 큰 원인이다. 그 외에 지진, 화산, 폭파, 융설 등도 외국에서는 주된 원인이 되기도 한다. 간접적인 원인은 산림이 가지고 있는 특성을 말하며, 취약한 지질 및 지형 조건과 산지개발, 산불 등에 따른 산지훼손 등을 들 수 있다.

산사태에 취약한 산사태취약지역을 중점적으로 관리하면서, 산사태 발생을 예방하는 사방댐 설치 및 관리 같은 예방대책이 중요하다. 산지개발과 산불 등으로 인한 산지훼손도 적절하게 관리해야 한다. 또한 산사태 발생 시에는 미리 사전에 예보하고 대피해서 인명피해를 막을 수 있는 체계 구축이 필수다.

6장

민·관 협력과
재난안전

민·관 협력 재난관리

재난관리는 일반적으로 정부와 지자체라는 관(官)을 중심으로 이루어진다. 관에는 오랜 기간 재난관리 행정을 담당한 공무원들이 많다. 이들은 법과 제도 측면에서 능숙하게 재난을 관리할 수 있지만, 높은 전문성이 필요한 분야에서는 한계가 있을 수 있다. 반대로 민(民) 영역에서 활동하는 전문가들은 각자 전문 분야에서 깊은 통찰력과 실행력을 보유하고 있다. 하지만 큰 틀에서 재난을 관리하고 실행하는 방안에 대해서는 경험이 부족할 수 있다. 이러한 민·관이 협력해서 재난관리를 함께하고 부족한 부분을 보완한다면 재난 발생을 예방하고, 재난피해를 최소화하는 데 큰 도움이 될 수 있다.

재난현장 자원동원과 복구·수습 활동 민·관 협력[1]

2024년 1월 제6기 중앙안전관리민관협력위원회가 출범했다. 중앙안전관리민관협력위원회는 「재난 및 안전관리기본법」에 따라 평상시에는 재난·안전관리 위험요소 및 취약시설을 모니터링하고, 재난 시에는 자원동원·인명구조·피해복구 활동 참여 등 재난안전관리에 관한 민·관 협력관계를 원활히 하기 위해 2013년부터 운영하고 있다.

행정안전부 장관과 제6기 중앙안전관리민관협력위원회

　이번에 새롭게 출범한 제6기 중앙안전관리민관협력위원회는 기존보다 참여 기관·단체·협회를 더욱 다양한 분야로 확대하고, 재난현장에서 실질적으로 도움이 될 수 있도록 전문가 자문 역할을 강화했다. 위원회는 재난현장에서 단체·협회 간 협업체계를 구축하여 자원동원 및 복구 활동을 전개하고, 민간 재난전문가를 통한 수습활동을 지원하는 등 실질적인 민·관 협력을 강화할 계획이다.

　위원회는 그간 풍수해, 산불, 지진, 코로나19 등 여러 재난현장에서 자원봉사, 건설장비 지원, 인명구조, 전기설비 점검, 보일러 수리 등 다양한 재난수습 활동을 전개했다. 특히, 2023년 태풍 카눈과 집중호우 때 주택과 농작물 피해가 극심한 상황에서 한국중앙자원봉사센터, 대한적십자사, 전국자율방재단 등이 중심이 되어 피해복구와 구호 활동에 적극적으로 참여했다. 또한, 복구 장비 지원(대한건설기계협회), 전문기술자 투입(한국전기기술인협회, 한국열관리시공협회) 등 적극적인 장비·인력 지원으로 빠른 복구를 위해 힘썼다.

제6기 중앙안전관리민관협력위원회

구분	참여 기관·단체·협회
자원봉사팀	대한적십자사, 한국중앙자원봉사센터, 전국자율방재단연합회, 전국의용소방대연합회
시설복구팀	대한건설기계협회, 한국열관리시공협회, 한국전기기술인협회, 대한건축사회, 한국건축구조기술사회, 한국가스공사, 한국전력공사
수색구조팀	대한응급구조사협회, 한국해양구조협회, 한국해양안전협회, 한국구조연합회
의료방역팀	대한의사협회, 대한간호협회, 대한약사회, 대한수의사회
기타 전문가팀	한국방재학회, 한국방재협회, 대한변호사협회, 안전모니터봉사단중앙회, 대한손해사정법인협회

행정안전부 관계자는 "재난 형태가 점점 더 복합화·대형화됨에 따라 효과적인 재난 예방 및 수습을 위해서는 긴밀한 민·관 협력체제가 매우 중요하다"며, "위원회가 재난현장에서 활발히 활동할 수 있도록 적극적으로 지원하고, 이를 통해 자원동원, 복구·수습 등 재난현장에 대한 실질적 지원을 강화해나가겠다"고 밝혔다.

민간전문가와 함께 신종재난 위험요소 발굴[2]

각계 민간전문가가 참여한 '신종재난 위험요소 평가·선정 위원회'가 2023년 3월 출범해서 다양한 방법으로 신종재난 위험요소를 찾아내는 활동을 시작했다. 위원회는 기후변화, 보건, 인공지능, 미래산업 등 재난과 밀접한 분야의 민간전문가와 행안부, 경찰청, 소방청 공무원 등으로 구성했다. 위원회는 국립재난안전연구원 '신종재난 위험요소 발굴센터'에서 실시한 빅데이터 분석을 통해 1차적으로 발굴한 다양한 위험요소 중 "재난으로 확대될 가능성이 있고, 파급력이 크게 예상되는 신종위험"

을 선별하는 기능을 수행했다.

　이를 토대로 2023년 5월에는 신종 위험요소에 대한 종합적인 평가와 함께 중점 관리대상 우선순위를 결정했다. 또한, 「신종재난 위험요소 보고서」를 발간하여 관계기관이 각종 안전 관련 계획을 수립하거나 제도를 개선하고자 할 때 이를 활용할 수 있도록 지원했다.

재난원인조사에 민간 참여 강화[3]

재난원인을 조사하는 데도 민간 참여를 강화했다. 2023년 8월 전문적이고 신뢰받는 재난원인조사를 위해 민간전문가와 협력하는 '국가재난원인조사협의회'가 출범했다. 협의회에는 건설·교통, 화재·환경, 보건·사회기반 분야 민간전문가들과 행안부, 과기부, 농식품부, 산업부, 환경부, 고용부, 국토부, 해수부, 경찰청, 소방청, 산림청, 질병청 등 정부 부처 관계자들이 함께 참여했다.

　협의회는 「재난 및 안전관리기본법」에 근거한 재난원인조사 실시 여부와 조사 결과, 기관별 제도 개선과제 점검에 대해 심의하고, 민간위원들을 중심으로 더욱 효과적인 조사 실시, 이에 따른 재난 재발방지 대책 마련과 현장 적용에 대해 다양한 의견을 수렴했다.

　행정안전부 관계자는 "재난이 점차 대형화·복합화되면서 재난원인조사에서 민간 전문성과 객관적인 시각이 필수적인 요소가 되고 있다"며, "이러한 민간 참여 확대를 통해 재난원인조사 신뢰도를 높이고, 재난이 되풀이되지 않도록 근본적인 대책을 마련해나가겠다"고 밝혔다.

기후위기 재난대응 방안, 민·관이 함께 논의[4]

기후위기 재난대응을 위해 민·관이 개선방안을 함께 논의했다. 2023년 10월 개최된 '기후위기 재난대응을 위한 전문가 토론회'는 우리나라 기후위기 재난대응 체계 개선방안을 논의하는 최초의 민·관 합동 토론회로서 행안부, 국토부, 환경부, 산림청 등 18개 중앙부처와 17개 시·도, 민간 전문가 등 100여 명이 참석했다.

토론회 특별세션에서는 재난대응 분야에 디지털 기술을 적극적으로 활용하기 위해 디지털 기술을 활용한 기후재난 대응과제(디지털플랫폼정부위원회), 디지털트윈 활용 재난대응 플랫폼 구축방안(네이버) 등에 대한 발표와 토론을 진행했다.

분과별 세션에서는 기후위기 진단 및 재난에 미치는 영향, 지하차도 관리방안, 시민이 참여하는 기후위기 재난대응 사례 및 제언, 서울시 10cm 빗물 담기 프로젝트 등 민간전문가들의 제언을 공유하고 토론했다.

전 국민이 참여하는 민·관·군 통합 정부연습 실시[5]

위기상황 시 국가총력전 연습을 통한 비상대비 역량 점검에 민·관·군이 함께 참여했다. 2023년 8월 21일부터 24일까지 4일간 전국적으로 을지연습을 실시했다. 을지연습은 전시·사변 또는 국가비상사태 발생 시 국가와 국민의 생명과 재산을 보호하기 위해 정부 차원에서 비상대비계획을 검토·보완하고, 전시 임무 수행절차를 숙달시키기 위해 연 1회 전국 단위로 실시하는 비상대비훈련이다.

2023년 55번째로 시행된 을지연습에는 읍·면·동 이상 행정기관과 공공기관·단체, 중점관리대상업체 등 4천여 개 기관, 58만여 명이 참여했다. 특히 한·미 연합 군사연습과 연계하여 '을지 자유의 방패'라는 이름으로 실시했으며, 정부연습과 연계한 군사훈련을 통해 연합작전 수행능력을 향상하고 범정부 차원 연합작전 지원 질서 숙달과 국가총력전 수행능력을 검증했다.

을지연습의 주요 내용으로는 공무원의 전시임무 수행능력 배양을 위해 불시에 비상소집하고, 개인별·부서별 임무를 확인했다. 국가중요시설 테러에 대비해 민·관·군·경 통합대응을 훈련하고, 사이버 위협 등 '소프트테러' 대응 훈련과 안티드론체계를 점검했다. 특히, 8월 23일에는 6년 만에 전 국민이 참여하는 '공습대비' 민방위를 훈련하고, 주민대피, 차량 이동통제 등을 진행했다.

민간이 참여하는 재난관리평가[6]

2024년 1월 중앙행정기관·지자체·공공기관 등 재난관리책임기관(현재 338개)을 대상으로 한 '2024년 재난관리평가'를 시작했다. 재난관리평가는 각 기관의 재난안전관리 책임과 역량을 제고하기 위해 재난관리책임기관 재난안전관리 실태를 평가지표에 따라 평가하고 결과를 환류하는 제도로 매년 실시한다.

재난관리평가는 2005년 도입 이후 대상 확대, 지표 강화 등을 통해 지속 개선·운영해왔으나, 평가에서 '우수' 등급을 받은 기관이 실제 재난대응 시 미흡하게 대처하는 사례가 나타나는 등 평가체계 개선이 필요하다는 의견이 제기됐다. 이에, 2024년 평가에서는 기존 '실적' 중심 체계를 '실적과 역량' 중심으로 전환하여 역량평가 비중을 높였다. 기관의 실질적 대응·수습 역량평가를 위해 역량평가 대상을 확대하고, 상황판단·의사결정 등에 대한 역량 측정을 통해 형식적 평가 탈피를 계획했다.

아울러, 다양한 계층의 의견을 반영하기 위해 이번 '중앙재난관리평가단' 구성에 기존 재난안전 전문가 외에 다양한 분야의 전문가와 민간을 포함하는 등 평가체계를 대대적으로 개편했다. 대국민 공모를 통해 '중앙재난관리평가단장'을 모집·선정했고, 중앙재난관리평가단에도 민간으로 구성된 '국민평가단'을 운영했다.

행정안전부 관계자는 "재난관리평가 체계 개편을 통해 국가 재난안전관리 역량과 재난관리책임기관 현장의 작동성을 강화하여 재난으로부터 국민 피해를 최소화해나가겠다"며, "특히, 재난관리평가 제도 도입 이래 처음으로 중앙재난관리평가단장을 공모로 선발하고, 민간이 직접 참여하는 중앙재난관리평가단을 운영하는 만큼 더욱 공정하고 신뢰성 있게 평가하겠다"고 밝혔다.

민관 협력으로 빈대 유입 대응[7]

인천국제공항을 통한 빈대의 국내 유입을 최소화하기 위해 민관이 협력해 소독과 방제 활동을 강화했다. 정부에서는 행정안전부, 국토교통부, 질병관리청이, 민간에서는 인천국제공항공사, 대한항공, 아시아나항공, 티웨이항공, ㈜세스코 등이 참여했다. 2024 파리 하계올림픽·패럴림픽을 계기로 전 세계인이 프랑스 파리로 모이는 만큼 대회 이후 빈대가 국내로 유입될 가능성이 있었다. 이에 인천국제공항에서 빈대 유입을 차단하기 위해 선제적으로 대응했다.

항공기와 공항 내 주요 시설을 중심으로 방역 소독과 모니터링을 강화했다. 항공기 소독은 파리-인천 노선을 중심으로 기존 월 1회에서 주 1회로 강화하고, 기내에서 빈대가 발견되면 즉시 공항검역소에 통보해 구제 조치했다. 공항 소독은 이용객이 많은 환승 라운지, 입국장 등 주요 구역에 대해 기존 월 1회에서 주 1회로 강화하고, 휴게공간 및 수하물 수취구역 등 주요 접점 시설에는 빈대 트랩을 설치하고 모니터링을 실시했다.

㈜세스코에서 사회공헌 차원에서 지원하는 '빈대 탐지 및 방제 지원

부스'를 8월 9일부터 9월 8일까지 운영했다. 부스에는 빈대를 탐지하기 위해 시범 도입한 빈대 탐지견과 10년 이상 빈대 방제 경력을 보유한 전문가를 배치했다. 빈대가 출몰하는 지역에 있었거나 빈대에 물린 경험이 있는 입국객은 부스에서 신속히 빈대 유무를 확인할 수 있고, 전문가에게 방제 스팀 건, 초정밀 현미경, 빈대 방제 특수 열풍챔버 등으로 방제 서비스를 받을 수 있었다.

2023년 설치한 '위생해충 방제쉼터'도 계속 운영하고, 빈대 예방수칙 홍보도 강화했다. 방제쉼터에는 의류·수하물 등을 50℃ 고온에서 건조할 수 있는 열풍기 총 10대가 갖춰져 있어 빈대에 물린 경험이 있는 승객은 열풍기를 활용해 빈대를 제거할 수 있다. 인천공항 검역소 검역대와 해외 감염병 신고센터 등 49개 장소에서는 모니터 등을 활용해 빈대 예방수칙을 홍보했다.

재난관리에는 민·관 협력이 중요하다. 재난자원동원, 신종재난 위험요소 발굴, 재난원인조사, 기후위기 재난대응방안 논의, 을지연습, 재난관리평가, 공항 등에서의 재난 대응 협력 등 다양한 재난관리 업무에서 민간〔民〕과 정부〔官〕가 적극적으로 협력해야 한다. 이를 통해 체계적이고 효율적인 재난관리가 가능하다.

지역 자율 자원봉사

2020년 시작된 코로나19로 대외 활동에 어려움을 겪으면서 재난상황 자원봉사 활동도 위축됐다. 하지만 코로나19를 포함해서 2022년, 2023년 호우와 태풍 때 자원봉사 활동은 재난 대응에 많은 도움을 주었다. 특히 지역자율방재단을 중심으로 적극적인 활동이 있었으며, 이에 대한 지원을 위해 정부에서도 여러 정책을 추진했다. 민간이 참여하고 정부가 지원해서 함께하는 재난대응 자원봉사 활동 체계화는 재난피해 저감과 재난복구 효율화에 많은 도움이 될 수 있다.

집중호우 피해지역 자원봉사 활동[8]

2023년 7월 초 집중호우 피해가 발생한 지역에서 수해복구 지원을 위해 7월 13일부터 19일까지 총 6,347명이 자원봉사 활동을 진행했다. 호우 피해가 집중된 충남, 충북, 경북 등 9개 시·도 지역에서 환경정비, 침수가옥 정리, 급식·급수 지원, 이재민 지원, 세탁 및 농작물 복구 등 다양한 봉사활동을 전개했다.

자원봉사 활동은 시·도와 시·군·구 통합자원봉사지원단이 중심이 되어 지역자원봉사센터, 적십자사, 구호협회, 자율방재단 등 지역사회 봉

충북 충주시 침수가옥과 경북 문경시 피해가옥 정리 봉사활동

사단체가 참여했으며, 개별적 자원봉사자도 함께했다. 상대적으로 피해가 덜한 서울, 충남 서천·보령 등 다른 지역에서 피해지역 복구를 위해 세탁차와 구호물품 등을 전달한 사례도 있었다. 행정안전부는 원활한 자원봉사가 이루어질 수 있도록 자원봉사자에게 급식·간식비 제공, 이동식 화장실과 간이샤워장 배치, 자원봉사자 쉼터 설치 등에 활용할 수 있는 예산을 지원했다.

재난대응 자원봉사 체계 강화를 담은 자원봉사 국가기본계획[9]

정부는 코로나19 등으로 위축된 자원봉사활동을 활성화하기 위해 다양한 영역에서 화합과 연대를 기반으로 하는 자원봉사 정책을 마련했다. 2023년부터 2027년까지 자원봉사 진흥정책을 담고 있는 '자원봉사진흥 제4차 국가기본계획'은 「자원봉사활동 기본법」에 따라 만들어지는 법정계획으로 2008년부터 5년 주기로 수립하고 있다. 제4차 국가기본계획은 "자원봉사 가치확장과 참여 확산, 연대와 화합으로 따뜻한 대한민국"을 주제로 자원봉사 문화와 참여, 자원봉사 기반(인프라) 및 관리, 자원봉사 특성화 및 전략사업 등 3개 정책영역으로 수립했다.

자원봉사 문화 확산을 위해 시민 주도적 자원봉사 문화를 정착하고, 자원봉사 영역 확장을 지원한다. 특히, 재난대응과 안전 역량 강화를 위한 자원봉사 활동을 체계적으로 지원하고, 시·공간적 참여 접근성을 강화한다. 또한, 자원봉사의 사회적 인정 방식을 다양화하여 개별적·비공식 자원봉사 참여를 지원하여 자원봉사 활동이 개인의 성장으로까지 이어지게 할 계획이다.

또한 자원봉사활동 지원을 위한 기반 및 관리체계를 개선한다. 자원봉사활동 및 자원봉사센터 민간중심성 강화 등을 위한 「자원봉사활동 기본법」 개정을 검토한다. 자원봉사자 및 관리자 역량 강화를 위해 교육체계를 강화하고, 자격제도를 체계화하며, 지역센터 전문성 강화를 위한 방안도 모색한다. 개인 맞춤형 자원봉사 확산을 통해 자원봉사가 개인의 성장으로까지 이어질 수 있도록 지원한다.

나아가 대면과 온라인 활동이 혼합된 형태의 자원봉사 활동을 활성화하여 자원봉사에 대한 접근성을 향상한다. 디지털 기반 융·혼합 자원봉사 확대, 민간 중심의 자율적이고 지속가능한 자원봉사 강화 등을 중점으로 구체적인 추진 전략을 마련하고, 온라인·비대면 활동을 동시에 활성화한다. 이를 통해 코로나19로 위축된 대면 자원봉사활동 활성화와 자원봉사활동 홍보 등을 통한 전국적 부흥도 추진한다.

코로나19 방역 활동[10]

코로나19라는 위급한 상황에서도 자원봉사 활동은 활발했다. 지역자율방재단은 코로나19 확산 초기부터 지자체 감염병 확산 방지 활동에 동참했으며, 인력이 부족한 지역 보건소와 협력하여 방역과 소독에 힘을 보탰다. 확진자 발생 때부터 2020년 4월 말까지 전국 164개 지자체에서

6,186회, 연인원 46,536명의 지역자율방재단이 방역 활동에 참여했다.

전국자율방재단연합회 회장은 "지역자율방재단원들은 그 지역에 오래 살면서 여러 재난을 극복했던 경험을 살려 전통시장, 버스 승강장, 공원, 노인요양시설, 종교시설 등 주민이 많이 모이는 장소라면 어디든 찾아다니며 부족한 인력을 대신하여 방역·소독 활동에 참여했다"고 말했다. 지역자율방재단은 지역주민, 봉사단체, 방재 관련 업체, 전문가 등이 자발적으로 참여하는 지역 단위 방재조직으로서, 2023년 말 기준 전국 228개 시·군·구에 총 69,260명이 활동하고 있다.

지역자율방재단 우수사례 발표로 소통[11]

2022년 11월 전국 지역자율방재단 역량 강화를 위해 '전국 지역자율방재단 우수사례 발표 및 직무교육'을 실시했다. 공무원과 지역자율방재단을 대상으로 한 직무교육으로 재난 시 상호 간 원활한 협조가 이뤄질 수 있도록 소통 시간을 마련한 사례다. 2022년의 경우 8월 집중호우와 제11호

2022년 8월 집중호우 때 피해지역 복구 지원

2022년 9월 태풍 힌남노 대비 정비 및 예찰 활동

태풍 '힌남노'로 피해가 있었던 일부 지역에서 지역자율방재단은 배수구 퇴적물 제거, 수해 쓰레기 청소, 대피소 방역 활동 등에 참여하여 피해 저감 및 신속한 복구에 힘을 보탰다.

　행정안전부 관계자는 "기후변화에 따라 재난 유형이 다양화·복합화·대형화되면서 정부 행정력만으로는 재난대응에 한계가 있을 수 있다"면서, "지역 상황을 잘 알고 있는 지역자율방재단이 우리 동네 지킴이로서 자긍심을 가지고 활동하면 재난으로부터 인명과 재산피해 최소화에 이바지할 수 있다"고 말했다.

화성시, 당진시, 서귀포시, 지역자율방재단 우수사례 수상[12]

2023년 11월에는 지역자율방재단 우수사례를 소개하고 포상했다. 지난 1년 동안 대설·한파, 호우·태풍, 폭염 시 예방·대응·복구 활동 등 각 시·도에서 선정된 21개 지역자율방재단 우수사례를 발표하고, 심사를 통해 3개 권역별로 최우수상, 우수상, 장려상 등 총 12점을 선정해서 상장을 수여했다.

　최우수상은 보유한 장비를 활용하여 호우 실종자 수색 활동 등을 지원한 경기 화성시, 여러 한계를 극복하고 기동대·드론지원단 등을 운영해 재해우려지역 등을 점검한 충남 당진시, 제설제 사전 준비와 긴급제설작업 등을 신속히 지원한 제주 서귀포시 지역자율방재단이 받았다. 우수상은 강원 인제군, 전북 완주군, 경남 김해시가, 장려상은 서울 노원구, 대구 수성구, 대전 대덕구, 경기 오산시, 충남 예산군, 경북 봉화군 등이 수상했다.

행정안전부 관계자는 "기후변화 등으로 재난 양상이 다양해짐에 따라 지역 내 재난 위험 상황과 실정을 가장 잘 알고 있는 지역자율방재단 역할이 점점 더 중요해지고 있다"고 강조하면서, "정부는 지역자율방재단이 '우리 동네 안전은 우리 손으로 지킨다'는 자부심을 가지고 지역 안전 지킴이로서 활동할 수 있도록 적극적으로 지원하겠다"고 밝혔다.

지역자율방재단 방재역량 높인다[13]

사례 1 A 지역 자율방재단은 드론을 활용해 효율적인 방재활동을 펼쳤다. 여름철 폭염으로 온열질환자 발생이 지속하자 스피커가 달린 드론을 활용해 예찰하면서, 스피커를 통해 휴식권장 방송을 송출하는 등 폭염 피해 예방활동을 실시했다. 또한 폭우로 인근 계곡 주변에서 실종자가 발생하자 드론을 이용해 수색작업을 도왔다.

사례 2 B 지역 자율방재단은 단원이 보유한 중장비 등을 직접 운행해 재해복구 활동에 참여했다. 여름철 집중호우 피해를 입은 마을에서 굴착기를 활용해 토사 제거, 침수주택 복구, 배수로 정비 등 수해복구 활동을 적극적으로 수행했다. 또한, 도로 제설이 필요한 겨울철에는 마을 안쪽 좁은 길까지 소외되지 않도록 트랙터 등을 동원해 제설작업을 시행했다.

지역자율방재단은 2023년 누적 활동인원 30만 8천여 명이 약 3만 6천여 회에 걸쳐 지역 방재활동에 참여했다. 특히, 2023년 말 기준 중장비, 아마추어 무선, 드론, 스쿠버 등 전문기술 자격증을 보유한 지역자율방재단 5,924명이 전문기술을 활용한 재난활동을 펼쳤다.

이러한 사례처럼 응급처치, 재해구호, 방역·소독, 드론 운영 등 재난 현장에서 활용도가 높은 분야를 중심으로 지역자율방재단 전문지식 교육을 지원한다. 2024년 행정안전부는 지역자율방재단원이 기본교육 9개 과정, 전문·강사 7개 과정 등 총 16개 전문교육 과정을 받을 수 있도록 지원하고 있다.

기후변화로 다양한 재난 유형이 복합화되면서 정부 행정력만으로는 재난대응에 한계가 있다는 공감대를 형성했다. 자원봉사 활동은 이런 상황에 도움을 줄 수 있는 필수적인 요소다. 지역자율방재단을 중심으로 자원봉사 활동에 적극적으로 참여할 수 있는 체계 구축과 필요한 지원책 마련이 중요하다. 특히 전문기술을 활용한 재난대응이 가능할 수 있도록 교육하고, 적극적으로 활동한 단체에 대해서는 포상 등 다양한 지원책이 필요하다. 민간과 정부가 함께하는 자원봉사 활동을 통해 지역 안전 지킴이로서 충분한 역할을 할 수 있다.

촘촘한 재해보험으로 위험 대비

재난으로 인한 피해, 즉 재해에 따른 손해를 보상하기 위해 재해보험이 필요하다. 재난피해는 그 규모에 따라 당사자가 감당하기 어려운 경우가 많다. 재난 유형도 풍수해, 화재, 지진 등 여러 가지이며, 피해는 소상공인을 포함한 농민, 어민, 일반 시민 등 다양한 분야 종사자들에게 발생한다. 따라서 모두 아우를 수 있는 촘촘한 사회안전망이 되어야 한다. 특히 보험계약자가 보험사업자에게 지급하는 보험료에 대한 정부와 지자체의 지원을 통해 가입 혜택을 받는 국민이 더욱 늘어나야 한다.

농업재해보험금 1조 원 이상 지급[14]

2023년 봄철 냉해와 여름철 집중호우 및 태풍 등의 재해로 농작물과 가축 피해가 발생해서 20만 8천 호 피해 농가에 총 1조 1,749억 원의 보험금을 지급했다. 이는 2019년부터 2023년까지 최근 5개년 연도별 보험금 지급액 중 가장 큰 금액이다. 지급 농가 수 역시 5개년 평균 18만 8천 호보다 약 1만 5천 호 증가했다.

2023년 농업재해보험에 가입한 농가는 총 58만 5천 호이며, 면적 및 두수 기준 가입률은 농작물재해보험 52.1%, 가축재해보험 94.4%로 역대 최대 가입률을 달성했다. 국가와 지자체는 농가의 보험료 부담을 줄여서 농업재해보험 가입을 독려하고자 보험료 일부를 지원하고 있다.

농작물재해보험은 자연재해로 인한 농가의 경영 불안을 해소하여 농업인의 소득 및 경영 안정을 도모하고, 안정적인 재생산 활동을 지원하기 위해 2001년부터 시작했다. 보험대상은 사과와 배 2개 품목으로 출발해서 2024년에는 73개 품목으로 확대했다. 두릅, 블루베리, 수박 등 3개 품목을 2024년 신규 도입 품목으로 선정했으며, 후순위로 선정된 녹두, 생강, 참깨는 2025년 신규 도입할 예정이다.[15] 순보험료 중 50%를 국가에서 지원하고, 30~50%도 지자체가 보조하기 때문에 실제 농가의 보험료 부담은 0~20% 범위에서 평균 12.5%에 불과하다. 2024년 사업예산은 운영비 898억 원을 포함해서 6,025억 원을 책정했다. 가입실적도 2012년 13.6%에서 2023년 52.0%로 지속 증가했다.

가축재해보험은 재해로 인한 가축·축사 피해를 보상하여 축산 농가의 경영 불안 해소, 소득 및 경영 안정을 도모하기 위해 1997년 시작했다. 대상은 소, 돼지, 닭 등을 포함한 16개 축종 가축과 축산 시설물이다. 가입자별 최대 5천만 원까지 순보험료 중 50%를 국가에서 지원하며, 지자체에서 가입자별 상한에 따라 최대 45%까지 보조한다. 실제 농가 보험료 부담은 5~50% 범위에서 평균 39.9% 정도다. 자연재해와 화재로 인한 폐사 손실을 보장하며, 질병에 대해서는 법정전염병을 제외하고 보장한다. 2024년 예산은 1,122억 원을 편성했으며, 가입률은 2001년 21.7%에서 2023년 94.4%로 증가했다.

양식수산물 재해보험 확대[16]

향후 5년간 양식수산물 재해보험 정책의 중점 추진전략을 담은 '제1차 양식수산물 재해보험 발전 기본계획(2023~2027)'을 수립했다. 농산물과 수산물에 대한 재해보험 활성화를 목적으로 하는 「농어촌재해보험법」에 따라 수립하는 법정 계획이다. 해양수산부는 계획을 차질없이 수행하여 2027년까지 보험 품목을 35개로 확대하고, 보험 가입률을 45%까지 높여서 양식어가(漁家) 소득 안전망을 강화할 예정이다.

더 많은 어가가 양식보험을 통해 자연재해로 인한 피해에 대비할 수 있도록 대상 품목을 확대하고, 손해 발생 시까지 투입된 생산비용을 보장하는 '비용보전방식'을 최초로 도입하는 등 재해보험 보장성을 강화했다. 보험가입에 대한 부담을 줄이기 위해 장기계속가입자나 무사고 보험가입자에 대한 보험료 할인을 확대하고, 영세 어가의 경영 안정을 위해 담보 수준이나 양식 면적, 소득 수준 등에 따른 보험료 지원 규모도 다양화했다.

또한, 보험전문기관을 통해 품목별 손해율, 발생 횟수를 기준으로 보험요율의 적정성을 주기적으로 점검하고, 정부 및 보험사업관리·감독기관이 보험사업자에게 자료 제출 요구, 시정 요구 등을 할 수 있는 근거 규정도 신설하여 지속가능한 보험 운영 기반을 마련했다.

풍수해보험으로 자연재해 대비

풍수해보험을 통해 대설·강풍 피해 주민들이 보험금을 받았다. 2022년 12월 폭설로 보험금 119건이 청구됐으며, 보험사는 10억 8천만 원을 지급했다. 전라북도에서는 2022년 12월 폭설로 군산시 소상공인 상가 지붕이 무너져서 풍수해보험으로 9,500만 원을 보상받았다. 소상공인이 부담한 보험료는 5만 2천 원에 불과하다. 임실군에서는 온실 비닐이 파손되어 1,300만 원을 지급했다.[17]

전라북도 폭설 피해 보험금 지급 사례

피해지역	전북 임실군		전북 군산시	
피해일시	2022.12.23.		2022.12.23.	
피해범위	온실 비닐파손		소상공인 상가 지붕 붕괴	
개인보험료	연 111만 3천 원		연 5만 2천 원	
보험금	1,300만 원		9,500만 원(추정)	

　　호우와 태풍 피해로 지급한 사례도 있다. 2022년 9월 태풍 '힌남노'로 부산광역시 서구 소상공인 상가 내·외부가 파손되는 피해가 있었다. 당시 소상공인이 연간 3만 3천 원을 부담한 풍수해보험에 가입되어 있어서 보험료 대비 2천 배가 넘는 7,300만 원을 보상받았다.[18]

　　풍수해보험은 태풍, 호우, 홍수, 강풍, 풍랑, 해일, 대설, 지진, 지진해일 등 9개 자연재난으로 발생하는 재산피해를 보상해주는 정책보험이다. 가입 시 총 보험료 중 70% 이상을 국가와 지방자치단체에서 지원하고 있다. 2020년부터 2023년까지 최근 4년간 풍수해보험 가입률은 계속 증가하고 있다. 특히 소상공인 상가·공장은 2020년부터 전국에 보험을 도입한 이후 2021년 4.7%에서 2023년 3월 43.1%로 급속하게 증가했다.

　　풍수해보험 가입대상 시설물은 주택(단독, 공동), 농·임업용 온실(비닐하우스 포함), 소상공인이 운영하는 상가·공장건물(건물 내에 설치된 시설·기계·재고자산 포함)이며, 시설물 소유자뿐만 아니라 세입자(임차인)도 가입할 수 있다. 민간보험사나 홈페이지를 통해 연중 가입이 가능하고, 국민재난안전포털(safekorea.go.kr)을 통해 보험상품의 세부 정보를 확인할 수 있다. 정부는 풍수해보험료 지원사업을 재난취약계층과 재난피해지역 보험가입 확대를 통해 자연재난 위험에 상대적으로 취약한 사람들이 혜택을 받을 수 있도록 추진하고 있다.

민간보험사는 총 7개 회사로 DB손해보험, 현대해상, 삼성화재, KB 손해보험, NH농협손해보험, 한화손해보험, 메리츠화재 등이다. 2023년 기준 보험사에 가입된 풍수해보험료는 총 956억 원으로 2022년 721억 원 대비 약 33% 증가했다. 이는 자연재해 발생빈도가 늘어나고 있기 때문으로 파악된다. 보험사별로는 DB손해보험이 247억 원으로 1위였으며, NH농협손해보험이 204억 원으로 그 뒤를 이었다. KB손해보험은 201억 원으로 3위를 차지했다.[19]

재난희망보험[20]과 시민안전보험[21]

100m² 미만 소규모 음식점도 연 2만 원이면 화재, 붕괴, 폭발 등으로 인한 대인 피해를 보장해주는 '재난배상책임보험'에 가입할 수 있다. 행정안전부는 재난에 상대적으로 취약한 소규모 음식점을 위해 2022년 9월부터 '재난희망보험'을 도입했다. 규모 100m² 이상 음식점 등은 재난배상책임보험에 의무 가입해야 하나, 100m² 미만 소규모 음식점은 의무보험 미가입 시 부과되는 최대 300만 원인 과태료 규제를 완화하기 위해 의무 가입 대상에 포함하지 않는다.

'재난희망보험'은 재난 발생 시 피해 배상 부담에 어려움이 있는 시설에 도움을 주기 위해 도입한 재난배상책임보험 중 하나다. 소규모 음식점은 ㈜캐롯손해보험사를 통해 가입할 수 있으며, 재난배상책임보험과 같은 대인 1억 5천만 원, 대물 10억 원까지 보장받을 수 있다. 소규모 음식점은 2022년 6월 기준 전국 음식점 88만 개 중 75만 개로 약 85%를 차지하며, 2021년 전국 음식점 화재는 총 2,456건으로 약 101억 원의 재산 피해가 발생했다.

시민안전보험은 재난·사고로부터 피해를 입은 시민의 생활안정 지원을 위해 지자체가 조례에 근거하여 자율적으로 가입하는 보험이다. 해당 지자체에 주소를 두고 있는 시민(등록외국인 포함)은 자동으로 보험 혜택을 받을 수 있다. 이태원 참사 이후 시민안전보험 보장범위에 사회재난 사망 특약 보장항목을 신설했다.

종전에는 자연재해, 화재, 대중교통사고 등 일상생활에서 빈번히 발생하는 사고 중심의 보장항목 36종으로 구성했으나, 2023년부터는 다중밀집 인파 사고를 포함하여 광범위한 사회재난 피해를 보상할 수 있도록 보장범위를 확대했다. 2023년 1월 이후 시민안전보험을 신규 계약하는 지자체는 사회재난 사망 특약을 포함해서 가입할 수 있으며, 계약기간이 만료되지 않은 지자체는 만료일 기간까지 사회재난 사망 특약 추가 가입이 가능하다.

재난희망보험과 시민안전보험은 재난이나 사고 발생 시 보장의 사각지대가 발생하지 않도록 하기 위한 제도이며, 이를 통해 사회안전망을 더욱 강화하는 효과가 기대된다.

「풍수해보험법」을 「풍수해·지진재해보험법」으로 변경[22]

「풍수해보험법」을 「풍수해·지진재해보험법」으로 법명을 변경하는 개정안을 2024년 1월 국회 본회의에서 의결했다. 기존 「풍수해보험법」은 '풍수해' 정의에 지진·지진해일을 포함하는 것으로 규정하고 있으나, 일반적으로 사용하는 풍수해 용어인 '비·바람 등으로 인한 재해'와는 의미에서 차이가 있었다. 최근 국내에서도 전북 장수군 등에서 지진이 발생했고, 일본 혼슈 이시카와현 지역 강진 등 국내외 지진에 대한 국민적 관심과 우려가 커지고 있어 지진보험의 중요성도 강조되고 있다.

개정을 통해 법률상 정의에 '풍수해'와 '지진재해'를 구분하고 법명을 「풍수해·지진재해보험법」으로 변경함으로써 통상적 의미의 풍수해뿐만 아니라 지진으로 인한 시설물 피해도 풍수해보험으로 보상할 수 있음을 명확히 규정했다. 이는 법률에 대한 국민의 직관적인 이해를 돕는다는 점에서도 의미가 있다.

농작물과 가축 피해보상을 위한 농업재해보험, 수산물 피해를 대비한 양식수산물 재해보험, 태풍·호우·홍수·강풍·풍랑·해일·대설·지진·지진해일 등을 대비한 풍수해보험, 재난희망보험과 시민안전보험 등 다양한 재해보험이 있다. 재난으로 인한 피해로 국민이 고통받지 않도록 더욱 촘촘하고 폭넓은 재해보험이 필요하다. 보장 사각지대를 최소화해서 사회안전망이 튼튼해질 수 있도록 다양한 정책을 추진해야 한다.

기후변화와 풍수해로부터 국가유산 보호

국가유산은 인위적이거나 자연적으로 형성된 국가적·민족적 또는 세계적 유산으로서, 역사적·예술적·학술적 또는 경관적 가치가 큰 문화유산·자연유산·무형유산을 말한다. 지금까지 재난으로 인한 국가유산 피해는 주로 화재에 집중됐다. 하지만 기후변화에 따른 다양한 영향과 최근 증가하는 풍수해 피해는 국가유산 재난관리에 다른 관점을 제공했다.

중요 시설물에 대한 재난관리는 구조적 또는 비구조적 차원에서 진행할 수 있다. 재난으로 인한 국가유산 피해에는 즉각적인 수습과 복구가 이루어져야 하며, 평상시에는 재난에 대비한 구조적 예방책을 지속해서 구축해야 한다. 국가유산 관리체계 구축, 위기대응 매뉴얼 작성, 매뉴얼과 연계한 재난대응 훈련 등 비구조적 대비책도 필수다.

창덕궁 인정전 담장 복구 완료

2023년 7월 집중호우로 무너진 창덕궁 인정전 담장 복구 작업을 2023년 10월 완료했다. 약 16m가 붕괴된 담장은 인정전 배면에 위치하여 창덕궁 정전(正殿)이 가지는 영역성을 부여해주는 높이 3m, 둘레 90m 정도 규모다. 문화재청 궁능유적본부는 당시 붕괴 구간뿐만 아니라 추가 붕괴 우려

창덕궁 인정전 담장 호우 피해

가 있는 담장 8m 구간도 보수하여 담장 총 24m를 복구했다. 이 외에도 2023년 궁·능 문화유산 및 시설물 풍수해 피해 총 20여 건 중 여주 효종 대왕릉 수라간 지붕 기와 교체 등 6건에 대한 복구를 완료했다.[23]

국가유산 풍수해 대비 대책 추진

국가유산청은 국가유산 풍수해 피해 대비 안전점검을 강화하고, 기후변화에 취약한 국가유산을 선제적으로 보호하기 위한 기반마련 사업을 추진하고 있다. 지금까지 국가유산 재난 유형은 주로 산불과 화재 사고였으나, 기후변화로 인해 집중호우와 태풍 등이 빈번히 발생함에 따라 풍수해 피해가 증가하고 있다. 연도별 국가유산 풍수해 건수는 2018년 23건에서 2019년 81건으로 급증했으며, 2020년 102건, 2021년 39건, 2022년 148건, 2023년 112건 등 매년 100건 이상 발생하고 있다.[24]

풍수해 피해로부터 국가유산 피해 예방과 최소화를 위해 국가유산청은 장마·집중호우·태풍이 본격적으로 발생하기 전인 5~6월을 '풍수

2022년 9월 태풍 힌남노로 유실된 경주 서악동 고분군

2023년 7월 집중호우로 침수된 공주 공산성 만하루

해 예방 특별 안전점검' 기간으로 정하고, 국가유산 유형별 안전점검 담당 부서를 지정해 집중적으로 점검했다.

　안전점검에는 2022년 「국가유산 유형별 풍수해 예방전략 마련 연구」를 통한 점검표를 사용했다. 공통점검표는 국가유산 전체 유형에서 공통으로 나타나는 피해에 대해, 맞춤점검표는 풍수해 피해가 많은 네 가지 유형인 목조, 석조, 자연유산, 능·분·묘에서 특징적으로 나타나는 피해를 예방할 수 있는 점검 항목으로 구성했다. 안전점검 결과 신속한 후속 조치를 통해 풍수해 피해에 대한 위험 요소를 사전에 제거했다.

국가유산 방재 인프라 구축

국가유산 방재 인프라 구축을 통해 재난환경에 대한 사전예방 강화 시설과 인력을 확충했다. 국가유산청은 2023년 226억 원을 투입해 소방, 방범, 전기, 드론 등 국가유산 방재 인프라 구축을 추진했다. 특히, 전기화재 요인 사전감지와 불법침입 감시를 위한 IoT 시스템, 드론 자율주행 예찰 등을 기존 목조문화유산 중심에서 석조문화유산을 포함한 사적 등에도 확대 적용했으며, 안전경비원 현장 배치 시 안전관리 관련 자격증 소유자 우선 채용으로 전문성 높은 국가유산 재난현장 긴급 대응력을 확보했다.[25]

이를 위해 영주 부석사 무량수전 등 화재에 취약한 목조문화유산 98건에 소화전, 방수총, 불꽃감지기 등 소방시설과 CCTV 등 방범시설을 설치했다. 부산 범어사 대웅전 등 32건에는 전기화재 예방을 위해 이상징후를 사전 인지할 수 있는 시스템을 설치했다. 고양 행주산성 등 '나홀로' 국가유산 9건에는 현장감시 대응체계 설비를 설치했으며, 동해 무릉계곡 등 12건에는 예찰활동과 재난현장 대응력 강화를 위한 드론시스템을 구축했다. 이 외에도 국가유산 현장 189개소에 안전경비원 634명을 배치하여 평상시 안전관리와 재난 발생 시 초동 대응력을 강화했다.

기후변화로부터 국가유산 보호

국가유산도 기후변화의 영향에서 벗어날 수 없다.[26] 우리나라 국가유산에 미치는 기후변화의 영향은 다음과 같이 정리할 수 있다. 첫째, 우리나라 국가유산에 대한 풍수해 위험은 장기적으로 증가하는 경향을 보이고 있으며, 기후변화로 더 커질 전망이다. 둘째, 흰개미를 중심으로 한 국가유산 생물피해 영향을 검토했을 때, 외래 해충들이 토착화하고 서식 범위를 확장하면서 목조유산 피해가 늘어나고 있다. 셋째, 식물유산은 노거수와 같이 수령이 오래된 나무들이거나 생육환경이 독특한 경우가 대부분이므로 온도 상승, 가뭄과 집중호우, 태풍과 강풍 등에 취약하여 보전에 어려움이 있다. 넷째, 지질과 지형유산은 분포범위가 넓고 대부분 야외에 노출되어 있어 지속해서 침식과 풍화에 직면하며, 급격한 환경변화와 인위적인 변형 및 훼손 등으로 관리와 보존이 어렵다.

정부는 기후변화로 인해 지속해서 늘어나는 국가유산 피해를 최소화하고 기후재난으로부터 국가유산을 안전하게 보호하기 위한 '국가유산 기후변화 대응 종합계획'을 수립했다.[27]

2002년부터 2021년까지 20년 동안 풍수해로 인한 문화유산 피해는 태풍 522건, 호우 447건, 강풍 10건 등 총 979건으로 나타났으며, 전국에 분포한 927건의 목조유산도 2011년부터 2022년까지 최근 10년 동안 236건인 25.4%에서 흰개미 등으로 인한 생물피해를 확인했다. 앞으로는 기후변화로 인한 피해 유형이 다양화되고, 경험하지 못한 강풍, 태풍, 호우, 산불 등의 영향으로 재난피해 증가가 예상됨에 따라 선제적이고 능동적인 대처가 필요한 상황이다.

이에 따라 정부는 기존 대응체계에서 더 나아가 기후변화 상황을 철저히 분석하고 체계적으로 대응하기 위한 종합계획을 수립했다. 수립한 국가유산 기후변화 대응 종합계획은 "기후위기 속 지속가능한 국가유산 가치 보호"라는 비전 아래 선제적이고 능동적으로 국가유산 피해를 저감하고, 국가유산 부문 탄소중립 실현을 위한 3대 전략과 6개 핵심과제로 구성했다. 국가유산청은 국가유산 기후변화 대응 종합계획을 토대로 추후 관련 제도를 정비하고, 예산과 인력을 적극적으로 확보하여 급변하는 기후변화로부터 국가유산을 지속가능하게 보존·관리할 계획이다.

3대 전략 및 6개 핵심과제

3대 전략	6개 핵심과제
선제적 기후위기 대응 역량강화	– 기후위험 분석 및 관리체계 구축 – 기후위기 대응기술 확보 연구
국가유산 보존관리의 기후탄력 체계 구현	– 국가유산의 기후위기 체계적 적응 – 국가유산 온실가스 감축 역량 강화
국가유산의 촘촘한 기후위기 안전망 구축	– 국가유산 보호 협력체계 활성화 – 현장중심 기후위기 대응 강화

국가유산 재난대응 훈련

국가유산청은 실제 재난상황에서 국가유산을 보호하기 위해 재난대응력 강화 훈련을 시행했다. 국가유산청은 2023년 11월 경남 양산 통도사에서 '2023년 국가유산 재난대응 안전한국훈련'을 실시했다. 훈련은 유네스코 세계유산인 양산 통도사 인근 영축산에서 발생한 산불로 통도사 문화유산이 위기에 처한 상황을 가정하여 가상 시나리오에 따라 대처하는 방식으로 진행했다.[28]

위기대응 실무 매뉴얼에 따라 국가유산 안전상황실 및 중앙사고수습본부를 가동하고, 통도사 현장에서는 양산소방서, 양산경찰서 등의 유관기관과 임무와 역할을 나눠 실제 상황처럼 대규모 합동훈련을 실시했다. 이와 함께 문화재 돌봄센터, 통도사 자위소방대 등 민간단체와 협업체계도 집중적으로 점검해서 재난대응체계를 강화했다.

훈련은 행정안전부 기본계획에 따라 실제 상황에 준하도록 재난 현장과 중앙사고수습본부·지역재난안전대책본부 상황실을 실시간 연계하는 통합연계훈련을 도입했다. 훈련 전 과정에 재난안전통신망을 활용했으며, 사전 모집된 국민체험단이 훈련에 참관하여 전 과정을 평가했다.

능에서 발생할 수 있는 산불에 대한 훈련도 같은 날 진행했다. 국가

태릉과 강릉 도심형 산불대응 긴급구조종합훈련

유산청 궁능유적본부 조선왕릉중부지구관리소는 서울 노원구에 있는 태릉과 강릉 일대에서 민·관·군 합동으로 '2023 도심형 산불대응 긴급구조종합훈련'을 실시했다. 노원소방서, 노원구청과 함께 주관한 훈련에는 육군 제2997부대, 노원경찰서, 보건소, 한국전력공사, 대한적십자사, 을지병원, 상계백병원 등 총 15개 기관에서 500여 명이 참여했다. 소방헬기, 산불전문 진화차량, 영상송출 드론, 구급차량 등 특수장비 140여 대가 동원되어 역대 최대 규모로 훈련했다.[29]

　　훈련은 태·강릉 인근 불암산에서 발생한 산불이 도심까지 대규모로 확산한 상황을 가정해서 산불상황 전파부터 긴급구조통제단 구축, 유관기관 지원, 화재진압 및 인명구조까지 기관별로 부여된 임무를 신속하게 수행하고, 단계별 유기적인 공조체계 유지와 체계적인 산불 진화 형식으로 진행했다. 특히, 재난 초기 자체 대응 훈련을 비롯해 인명피해 최소화를 위한 대피 유도와 의료지원, 중요문화유산 주변 방화선 구축 등 국민 생명과 문화유산 보호에 중점을 두었다.

2024년 5월 17일 '문화재청' 명칭을 '국가유산청'으로 변경했다. '문화재'라는 용어가 국가유산으로 변경된 데 따른 후속 조치였다. 앞으로도 기후변화와 풍수해로부터 국가유산을 보호하기 위한 노력을 지속해야 한다. 국가와 지자체 등 관련 기관은 방재 인프라 구축 및 안전점검과 재난대응 훈련 등 평상시에도 필요한 부분에 대한 준비를 철저히 해야 한다. 이를 통해 재난으로부터 국가유산을 안전하게 보호할 수 있다.

따뜻하고 많은 비와 눈이 내린 2023년 겨울

2023년 12월부터 2024년 2월까지 2023년 겨울은 따뜻하면서 많은 비와 눈이 내렸다. 미국은 한파와 폭우, 유럽은 이상고온과 이상저온 등 전 세계적으로 이상기후가 빈발한 가운데 우리나라에서도 이상고온과 많은 강수량을 기록했다.

2023년 겨울철 기후[30]

2023년 겨울철 강수량은 236.7mm로 평년의 89.0mm 대비 270.8%로 역대 최대였다. 강수일수도 31.1일로 역대 가장 많았다. 평년 대비 따뜻하고 습한 남풍 계열 바람이 우리나라로 자주 유입되었고, 남쪽을 지나는 기압골의 영향으로 비가 오는 날이 늘어나고 강수량도 많았다. 2024년 2월 21~22일에는 우리나라 남쪽을 지나는 저기압에서 유입된 수증기와 북쪽에 위치한 고기압에서 유입된 찬 공기가 섞여 눈구름이 발달했고, 중부지방을 중심으로 많은 눈이 내렸다. 특히, 강원 영동 지역은 지형효과가 더해져 산지에 이틀간 50cm 이상 눈이 내렸다.

2023년 12월부터 2024년 2월 전국 평균기온은 2.4℃로 평년의 0.5℃보다 1.9℃ 높아서 역대 2위를 기록했다. 역대 1위는 2019년 2.8℃,

3위는 2006년 2.0℃였다. 우리나라 동쪽에서 고기압성 흐름이 발달한 가운데 따뜻한 남풍이 자주 불어 기온이 높았다. 특히, 12월 8~10일 3일간 전국 곳곳에서 12월 일 최고기온 극값을 기록했고, 2월 14일 서울의 일 평균기온은 12.9℃로 2월 일 평균기온 1위를 기록하는 등 중부지방을 중심으로 2월 일 평균기온 극값을 기록한 곳이 많았다.

12월 중후반과 1월 하순에는 두 차례 추위도 있었다. 시베리아 지역에서 상층 기압능이 동서로 폭넓게 빠른 속도로 발달함에 따라 우리나라를 비롯한 동아시아 지역에 북극 주변의 찬 공기가 유입되어 일시적으로 기온이 크게 떨어졌다. 1월 26일 한강에서는 첫 결빙이 관측되기도 했다.

겨울철 북인도양 해수면 온도가 높고 대류가 활발하여 이 지역에 상층 고기압이 형성되었고, 북동 방향으로 대기파동*이 전파되어 우리나라 동쪽에서 고기압성 순환이 유도됐다. 이러한 고기압성 순환 때문에 우리나라로 따뜻하고 습한 남풍류 바람이 유입되어 기온이 높았고, 강수량도 많았다.

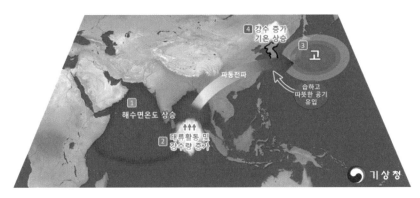

2023년 겨울철의 높은 기온과 많은 강수량 관련 기후학적 원인 모식도

★ 남쪽에서 북쪽 또는 서쪽에서 동쪽으로 에너지가 전파되면서 고기압성 순환과 저기압성 순환이 번갈아 나타나는 현상

2023년 12월(좌)과 2024년 2월(우)의 많은 강수량 관련 우리나라 주변 기압

한파특보와 한강 결빙[31]

2023년 11월 23일 21시를 기해 한파특보를 발령하면서 위기경보 단계를 '관심'에서 '주의'로 상향했다. 강원도 태백시와 정선군은 한파경보, 그 외 서울을 포함한 42개 구역에 한파주의보를 발령했다.[32]

한강은 2024년 1월 26일 겨울철 들어 처음으로 결빙됐다. 1월 22일 부터 서울 일 최저기온이 영하 10℃ 안팎으로 떨어지고 낮 기온도 영하 권에 머무르는 한파가 지속하면서, 26일 아침에 2023년 겨울철 한강 첫 결빙이 관측됐다. 당시 한강 결빙은 평년인 1월 10일보다 16일, 2022년 12월 25일보다 32일 늦게 나타났다. 2019년부터 2023년까지 최근 5년간 한강이 결빙되기 전 5일 동안 서울 일 최저기온과 일 최고기온을 분석하면, 5일 이상 일 최저기온은 영하 10℃ 이하이고, 일 최고기온도 영하에 머물 때 한강이 결빙되는 경향을 보였다.

한강 결빙 관측은 1906년 시작했으며, 노량진 한강대교 부근에서 관측을 계속하고 있다. 1906년 당시 노량진은 한강 주요 나루 가운데 하나로, 관측을 위해 접근하는 데 가장 적합했기 때문에 관측 기준 지점으로 선정했다. 한강대교 두 번째 및 네 번째 교각 상류 100m 부근의 띠 모양 구역이 완전히 얼음으로 덮여 강물이 보이지 않을 때 결빙으로 판단한

한강 결빙 관측 장소

다. 한강 결빙은 1906년 관측 이래 1934년 겨울(12월 4일)이 가장 빨랐고,
1963년 겨울(1964년 2월 13일)이 가장 늦었으며, 관측되지 않은 해는 9차
례(1960, 1971, 1972, 1978, 1988, 1991, 2006, 2019, 2021) 있었다. 이번 결빙은
2000년대 들어 2007년 겨울(2월 8일)과 2016년 겨울(1월 26일) 이후 두 번
째로 늦게 나타났다.

잦은 대설과 중앙재난안전대책본부 가동

2023년 12월 16일 중부지역과 서부지역을 중심으로 대설특보를 발표했
다. 오전 10시부터 중앙재난안전대책본부 1단계를 가동하고, 대설 위기
경보 수준을 '관심'에서 '주의'로 상향했다.[33]

12월 20일에는 충청·전라권을 중심으로 대설특보가 발효 중인 상
황에서 경보 지역이 확대되면서, 오후 8시부터 중앙재난안전대책본부를
2단계로 격상하고 대설 위기경보 수준을 '주의'에서 '경계'로 상향했다.[34]

2024년 1월 9일에는 수도권 등 중부지역을 중심으로 대설특보를 발
표하면서 오전 10시부터 중앙재난안전대책본부 1단계를 가동하고, 대설

위기경보 수준을 '관심'에서 '주의'로 상향했다.[35] 1월 22일에는 충청·전라권을 중심으로 대설특보를 발표하면서 오전 8시 30분부터 중앙재난안전대책본부 1단계를 가동하고, 대설 위기경보 수준을 '관심'에서 '주의'로 상향했다.[36]

2월 5일에는 서울·강원 등 중부지방에 대설특보를 발표했으며, 21일에는 강원지방에 내려져 있던 대설특보를 수도권 등 중부지역으로 확대하면서 오후 8시부터 중앙재난안전대책본부 1단계를 가동하고, 대설 위기경보 수준을 '관심'에서 '주의'로 상향했다.[37, 38] 이에 따라 서울시는 제설대책을 2단계로 격상하고, 8,488명의 인력과 1,168대의 제설장비를 투입해 강설에 대응했다.[39]

이처럼 2023년 겨울철에는 많은 눈이 자주 내리면서 정부와 지자체에서 계속해서 강설에 대응해야 했다.

큰 피해 없이 겨울철 대책기간 마무리

2024년 4월 1일 행정안전부는 잦은 대설에도 큰 피해 없이 2023~2024년 겨울철 자연재난(대설·한파) 대책기간★을 마무리했다고 밝혔다. 대책기간 중 대설로 인한 인명피해는 발생하지 않았으며, 재산피해는 약 126억 원으로 2022년 겨울철 167억 원 대비 25% 감소했다. 한파로 인한 피해는 사망 12명, 부상 388명으로 총 400명의 한랭질환자가 발생했으며, 계량기와 수도관 동파는 6,416건으로 2022년 겨울철보다 감소했다.

따뜻하고 습한 남풍류 바람이 유입되면서 전년 0.2℃ 대비 높은 기온인 2.4℃ 및 서해안 해수면 온도와 기온 차이, 동풍 유입 등으로 2022년 겨울 22.7cm보다 다소 많은 24.2cm의 눈을 관측했다. 특히, 강원·전라

★ 겨울철 자연재난(대설·한파) 대책기간: 매년 11.15.~다음 연도 3.15.

권에 강설이 집중되는 특성을 보였으며, 예보 없는 강설과 이례적으로 많은 강수로 복잡하고 위험한 기상 상황이 다수 발생했다.[40]

2023년 겨울에는 1973년 이후 전국 강수량 역대 1위인 236.7mm였으며, 평균기온 역대 2위인 2.4℃를 기록했다. 이에 따라 잦은 대설특보를 발령하고 비상체제를 가동했다. 이상기후 영향으로 전 세계가 유사한 재난에 고통받는 상황에서 우리나라도 예외는 아니었다. 철저한 대비와 대응을 통해 겨울철 재난에 효율적으로 대처할 수 있는 지속적인 체계 구축이 더욱 중요해지고 있다.

7장

재난예산과 산업

재난안전관리 특별교부세

지자체 재난 및 안전관리를 위한 특별교부세는 「지방교부세법」에 따라 행정안전부 장관이 교부 등을 행한다. 「지방교부세법」에 따르면 재난안 전관리 특별교부세는 재난을 복구하거나, 재난 및 안전관리를 위한 특별 한 재정수요가 생기거나, 재정수입이 감소했을 때 특별교부세(특교세) 재 원 중 100분의 50에 해당하는 금액을 지자체에 교부할 수 있다.

2023년 재난안전관리 특별교부세 지원

지방교부세는 재정이 열악한 지방자치단체의 행정을 운영하기 위해 중 앙정부에서 지원하는 재원으로 지방행정을 건전하게 발전시키기 위한 정책이다. 지자체 재난안전관리를 위해서도 중앙정부의 지원이 중요한 데, 그 역할을 담당하는 가장 큰 부분이 재난안전관리 특별교부세다. 재 난이 발생한 후 재난복구를 위해 필요한 재원을 지원하는 데도 특별교부 세가 사용되며, 재난을 예방하거나 대비하기 위한 정책 추진을 위해서도 특별교부세가 중요한 역할을 한다.

    2023년 정부에서 공식적으로 발표한 특별교부세 지원 사례만 12건 이다. 대설, 산불, 화재, 한파, 가뭄, 가축전염병, 폭염, 조류인플루엔자 등 자연재난과 사회재난을 가리지 않고 예방과 복구를 위해 사용했다.

정부는 2023년 1월 9일 지자체 대설대책 추진과 도로제설장치 설치를 위해 특별교부세 235억 원을 지원했다. 2022년 12월 남부지방을 중심으로 최고 60cm가 넘는 눈이 내려 도심지가 마비되고 비닐하우스 붕괴 같은 재산피해가 발생했으며, 주요 도로 마비 등 대설로 인한 피해를 최소화하기 위해 특교세 지원을 결정했다. 특교세 중 대설대책비 100억 원은 2022년 12월에 많은 제설제 사용으로 제설제 비축률이 계획보다 낮아짐에 따라 남은 겨울철 대책기간 내의 예기치 못한 강설에 대비하여 필요한 제설제를 추가로 비축하는 데 사용했다. 또한 주요 도로 외에 지역주민의 생활과 밀접한 골목길, 인도, 이면도로 등에서 원활한 제설을 위한 소형제설기 등 관련 장비 임차·구매 등에도 쓰였다. 도로 제설 장치 설치비 135억 원은 제설작업이 어려운 제설 취약 도로, 상습 결빙 도로에 자동 염수 분사 장치와 열선을 설치하여 빙판길 사고 예방 및 도로 이용자 불편을 최소화하는 데 사용했다.[1]

2023년 1월에는 2월 1일부터 5월 15일까지 봄철 산불조심기간을 맞아 지방자치단체 산불 예방 활동 및 진화 장비 정비 등을 위해 특별교부세 100억 원을 지원했다. 최근 10년간('13~'22) 산불은 연평균 535건이 발생했으며, 이 중 347건(64.9%)이 봄철(2월 1일~5월 15일)에 집중됐다. 특히, 2022년 봄철에는 역대 최고 겨울 가뭄 등으로 피해면적 100ha 이상인 대형산불이 11건이나 발생했고, 늦은 시기인 5월 말에도 발생하는 등 기후변화로 인한 산불 발생 위험성이 높아지고 있다. 특교세는 산불 발생의 주요 원인인 입산자 실화와 소각산불을 집중적으로 줄이기 위해 ▲산불 예방 수칙 안내, ▲영농 부산물 파쇄기·진화 장비 확충, ▲지방자치단체 임차 헬기 계류장 개선 등에 세분화해서 활용했다.[2]

2023년 1월 20일 발생한 화재로 피해를 입은 서울시 구룡마을의 조속한 수습을 위해 특별교부세 5억 원을 긴급 지원했다. 특교세는 화재로

인한 잔해물 처리, 안전 펜스 등 출입 통제시설 설치, 이재민 구호 활동 등에 쓰였다.[3]

2023년 1월 중순부터 계속된 대설과 한파로 지방자치단체의 업무부담이 가중됨에 따라 대설·한파 대응 활동에 필요한 방한물품과 재료 등을 구매할 수 있도록 총 14억 7천만 원을 특별교부세로 지원했다. 특교세는 남은 겨울철 대책기간까지 피해 최소화를 위해 제설작업, 한파저감시설 설치·운영 및 계속되는 대응 활동 시 안전 확보에 필요한 방한용품 구매 등에 폭넓게 사용했다.[4]

2022년부터 2023년 봄까지 지속된 가뭄과 고병원성 조류인플루엔자(AI) 예방을 위해 해당 지방자치단체에 재난안전특교세 155억 원을 긴급 지원했다. 2022년부터 지속된 남부지방의 가뭄으로 댐·저수지 저수율이 낮아지는 등 가뭄피해가 우려됨에 따라 생활·농업용수 확보를 위해 전남·북 및 경남지역에 가뭄대책 특별교부세 100억 원을 긴급 지원했다. 특교세는 도서지역 급수 운반 및 해수담수화 등 대체수원 확보와 전남·북 지역 지하수 관정 개발, 이송관로 설치 등 농업용수 확보를 위한 실질적이고 직접적인 가뭄대책 추진에 사용했다. 평년보다 많은 개체수의 철새가 부산·경남에서 중북부지역으로 이동함에 따라 고병원성 조류인플루엔자의 전국 확산 방지를 위해 경기 등 13개 시·도 방역대책비로 특별교부세 54억 6,800만 원을 긴급 지원했다. 특교세는 오염원의 전국 확산 방지를 위한 거점소독시설 운영, 농장·철새 서식지 인근 소독 등 지방자치단체 방역 활동 지원에 사용했다.[5]

2023년 4월에는 충남·대전지역에서 발생한 산불 조기 피해 수습, 확산 방지와 이재민 구호를 위해 특별교부세 15억 원을 지원했다. 특교세는 산불 진화를 위한 인력과 장비 동원, 소실된 산림과 주택 잔해물 처리, 피해 주민 응급 구호 등에 필요한 비용으로, 피해 규모 등을 종합적으로 고려하여 충남과 대전에 지원했다.[6] 강릉시 산불피해의 조기 수습을 위해서도 특교세 10억 원과 재난구호사업비 6,400만 원을 긴급 지원했다. 특교세는 잔불 처리를 위한 인력과 장비 동원, 소실된 산림과 주택 잔해물 처리 등 필요한 비용에 사용하고, 재난구호사업비는 이재민 구호를 위한 임시주거시설 운영과 생필품 지원 등에 사용했다.[7]

2023년 5월에는 5월 20일부터 9월 30일까지 여름 폭염 대책기간이 시작되기 전에 선제적인 폭염 대책을 추진하기 위해 17개 시·도에 폭염 대책비로 특별교부세 총 124억 원을 지원했다. 세계적인 이상기후 심화 현상으로 이번 여름도 평균기온이 평년보다 높을 것으로 예상됨에 따라 예년보다 한 달 정도 빨리 폭염대책비를 지방자치단체에 지원하고, 지원 규모도 예년의 99억 원 수준에서 124억 원으로 확대했다. 특교세는 ▲편의시설 확충 등 무더위쉼터 이용 활성화, ▲지능형 그늘막 등 폭염저감시설 설치, ▲농업종사자 등 폭염 취약계층 예찰활동 강화, ▲폭염 대비 국민 행동요령 안내 등 각 지방자치단체에서 폭염피해 예방을 위해 추진하는 사업에 사용했다.[8]

구제역 확산 방지를 위해서도 특별교부세를 긴급 지원했다. 2023년 5월 10일부터 충북 청주와 증평에서 발생하고 있는 구제역 전국 확산 방지를 위해 재난안전관리 특별교부세 5억 원을 충북에 선제적으로 지원했다. 특교세는 구제역 발생지역에 대한 사람·차량 통제, 거점소독시설과 통제초소 등 발생지 인근 차단방역을 강화하기 위해 사용했다.[9]

태풍 피해지역 복구에도 특별교부세를 사용했다. 2023년 8월 제6호 태풍 '카눈'으로 인한 피해 지자체에 특별교부세 60억 원을 긴급 지원했다. 이는 시설물 응급 복구와 이재민 구호 등에 필요한 지자체 재난 수습 비용을 보조하기 위한 목적이며, 지역별 시설피해 규모, 주민대피 규모 등을 종합적으로 고려하여 대구, 강원, 부산, 경북, 경남, 충북 등 6개 시·도에 교부했다. 응급복구비로 지원된 특교세는 피해시설의 원상회복 전에 임시 사용이 가능하도록 긴급 조치하고, 주민 안전을 확보하기 위한

피해잔해물 처리, 피해시설 위험 안내 표시 등 안전시설 설치와 주민 구호 활동에 사용했다.[10]

2023년 10월 소 농장에서 럼피스킨병이 발생한 충남·경기 지역을 비롯한 전국 시·도에 특별교부세 총 100억 5천만 원을 긴급 지원했으며, 오염원 전국 확산 방지를 위한 거점소독시설 운영, 소 농장 등 위험 지역 소독 강화 등 지방자치단체 방역 활동에 사용했다.[11]

조류인플루엔자 대응을 위해서도 특별교부세를 지원했다. 2023년 12월 조류인플루엔자가 최초 발생한 전라남도 등 중점적으로 방역 조치가 필요한 11개 시·도에 특별교부세 32억 원을 긴급 지원했으며, 축산차량 소독을 위한 거점소독시설 운영, 가금농장 및 철새도래지 소독 등 지자체 고병원성 조류인플루엔자 확산 차단방역 활동에 사용했다.[12]

2024년 재난안전관리 특별교부세 지원

2024년 3월 강원·경북 동해안 지역 산불 방지를 위한 위험수목 제거를 위해 재난안전관리 특별교부세 9억 6천만 원을 지원했다. 대상 지역은 강원도 고성군, 속초시, 양양군, 강릉시, 동해시, 삼척시 등이며, 경상북도 울진군, 영덕군, 포항시 등이다. 특교세는 봄철 강원·경북 산지에서 고온건조한 강풍인 양간지풍으로 전력설비 등이 파손되며 발생하는 산불을 예방하기 위해 사용됐다. 양간지풍(襄杆之風)은 봄철 영서지방에서 영동지방으로 부는 서풍으로 국지풍의 한 종류다. "강원도 영동지방 양양과 간성 사이에 부는 바람"이라는 의미이며, "양양과 강릉 사이에 부는 바람"이라는 뜻에서 '양강지풍'이라 불리기도 한다. 2019년 4월 특고압 전선 아크 불티로 인해 발생한 피해면적 1,267ha 강원 고성군 산불, 2023년 4월 수목 전도로 단선된 전선 스파크로 인해 발생한 피해면적 121ha 강원 강릉시 산불 등 과거 동해안 지역에서 전력설비 파손으로 대형 산불이

발생한 사례가 있으며, 위험수목 제거 등이 중요하다.[13]

2024년 4월 여름철 폭염으로 인한 피해를 예방하기 위해 17개 시·도에 폭염대책비 총 150억 원을 특별교부세로 조기 지원했다. 기상청은 2024년 여름 기온이 평년보다 높을 확률이며, 7~8월에는 북태평양 고기압의 영향으로 무더운 날이 많을 것으로 전망했다. 특히 최근 폭염일수 증가로 온열질환자가 증가하고 있어 선제적인 폭염 대비가 필요했다. 이에 따라 예년보다 신속히 지자체에 폭염대책비를 지원하고, 지원규모도 2023년 120억 원 대비 25% 증액한 150억 원으로 확대했다. 특별교부세는 ▲그늘막·물안개 분사장치 등 폭염저감시설 설치, ▲무더위쉼터 정비 및 운영, ▲폭염 예방물품 보급 및 취약계층 보호 강화, ▲폭염 대비 국민 행동요령 안내 등 각 지자체의 폭염피해 예방 사업에 사용됐다.[14]

2024년 6월에도 2건을 교부했다. 전북 부안군 지진피해 복구를 위해 특별교부세 10억 원을 지원했으며, 지진 피해지역 잔해물 처리 및 응급조치, 피해시설물 안전진단 등 위험도 평가, 이재민 구호 등에 사용했다.[15] 이어서 경기 화성시 공장 화재 피해 수습을 위해 재난안전관리 특별교부세 10억 원을 긴급 지원했으며, 피해 현장 주변 잔해물 처리, 추가 피해 예방을 위한 안전대책 추진 등 피해 조기 수습을 위해 사용했다.[16]

집중호우로 큰 피해를 입은 시·도에 재난안전관리 특별교부세 35억 원을 긴급 지원했다. 2024년 7월 8~10일에 내린 집중호우로 충청북도, 충청남도, 전라북도, 경상북도 지역에서 피해가 심했다. 교부세는 피해시설 잔해물 처리, 긴급 안전조치 등 2차 피해 방지와 이재민 구호 등에 사용했다.[17]

7월 16~19일에도 집중호우가 내려 경기도, 강원특별자치도, 충청남도, 전라남도에 피해가 있었으며, 재난안전관리 특별교부세 25억 원을 추가 지원했다. 교부세는 피해시설 응급복구 및 잔해물 처리 등 긴급 조치, 피해 확산 방지, 이재민 구호 등에 활용했다.[18]

재난대응 역량 강화를 위한 특별교부세 집중 지원[19]

정책 효과가 높고 기후변화 등 각종 재난 등에 효과적으로 대응할 수 있는 재난·안전 사업을 정책사업으로 발굴·선정하여 2024년 재난안전관리 특별교부세 765억 원을 지원한다. 재난안전 정책사업은 지자체의 재난대응 역량을 높이기 위해 지자체가 필요로 하는 사업을 대상으로 필요성, 효과성, 시급성 등을 종합적으로 검토해서 선정했다. ▲과학적 위험 예측·전달, ▲생활 안전망 구축, ▲예방 인프라 구축, ▲사회재난 피해 저감 등 4개 분야다.

'과학적 위험 예측·전달'을 위해 정보통신기술(ICT*)을 기반으로 급경사지와 저수지의 상시 계측관리체계를 구축하고, 드론·라이다를 활용한 급경사지 안전관리 시스템 등 신기술을 활용하여 재난위험 요인을 사전에 예측한다. 주거지와 인접한 급경사지와 저수지에 ICT 기반 계측 시스템을 설치하여 붕괴 우려 시 실시간으로 위험을 자동 감지한다. 이를 통해 붕괴위험 예·경보, 신속한 주민대피와 현장 안전조치 등이 이루어지게 하여 인명피해를 최소화하는 저수지·급경사지 원격 계측관리 체계를 구축한다. 현행 육안점검 위주 급경사지 점검 방식에서 드론·라이다 및 정보통신기술을 활용하여 점검·관리하는 디지털 기반 급경사지 안전관리체계로 전환하기 위한 시범사업을 추진한다.

'생활 안전망 구축'을 위해 노인과 어린이 등 교통 취약계층의 교통안전 확보를 위한 지원을 확대하고, 공원, 둘레길, 주택가 등 범죄취약지역에 고화질 CCTV를 확충하여 안전한 생활환경을 조성한다. 안전한 어린이 통학환경 조성을 위해 어린이보호구역 내 통학로 조성과 차량용 방호울타리 설치를 지원한다. 인공지능 등 첨단기술을 기반으로 사고위험 상황 경고, 보행신호 자동 연장 등이 구현 가능한 스마트 횡단보도 설치

★　　Information and Communication Technologies

를 신규로 지원한다. 또한, 최근 이상동기 범죄 등 사회적 불안 요소 증가에 대한 국민 불안감 등 생활 불편사항 해소를 위해 안전사각지대 내 다목적 CCTV를 보강한다. 이 외에도 노인보행자 교통사고 다발지역 정비, 마을주민 보호구간 정비, 보행자 우선도로 정비 등 안전한 보행환경을 조성한다.

'예방 인프라 구축'을 위해서는 자연재난으로 인한 인명피해를 최소화하기 위한 위험지역 관리를 강화한다. 집중호우로 인한 지하차도 침수 피해 예방을 위해 지하차도 진입차단시설, 경보시설, CCTV, 수위계 등을 설치하고, 침수 시 자동·원격으로 작동하는 출입 차단시설 설치를 지원한다. 주거지 등 생활권과 인접한 소하천을 대상으로 제방 신설 및 보수·보강, 단면이 부족하거나 병목구간인 하천 유로를 확장하는 등 정비사업을 추진한다. 공공시설 내진 보강, 주민 생활과 밀접한 세천 및 소교량 정비, 여름철 물놀이 안전사고 예방 등도 지원한다.

'사회재난 피해저감 등'을 위해 다중 이용 공공시설 화재, 유해화학물질 누출 등 대규모 피해가 예상되는 사회재난에 대한 피해 저감 사업을 지원해서 지자체의 사회재난 관리역량을 강화한다. 이를 위해 유해화학물질 모니터링시스템 구축, 지역 산단 화학물질 정보 국민 알리미 서비스, 가축 질병 대응역량 강화 프로그램 구축 등을 지원한다. 산림 인접 지역의 산불피해를 최소화하기 위해 비상소화장치, 산불감시용 CCTV, 무

특교세를 확보한 지자체 홍보물

인방송기기, 영농 부산물 파쇄기 등 마을 단위 산불 예방 인프라 확충 및 개선사업을 추진한다.

재난 피해 최소화와 안전사고 방지를 위한 지자체 재난 예방과 안전 관리 능력을 강화하기 위해 재난안전관리 특별교부세의 적기 지원이 중요하다. 이를 위해서는 재난안전관리 특별교부세 지원 기준이 구체적이고 명확해야 한다. 지자체에 꼭 필요한 사업을 적절하게 선정하고, 사업 규모에 맞춰 효과적으로 지원해야 한다.

예방 차원에서 지원하는 교부세와 재난 발생 시 수습과 복구를 위해 긴급 지원하는 교부세는 재원은 같지만 성격은 다르다. 지자체에서는 지원 목적에 맞춰 교부세를 활용해야 하며, 이를 위한 다양하고 적극적인 노력을 함께해야 한다.

특별재난지역 선포

「재난 및 안전관리 기본법」에 따라 중앙재난안전대책본부장(국무총리 또는 행정안전부 장관)은 대통령령으로 정하는 규모의 재난이 발생하여 국가 안녕 및 사회질서 유지에 중대한 영향을 미치거나, 피해를 효과적으로 수습하기 위해 특별한 조치가 필요하다고 인정하거나, 지역대책본부장 요청이 타당하다고 인정할 경우에는 중앙안전관리위원회의 심의를 거쳐 대통령에게 특별재난지역 선포를 건의할 수 있다. 특별재난지역 선포를 건의받은 대통령은 해당 지역을 특별재난지역으로 선포할 수 있다.

대통령령으로 재난 규모를 정할 때는 인명 또는 재산의 피해 정도, 재난지역 관할 지방자치단체의 재정 능력, 재난으로 피해를 입은 구역 범위 등을 고려해야 한다. 지역대책본부장은 관할 지역에서 발생한 재난으로 인해 특별한 조치가 필요한 경우에는 중앙대책본부장에게 특별재난지역 선포 건의를 요청할 수 있다.

특별재난지역 선포에 따른 지원

특별재난지역 선포는 대규모 재난으로 피해를 입은 지방자치단체의 재정부담 경감을 위해 국비를 추가 지원하는 제도다. 선포 요건은 시·군·

구의 경우 국고지원기준 피해액의 2.5배인 50~110억 원을 초과할 때이며, 읍·면·동은 시·군·구 선포기준의 1/10인 5~11억 원을 초과한 경우다. 과거 피해 규모를 시·군·구 단위로 산정하여 특별재난지역을 선포하면서 일부 읍·면·동이 큰 피해를 봤는데도 제외되는 경우가 발생하여 2017년 11월부터 읍·면·동 단위로도 선포할 수 있도록 바뀌었다. 선포된 지역에는 지자체 부담 지방비 일부를 국고로 추가 지원하며, 건강보험료 경감, 통신·전기료 감면 등 12개 항목을 추가로 간접 지원한다.

자연재난 피해를 입은 일반재난지역에는 18개 항목을 간접 지원하는데 국세 납세 유예, 지방세 납세 면제·유예, 국민연금 납부 예외, 상하수도요금 감면, 재해복구자금 융자, 보훈대상 재해위로금 지원, 농기계 수리, 지적측량 수수료 감면, 병역의무 이행기일 연기, 국·공유재산 및 국유림 사용료·대부료 감면, 본인서명사실확인서 발급수수료 면제, 상속세 재해손실 공제, 과태료 징수유예, 자동차 검사기간 연장·유예, 생활도움서비스 및 심리·정서 지원, 경영회생농지 매입 지원 농가 임대료 감면, 공공임대 주거 지원, 가전제품 무상수리 지원 등이 해당한다.

특별재난지역으로 선포된 지역은 위 18개 항목 외에 추가로 12개 항목을 지원받는다. 여기에는 건강보험료 감면, 국민건강보험료 연체금 징수 제외, 고용·산재보험료 납부유예, 전기요금 감면, 도시가스요금 감면, 지역난방요금 감면, 통신요금 감면, 전파사용료 감면, 병력동원 및 예비군훈련 면제, 농지보전부담금 면제, TV 수신료 면제, 우체국 예금수수료 면제 등을 포함한다.

2023년 특별재난지역 선포

2023년에는 계절별로 다양한 자연재난이 발생했다. 겨울철 대설과 한파, 봄철 산불, 여름철 호우와 태풍 등이 큰 피해를 줬다. 2023년 1월에는

2022년 12월 21~24일 대설·한파·강풍 피해지역 중 피해액이 읍·면·동 단위 특별재난지역 선포 요건을 충족한 전북 순창군 쌍치면을 특별재난지역으로 선포했다. 해당 지역은 63.7cm의 대설로 비닐하우스·축사 등 농업시설 피해가 집중적으로 발생했으며, 피해액은 읍·면·동 선포기준 6억 원을 초과한 8.4억 원이었다.[20]

4월 5일에는 4월 2~4일 전국 동시다발적인 대형 산불로 피해를 입은 대전광역시 서구, 충청북도 옥천군, 충청남도 홍성군·금산군·당진시·보령시·부여군, 전라남도 함평군·순천시, 경상북도 영주시 등 총 10개 지자체를 특별재난지역으로 선포했다. 대형 산불로 인한 선포 사례로는 2000년 동해안 산불, 2005년 양양 산불, 2019년 강원 동해안 산불, 2022년 경북·강원 동해안 산불 이후 다섯 번째였다. 특별재난지역으로 선포된 10개 지자체는 건조한 기후와 강풍으로 전국에 동시다발적으로 발생한 산불로 인해 100ha 이상 산림피해가 발생했거나 주택, 농·축산시설 등 사유시설 피해가 발생한 지역이다.[21]

이어서 4월 11일에는 산불피해를 입은 강원도 강릉시를 특별재난지역으로 선포했다. 강릉시는 최대 풍속 30m/s인 강한 바람의 영향으로 짧은 시간에 다수 주택 등 생활기반건축물 피해가 발생해서 국가 차원의 행정·재정적 지원이 필요하다고 인정해서 특별재난지역으로 선포했다.[22]

7월 19일에는 7월 9일부터 이어진 호우 피해 지역에 대한 사전조사 결과를 토대로 선포기준 충족이 확실시되는 13개 지자체*를 특별재난지역으로 우선 선포했다. 원래 중앙합동조사를 시행해서 피해액을 산정하고, 이를 토대로 특별재난지역으로 선포해야 한다. 정부는 중앙합동조사 전에 특별재난지역을 우선 선포하게 된 이유에 대해 집중호우 피해의 신

★ 　세종시, 충북 청주시·괴산군, 충남 논산시·공주시·청양군·부여군, 전북 익산시·김제시 죽산면, 경북 예천군·봉화군·영주시·문경시

속한 수습·복구를 위한 정부 차원의 선제적 조치가 필요하다는 판단하에 이루어졌다고 설명했다. 또한 지속된 호우와 침수로 피해조사가 어려워 선포에서 제외된 지역에 대해서는 피해조사를 신속하게 마무리하여 선포기준을 충족하는 즉시 추가로 특별재난지역을 선포할 방침이라고 밝혔다.[23]

8월 14일 제6호 태풍 카눈으로 피해를 입은 대구시 군위군과 강원도 고성군 현내면을 특별재난지역으로 우선 선포했다. 또한 7월 호우 피해

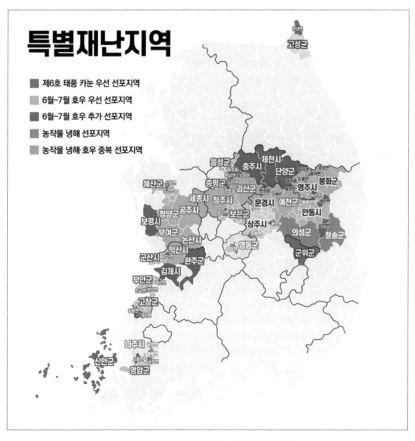

2023년 여름 특별재난지역 선포 현황

지역 중 충북 충주시 등 7개 시·군 및 20개 읍·면 지역을 특별재난지역으로 추가 선포했다. 선포지역은 7월 19일 우선 선포한 지역에 포함하지 않은 곳으로 관계부처 합동 피해조사를 통해 선포기준 충족을 추가로 확인한 곳이다. 또한, 4월 이상저온·서리 등으로 과수 꽃눈이 고사하거나 착과 불량 등 피해를 입은 농작물 냉해 피해지역에 대해서도 특별재난지역으로 선포했다. 농작물 냉해 피해에 대한 특별재난지역 선포는 자연재난 피해액에 농작물·가축·수산생물 피해를 포함하도록 관련 제도를 개선한 조치에 따라 역사상 최초로 시행했다.[24]

　　8월 29일 제6호 태풍 카눈 피해지역에 대한 중앙합동조사 결과를 토대로 피해액이 선포요건을 충족하는 강원 1개 군과 경북 2개 면을 특별재난지역으로 추가 선포했다. 8월 14일 우선 선포한 지역 외에 8월 20일부터 24일까지 실시한 중앙합동조사 결과, 선포요건을 충족하는 지역에 대한 추가 선포였다. 강원 고성군은 면 단위에서 군 단위로 확대 선포됐으며, 경북 경주시와 칠곡군은 면 단위로 선포했다.[25]

2024년 특별재난지역 선포

2024년은 2023년에 비해 특별재난지역 선포가 많지는 않았다. 7월에 내린 집중호우 피해를 입은 지역을 위주로 선포했다. 7월 8~10일 집중호우 피해를 입은 지역 중 피해가 심각하여 선포기준 충족이 확실시되는 5개 지자체에 대해 특별재난지역을 우선 선포했다. 시·군·구 단위로는 충북 영동군, 충남 논산시와 서천군, 전북 완주군이며, 읍·면·동 단위로는 경북 영양군 입암면을 포함했다.[26]

　　이후 세부 피해조사를 통해 15개 지자체를 추가로 선포했다. 5개 시·군·구와 10개 읍·면·동을 추가해서 특별재난지역을 선포했다. 여기에는 충북 옥천군, 충남 금산군과 부여군, 전북 익산시, 경북 안동시 등

시·군·구와 대전 서구 기성동, 충남 보령시 주산면과 미산면, 전북 군산시 성산면과 나포면, 무주군 무주읍·설천면·부남면, 경북 김천시 봉산면과 영양군 청기면을 포함했다.[27]

　7월 16~19일 호우로 피해가 발생한 경기 파주시와 충남 당진시 4개 읍·면을 특별재난지역으로 선포했다. 7월 15일과 25일 두 차례에 걸쳐 특별재난지역을 선포한 데 이어 7월 호우로는 세 번째였다. 해당 지역은 경기 파주시 법원읍·적성면·장단면, 충남 당진시 면천면 등이다.

사회재난 특별재난지역 선포

2022년 10월 29일 이태원 일원에서 발생한 대규모 인명사고와 관련해서 다음 날인 30일 서울시 용산구를 특별재난지역으로 선포했다. 산불을 포함한 사회재난에 대한 특별재난지역 선포로는 11번째 사례였다. 사회재난 특별재난지역 선포는 1995년 6월 발생한 삼풍백화점 붕괴가 최초 사례였다. 이후 2000년 4월 동해안 산불, 2003년 3월 대구 지하철 방화사건, 2005년 4월 양양 산불, 2007년 12월 허베이스피리트호 유류 유출사고, 2012년 9월 ㈜휴미글로벌 불산 누출사고, 2014년 4월 세월호 침몰사고, 2019년 4월 강원 동해안 산불, 2020년 1월 코로나19, 2022년 3월 경북·강원 동해안 산불 등과 같은 사회재난을 특별재난지역으로 선포했다.[28]

　대규모 재난에 대한 효율적 대처를 위해 국가 차원의 지원이 필요할 때 특별재난지역을 선포한다. 추가 국비 지원을 통해 지자체 부담을 줄여주며, 피해지역에 대한 간접지원 확대로 피해자들이 빠르게 일상으로 돌아갈 수 있도록 돕기 위함이다. 하지만 모든 피해에 대한 국가의 무조건적인 지원 확대는 아니다. 특별재난지역 선포 제도가 가지는 취지와 범위에 대한 확실한 이해를 바탕으로 적절한 대응과 활용이 필요하다.

국가안전관리기본계획과 재난안전사업

국가안전관리기본계획은 향후 5년간 국가 재난 및 안전관리에 대한 기본 방향을 제시하는 재난·안전 분야의 최상위 계획으로 「재난 및 안전관리 기본법」에 따라 수립하는 법정계획이다.

'재난안전예산 사전협의'는 「재난 및 안전관리 기본법」 제10조의2(재난 및 안전관리 사업예산의 사전협의 등)에 따라 행정안전부가 관계 중앙행정기관의 투자 의견, 예산요구서 등을 검토하여 매년 6월 30일까지 투자 방향과 우선순위 등을 기획재정부에 통보하고, 기획재정부는 사전협의 결과를 반영하여 내년도 정부 재난안전예산안을 편성하는 제도다. 중앙행정기관에서 추진하는 재난 및 안전관리 사업 효과성과 효율성을 높이기 위해 「재난 및 안전관리 기본법」 제10조의3 및 같은 법 시행령 제10조의2에 따라 '재난안전사업 평가'를 매년 실시하고 있다.

제5차 국가안전관리기본계획(2025~2029) 확정[29]

2024년 6월 '제5차 국가안전관리기본계획(2025~2029)'을 확정했다. 이번 제5차 기본계획은 28개 중앙부처가 참여해 재난안전환경 변화를 분석하고, 전문가 자문과 지자체 등 현장 의견을 수렴해서 마련했다. 특히, 이상

기후에 대비해 과학기술 기반 선제적 재난안전관리를 강화하고, 어린이가 안전하고 건강하게 살아갈 수 있는 환경을 조성하는 데 중점을 두었다.

제5차 국가안전관리기본계획은 "국민과 함께 만들어가는 안전사회, 모두가 안심하는 대한민국"이라는 비전 아래 ▲과학적 예측을 통한 잠재위험 대비역량 강화, ▲현장에서 작동하는 국가안전관리체계 확립, ▲일상생활 속 안전환경 조성을 기본방향으로 설정하고, 구체적 추진을 위한 5대 전략, 15개 추진과제를 담았다. 5대 전략은 ▲새로운 위험에 대비하는 재난안전관리, ▲디지털 기반의 재난안전관리, ▲현장에서 신속하게 작동하는 재난안전관리, ▲회복력을 강화하는 재난안전관리, ▲국민과 함께하는 재난안전관리 등이며, 중점 추진과제는 다음과 같다.

첫째, 새로운 위험에 대비하는 재난안전관리. 기존의 위험 인식을 넘어서는 재난에 대한 철저한 사전대비를 위해 재난관리체계를 정비한다. 범정부 차원 잠재 위험요소 관리체계를 구축하고, '에너지 저장 시스템(ESS*)' 통합관리시스템을 운영하는 등 신산업 분야의 잠재 위험요소를 선제적으로 관리한다. 산사태 취약지역 등 기후위기 사각지대를 선제적으로 발굴해 관리하고, IoT** 센서를 활용하여 지하차도 침수상황을 주변 지역에 전달하는 '긴급재난문자 자동발송 서비스' 추진, 기상 관측·예측 고도화 등 과학기술을 활용하는 정밀한 기후재난 관리체계를 정비한다. 또한, 전기기반 모빌리티 관련 시설 화재 등 미래 위기에 대응하기 위한 기술개발과 재난안전산업 육성을 통해 재난안전 환경변화에 신속하고 정확하게 대응할 수 있는 기반을 구축한다.

둘째, 디지털 기반의 재난안전관리. AI, ICT*** 등 디지털 기술을 활

★ Energy Storage System

★★ Internet of Things(사물인터넷)

★★★ Information and Communications Technology(정보통신기술)

용해 위험요인 인지·예측 수준을 높이고 데이터 기반의 의사결정을 지원하는 등 재난관리 지능화를 추진한다. 교통사고 데이터 분석을 통해 기상별·요일별 사고 발생 위험도가 높은 도로를 예측하여 순찰차 배치에 활용하고, AI 기반 지능형 CCTV 관제 시스템 및 디지털트윈을 활용한 도시침수 대응 시스템 등 첨단기술을 활용한 의사결정 지원체계를 마련한다. 부처별로 분산된 재난정보를 통합·연계하여 통합 모니터링을 실시하는 등 디지털플랫폼을 통해 재난안전정보를 통합 관리한다.

셋째, 현장에서 신속하게 작동하는 재난안전관리. 지역·현장 중심 문제해결 역량을 강화하고, 대응 기관 간 소통 증진을 통해 현장에서 대응체계가 신속하게 작동할 수 있게 한다. 지자체장에게 재난사태 선포 권한을 부여하여 재난안전 교육을 시행하는 등 지자체의 재난관리 권한·역량을 강화하고, 공인재난관리사 제도 안착 등 재난안전관리 핵심인력 양성에 힘쓴다. 중증환자 전담 구급차 운영, 닥터헬기 확대 등 현장 대응 인프라를 보강하고 경찰-소방 긴급신고통합시스템 운영 및 AI 기반 재난관리자원 공유 플랫폼을 구축·운영한다.

넷째, 회복력을 강화하는 재난안전관리. 재난피해자 지원체계 강화를 통해 재난지역의 신속한 일상회복을 지원하고, 고령자·장애인 등 재난에 취약한 사회적 약자 보호를 강화한다. 재난피해자와 피해자 가족 지원 전담기구로서 피해자 통합지원센터를 구성·운영하고, 재난피해자 등을 대상으로 전문적인 심리상담·치료 지원을 확대한다. 피해지역 인프라 및 경제활성화 등 종합복구를 추진하고 재난안전보험 보장범위 확대 등 사회안전망을 강화한다. 또한, 고령자·장애인 등 대피 취약자 119안심콜 가입 확대 등 안전취약계층 맞춤형 보호 대책을 추진하고, 폭염·한파 취약계층 지원 강화를 통해 기후위기로부터 안전한 생활환경을 조성한다.

다섯째, 국민과 함께하는 재난안전관리. 체험 중심 안전교육을 통해 국민 재난·안전사고의 실질적 대응 역량을 강화하고, 주민이 참여하는 안전관리체계 확립 등 민·관이 협력해 사회의 안전의식을 제고한다. 국민안전체험시설을 추가로 설치하고, 이용객의 흥미를 유발할 수 있는 교육 콘텐츠를 개발하며, 환경변화와 현장수요를 반영한 현장 중심 생애주기별 안전교육을 강화한다. 어릴 때부터 안전의식을 체화할 수 있는 어린

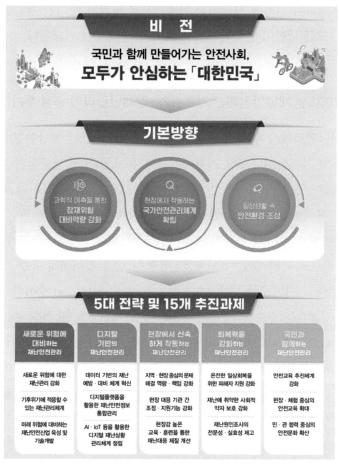

제5차 국가안전관리기본계획 체계도

이 안전히어로즈를 전국으로 확대하고, 선사 안전투자공시제도* 도입 등 민간의 자율적인 안전관리 기반 조성을 유도하며, 읍·면·동 협의체 확대를 통한 민·관 협업 안전문화 운동을 추진한다.

기본계획에 따라 중앙부처와 시·도, 시·군·구 및 주요 공공기관 등 각 기관은 세부 실행계획을 매년 마련해서 추진하며, 2025년부터는 기관별 세부 실행계획 추진실적에 대한 점검·평가 제도를 시행한다. 이에 따라 기본계획이 최일선 현장까지 안정적으로 정착되는 기관 책임감이 강화되고, 모든 국민이 안심할 수 있는 안전환경 조성이 기대된다.

2025년 재난안전예산 기후위기·잠재난관리에 중점 투자[30]

국가 재난안전예산 투자 효율성을 높이기 위한 '2025년 재난안전예산 사전협의(안)'을 2024년 6월 기획재정부에 통보했다. 중앙행정기관이 요구한 2025년도 재난안전예산 규모는 총 432개 사업 26조 1천억 원으로, 2024년 본예산 25조 1천억 원보다 3.9% 증가한 수준이다.

분야별로는 사회재난 및 안전사고 분야 26개 유형이 46.7%인 12조 2천억 원으로 가장 많고, 재난구호·복구 등 공통 분야 8개 유형 7조 1천억 원(27.2%), 자연재난 분야 9개 유형 6조 8천억 원(26.1%) 순이다.

유형별로는 풍수해 4조 9천억 원(19.0%), 재난구호 및 복구 3조 8천억 원(14.7%), 도로안전 2조 4천억 원(9.0%), 철도안전 2조 2천억 원(8.6%), 산재 1조 3천억 원(5.0%) 등을 요구했으며, 재난대응 단계별로는 예방 18조 1천억 원(69.3%), 복구 5조 4천억 원(20.7%), 대비·대응 2조 6천억 원(10.0%) 순이다.

★ 주요 선종(여객선, 위험물운반선) 운항 선사 노후선 교체, 선박 유지 관리비용 등 안전투자 세부내역 공시

행정안전부는 2025년 사전협의(안) 마련을 위해 과거에 발생한 재난·안전사고 피해 현황과 전망, 최근 사회적 위험 이슈, 정부 주요 정책 등을 분석해 추진 목표와 6대 중점 투자 방향을 제시했다.

추진 목표는 국민과 함께 만들어가는 "국민 모두의 일상이 안전한 대한민국"이며, 6대 중점 투자 방향은 ① 기후위기 피해 저감을 위한 기반 인프라 강화, ② 새로운 위험에 대한 상시 대응체계 마련, ③ 대형·복합재난에 대한 대응력 강화, ④ 국민의 안전한 일상 생활환경 구축, ⑤ 맞춤형 안전 취약계층 지원, ⑥ 국민과 함께하는 안전문화 조성 등이다.

2025년 재난안전사업은 기후위기, 잠재·복합재난 등 급변하는 국내 재난·안전 환경에 대비해 예측·예방 중심의 투자가 이뤄질 수 있도록 구성했다.

기후변화에 따른 재난피해를 최소화하기 위해 재해위험지역 전면 정비, 재난 예·경보시스템 확충 등에 투자를 확대하고, 노후 기반 시설물 보강 등 인프라를 개선한다. 주요 사업으로는 ▲재해위험지역정비(행정안전부, 6,551억 원), ▲홍수예보 및 수문조사지원(환경부, 581억 원), ▲SOC안전정보시스템(국토교통부, 55억 원), ▲산사태재난경계피난(산림청, 224억 원) 등이다.

대형·복합재난, 신종 감염병 등 새로운 재난환경에 대응하기 위해 AI·IoT·빅데이터 등 신기술을 활용한 예방·대비 인프라를 확충하고, 국가 응급 의료시스템 관리체계 강화 등에 투자를 확대한다. 주요 사업으로는 ▲재난원인조사 및 미래 대형·복합재난 대비(행정안전부, 5억 원), ▲지능형 CCTV관제체계 구축(행정안전부, 30억 원), ▲국가재난의료체계 운영(보건복지부, 76억 원), ▲119구급대 지원(소방청, 324억 원) 등이다.

일상생활에서 국민 안전을 확보하기 위해 안전한 일터 조성, 유해식품 유통 차단, 교통약자 보행안전, 사회적 약자 대상 범죄예방 등에 대한 투자도 확대한다. 주요 사업으로는 ▲유해 작업환경 개선(고용노동부, 885

억 원), ▲ 수입식품 안전관리(식품의약품안전처, 59억 원), ▲ 도로안전 및 환경 개선(국토교통부, 1조 1,319억 원), ▲ 전자감독(법무부, 350억 원) 등이다.

2023년 재난안전 모범사업 5개 선정[31]

24개 중앙행정기관이 2023년에 추진한 252개 재난안전사업을 대상으로 '재난안전사업 평가'를 실시했다. 각 부처에서 실시한 자체평가 결과에 대해 행정안전부가 평가 과정 및 정확성을 점검한 후, 부처 의견수렴을 거쳐 평가 결과를 확정하는 방식으로 진행했다.

　252개 사업을 평가하여 우수 55개(21.8%), 보통 158개(62.7%), 미흡 39개(15.5%)로 평가 등급을 확정했다. 우수사업 55개를 대상으로 민간 전문가 심사 등을 통해 사업 성과가 탁월한 5개 사업을 모범사업으로 선정했다. 선정된 모범사업의 주요 내용과 성과는 다음과 같다.

　① 농림축산식품부 '가뭄대비 용수개발(118억 원)' 사업은 농업용수 공급부족 지역에 공급시설을 확충하고 양수 장비 등을 지원하는 사업이다. 2023년 남부지방의 강수량 부족으로 가뭄피해가 우려됨에 따라 사전 용수확보 등 선제적 사업 집행을 통해 피해를 최소화했다. 또한, 주기적인 모니터링과 점검을 지속 추진하는 등의 노력도 높게 평가받았다.

　② 산업통상자원부 '일반용 전기설비 안전점검(1,092억 원)' 사업은 전기재해 사전 예방과 저소득 취약계층 대상 노후·불량 전기설비 개선 등 전기안전관리 활동을 지원하는 사업이다. 국민 생활에 밀접한 전기재해 위험요소를 발굴하고 개선했다는 점이 좋은 평가를 받았다.

　③ 환경부 '홍수예보 및 수문조사 지원(299억 원)' 사업은 홍수·가뭄 등 물 재해 대응을 위해 수문조사 자료를 생산·제공하여 홍수 및 갈수예보 등을 지원하는 사업이다. 기후위기로 인한 예측 불확실성을 해소한다는 측면에서 목적성과 효과성이 높게 평가됐다.

④ 소방청 '소방공무원 보건안전 지원(37억 원)' 사업은 소방공무원의 외상 후 스트레스 장애(PTSD) 등 심리적 치료와 일상회복을 지원하는 사업이다. 찾아가는 상담실, 24시간 콜센터 운영 등에 대한 현장 소방관 만족도가 매우 높게 평가됐다.

⑤ 산림청 '사방사업(2,210억 원)'은 산지 붕괴, 토석·나무 유출 등이 예상되는 곳에 공작물 설치, 나무 심기, 황폐지 복구 등을 추진하는 사업이다. 생활권 중심 사방시설 설치 및 체계적 관리를 통해 산사태로부터 국민 피해를 줄이는 데 이바지했다고 평가받았다.

선정된 모범사업에 대해 내년도 재난안전사업 평가대상에서 면제하는 인센티브를 제공하고, 미흡 등급을 받은 사업은 2025년도 예산요구 시 지출구조조정 대상에 포함되어 사업비 총액 1%를 감액한다.

국가안전관리기본계획에 따라 장기적인 국가 안전관리 목표 및 전략을 수립하고, 이에 따라 부처와 지자체의 실행계획을 추진한다. 이러한 틀 속에서 재난안전사업을 편성하고 사전협의를 한다. 실행계획과 재난안전사업을 매년 평가하면서 기관별 역할을 강화하고 있다.

이처럼 장단기 전략과 실행계획 수립, 사업 편성과 사전협의, 평가 및 환류 등과 같은 구조를 체계적으로 운영한다면, 효율적인 예산 운영 및 안전환경 조성에 큰 도움이 될 것이다. 관련 부처들과 지자체들이 이런 체계를 잘 이해하고 서로 연계해서 필요한 정책을 적절하게 추진해야 한다.

재난안전산업 진흥

재난안전산업은 재난이나 각종 사고로부터 국민을 보호하기 위해 기술·장비 등을 개발·생산·유통하거나 관련된 서비스를 제공하는 활동을 일컫는다. 2020년 기준 재난안전산업 규모는 총 64,141개사, 매출액 43조 7,140억 원이며, 종사자는 총 393,010명이다. 재난안전산업 발전을 위해 「재난안전산업 진흥법」을 제정했으며, 재난안전산업 진흥 기본계획을 수립했다.

재난안전산업 발전을 위한 육성방안 추진[32]

재난안전산업의 체계적인 육성을 통해 국민 안전을 강화하고자 '제1차 재난안전산업 진흥 기본계획(2024~2028년)'을 마련하고, 2023년 12월 27일 제114차 중앙안전관리위원회의 심의를 거쳐 최종적으로 확정했다. '제1차 재난안전산업 진흥 기본계획(2024~2028년)'은 2023년 1월 5일부터 시행된 「재난안전산업 진흥법」에 따라 재난안전산업 분야의 발전방안을 담은 기본계획으로 최초 수립했다. 기본계획은 "재난안전산업 기반구축 및 경쟁력 제고"라는 비전 아래 재난안전산업 분야 우수한 신기술·신제품 개발 촉진과 해외시장 진출 강화를 목표로 마련했으며, 3대 추진

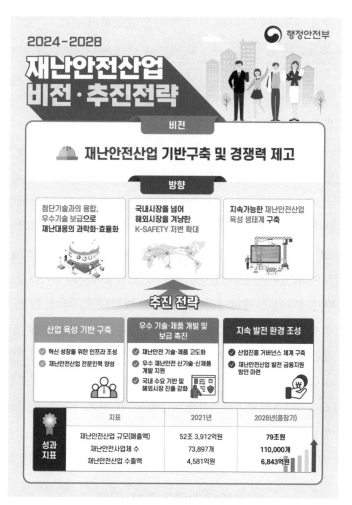

재난안전산업 비전·추진전략

전략과 19개 세부과제에 따라 향후 5년간 추진한다.

　　연구개발 기반이 취약한 국내 재난안전기업의 제품·기술 개발을 지원하기 위해 지역별 재난유형에 특화된 성능·시험인증 플랫폼을 구축하고, 제품 개발·인증 및 판로개척 등을 일괄 지원하는 재난안전산업 진흥시설 3개소를 침수, 화재, 지진에 대비해 2026년까지 구축한다. 재난안전기업의 주요 애로사항인 '전문인력 부족'을 해소하기 위해 기존 재난안전 분야 교육과정과 연계하여 활성화 방안을 마련하고, 재난안전산업에 특화된 교육과정도 새롭게 개발한다. 또한, 중앙부처, 지자체 및 공공기관 재난안전산업 담당자의 업무역량 강화를 위해 국가민방위재난안전교육원에 관련 교육과정도 신설·운영한다.

재난안전 신기술과 인증제품이 우선 활용될 수 있도록 추가 인센티브 방안을 발굴하고, 재난 현장 보급도 확대한다. 인센티브로는 국가·지방 수의계약, 중기부 우선구매대상 지정 등을 추진하며, 재해예방사업, 재해복구사업 등에 활용할 수 있게 한다. 또한, 중소 재난안전기업이 개발·보유하고 있는 우수 기술·제품에 대한 시제품 제작, 기술 융·복합 등 사업화에 필요한 연구개발비도 지속적으로 지원할 계획이다.

재난안전사업자 지지기반 확보와 재난안전산업 분야 정책 목표를 공동으로 달성할 수 있도록 재난안전산업협회의 기능을 강화하고, 행정안전부 중심 민·관 협업체계를 구축한다. 중소 영세 재난안전기업이 안정적인 자율재정 기반을 확보할 수 있도록 재난안전산업 공제조합 설립을 검토하고, 신용보증기금·기술보증기금 및 관계기관과 협의를 거쳐 보증료 할인 등 기업의 경제적 부담도 완화한다.

「재난안전산업 진흥법」 시행[33]

2022년 1월 4일 공포한 「재난안전산업 진흥법」을 2023년 1월 5일부터 시행함으로써 재난안전산업 육성정책 추진을 위한 제도적 기반을 갖추게 됐다. 주요 내용은 재난안전산업 진흥 기본계획 변경과 시행계획 수립에 관한 절차 마련, 재난안전산업 전문인력 양성에 필요한 사항 규정, 재난안전산업 진흥시설 및 단지 지정에 대한 절차 마련, 재난안전산업협회 설립 및 운영에 관한 사항 규정, 종전에 타 법령에서 운영하던 규정 정비·이관 등이다.

첫째, 행정안전부 장관은 5년마다 수립하는 기본계획 변경 시 중앙안전관리위원회의 심의를 거치며, 관계 중앙행정기관 및 지방자치단체의 장은 이에 의견을 제출할 수 있다. 매년 수립하는 시행계획에는 전년도 성과 및 해당 연도 사업 방향 등이 포함되며, 관계기관은 전년도 실적과 당해연도 추진계획을 매년 1월까지 행정안전부에 제출해야 한다.

둘째, 행정안전부와 지방자치단체는 재난안전기술 개발 및 사업화 등에 관련된 교육훈련을 실시할 수 있으며, 훈련시설 등 일정 기준을 충족하는 대학·연구기관 등을 양성기관으로 지정하고 경비를 지원할 수 있다.

셋째, 행정안전부와 지방자치단체는 중소기업 입주기관 등 일정 요건을 갖춘 시설을 재난안전산업 진흥시설로 지정 및 관리할 수 있다. 행정안전부와 지방자치단체는 지역 산업 연계 등을 고려하여 국토교통부 장관에게 「산업입지 및 개발에 관한 법률」에 따른 재난안전산업 진흥단지 지정을 요청할 수 있다.

넷째, 재난안전산업 발전과 사업자의 공동이익을 위해 설립하는 재난안전산업협회 설립 요건인 설립 등기, 정관 등을 명시하고, 설립 허가 시 그 사실을 공고하도록 했다.

다섯째, 「재난 및 안전관리 기본법」 시행령 등에 규정된 재난안전제품 인증, 재난안전기술 사업화 지원 등과 같은 사업을 진흥법의 하위법령으로 이관하고, 「자연재해대책법」에 따라 자연재난 분야에 한정하여 운영 중인 방재 신기술에 사회재난을 포함하여 확대 운영하도록 진흥법 시행령 등으로 정비·이관했다.

재난안전산업은 5개 대분류, 16개 중분류, 71개 소분류로 특수분류된다. 산업 특수분류는 「통계법」 제22조제2항에 따라 한국표준산업 중 특정 분야에 해당하는 항목을 재구성한 분류로서 관련 산업 통계 작성을

재난안전산업 특수분류

대분류(5)	중분류(16)	소분류(71)
1. 자연재난 예방산업	11. 풍수해 관련 자연재난 예방산업	5개 소분류
	12. 지진 및 화산활동 관련 자연재난 예방산업	5개 소분류
	13. 기타 자연재난(황사, 대설, 폭염 등) 예방산업	9개 소분류
2. 사회재난 예방산업	21. 화재 및 폭발·붕괴 관련 사회재난 예방산업	5개 소분류
	22. 교통사고 관련 사회재난 예방산업	5개 소분류
	23. 감염병, 화생방, 환경오염 관련 사회재난 예방산업	4개 소분류
	24. 기타 안전사고 관련 예방산업(산업재해, 범죄, 보안 등)	7개 소분류
3. 재난대응 산업	31. 재난 상황관리 관련 산업	5개 소분류
	32. 재난지역 수색 및 구조·구급 지원산업	8개 소분류
	33. 재난대응 의료 및 방역 관련 산업	3개 소분류
4. 재난복구 산업	41. 시설피해 복구산업	3개 소분류
	42. 재난현장 환경 정비산업	2개 소분류
5. 기타 재난 관련 서비스업	51. 재난 관련 시스템 개발 및 관리업	3개 소분류
	52. 재난 관련 안전시설 관리, 위험물품 보관 및 경비·경호업	3개 소분류
	53. 재해보험서비스업	1개 소분류
	54. 재난 관련 교육·상담·컨설팅업	3개 소분류

위해 통계청 승인을 거쳐 등록된다.

특화 재난안전산업 진흥시설 조성[34]

산·학·연·관이 상호 협력하여 지역에 주요 재난유형별 재난안전산업 육성 거점을 구축하는 재난안전산업 진흥시설 공모사업을 2023년부터 추진하고 있다. 2023년 첫 번째 재난안전산업 진흥시설로 전북 지역에 침수안전산업 진흥시설을 선정하여 2026년까지 조성 사업을 진행한다.

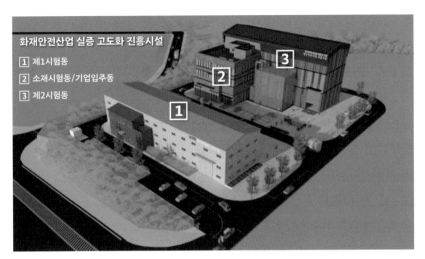

화재안전산업 실증 고도화 진흥시설 조감도

2024년에는 경남지역을 두 번째 재난안전산업 진흥시설로 선정해서 6월부터 조성에 본격 착수했다.

세 번째 재난안전산업 진흥시설은 충남지역 '화재안전산업 실증 고도화 진흥시설'이 선정됐다. 진흥시설 조성을 위해 2024년부터 2026년까지 3년간 기반 구축에 필요한 소요 예산 100억 원과 연구개발 과제비 40억 원 등 총 140억 원을 투입한다.

화재안전산업 실증 고도화 진흥시설은 건축 자재 내화시험과 화재 대응·복구 등에 사용되는 ▲재난안전 기술과 제품에 대한 성능시험·평가, ▲연구개발, ▲국내·외 판로개척 등을 종합적으로 지원한다. 건축 자재 내화시험과 국내 화재·가스감지기 및 소방설비 생산 등 화재안전산업 분야에 종사하는 기업은 진흥시설에서 시험·평가를 받을 수 있어 국외 인증 등에 따른 기업 부담을 경감할 수 있다.

「재난안전산업 진흥법」 제정과 시행을 통해 재난안전산업 발전을 위한 제도적 기반을 마련했다. 이를 통해 재난안전산업 진흥 기본계획을 5년마다 수립하고, 우수한 신기술·신제품 개발 촉진과 해외시장 진출 강화 등을 추진하고 있다.

2026년까지 구축될 재난안전산업 진흥시설은 지역의 주요 산업 거점으로 성장하고, 관련 기업이 다양한 지원을 받을 수 있는 토대를 마련했다. 적극적인 산업 진흥 노력을 통해 재난안전산업이 더욱 발전할 수 있는 체계 구축을 기대한다.

승강기 안전과 승강기 산업

엘리베이터와 에스컬레이터 등 승강기는 우리 일상에 없어서는 안 될 존재가 됐다. 하지만 승강기가 제 기능을 하지 못하면 큰 불편을 초래하거나 심지어 안전에 심각한 위협이 될 수 있다. 세계 7위 수준 승강기 설치 국가로서 승강기 산업을 육성해서 국가 경제에 이바지하는 역할도 필요하다. 안전한 승강기 운행과 승강기 산업 발전을 위한 투자와 지원이 모두 중요한 상황이다.

정지된 노후 승강기 운행 재개

승강기 정밀안전검사 불합격으로 2주 넘게 운행이 중단된 인천지역 아파트 단지에서 승강기 운행을 조건부로 재개했다. 폭염으로 노약자 이동이 불편한 상황과 응급환자 이송 지연 등 주민 불편을 우려한 한시적인 조치였다.

「승강기 안전관리법」에 따라 공동주택 노후 승강기에 대해 정밀안전검사 시 안전부품 8종이 미설치된 경우 운행이 금지된다. 그러나 2024년 6월부터 지속된 폭염으로 주민 불편과 안전부품 수급 및 설치공사 지연 등이 우려되어 특별 조치를 마련했다. 운행이 정지된 공동주택 승강기는 '2개월 이내 안전부품 설치 완료'에 대한 계약을 진행한 뒤, 한국승강기안전공단 정밀안전검사에서 안전이 확인되면 현장에 안전관리기술자를 배치해 운행을 재개할 수 있다. 설치 이행기간을 2개월 동안 한시적으로 연장했다. 이 조치는 8월 말까지 안전부품을 설치해야 하는 전국 공동주택 승강기에 모두 적용했다.[35]

경기도에서는 장기수선계획을 표준화하고 도가 직접 아파트 장기수선계획을 검토하고 컨설팅하는 방안을 추진했다. 장기수선계획은 엘리베이터 등 아파트 주요 공용 시설의 교체나 보수를 위해 장기수선 대상과 수선 주기를 정하고, 매월 일정 금액 장기수선충당금을 적립하는 제도다. 아파트 사업주체는 준공 후 사용승인 전에 장기수선계획을 제출해 시·군으로부터 승인을 받아야 한다. 문제는 사업 주체가 최초 장기수선계획을 수립하는 과정에서부터 표준매뉴얼 없이 작성되고, 검증조차 없어 부실하게 수립된 계획서가 관리주체에게 인계되는 경우 장기수선충당금 과소 적립으로 이어진다. 이에 따라 시설물 관리 소홀로 안전사고 및 분쟁과 갈등 발생 원인이 된다는 점이다. 경기도는 이런 문제를 개선하기 위해 장기수선계획을 표준화해 시스템에 등록하고, 경기도 관리자문단 검증을 통해 적정성을 검토하는 서비스를 제공한다. 이를 통해 건강한 성능을 유지하는 100년 아파트 준비를 지원한다.[36]

경복궁역 에스컬레이터 역주행 사고

2023년 12월 지하철 3호선 경복궁역 에스컬레이터 역주행 사고가 발생했다. 이에 따라 10여 명이 부상했으며, 이 중 2명을 병원으로 이송했다. 당시 사고 원인은 구동기 내 감속기 기어 마모로 밝혀졌다. 행정안전부는 한국승강기안전공단을 통해 사고 기기의 역주행 원인에 대해 전문 조사하고, 1차 조사 결과 구동기 내 감속기에서 기어 마모·파손을 확인했다.

추가 전문조사에서는 감속기 기어 마모 원인 및 역주행 원인이 되는 각종 요인에 대해 세부조사를 시행했다.[37]

후속 조치도 이어졌다. 행정안전부는 많은 국민이 이용하는 지하철 역 등에서 에스컬레이터로 인한 사고가 발생하지 않도록 2024년 말까지 75억 원을 지원해서 지방교통공사 소관 전국 지하철 에스컬레이터에 역주행 방지장치를 모두 설치할 계획이다. 2024년 1월 현재 역주행 방지장치 없이 운영 중인 전국 지하철 에스컬레이터는 서울교통공사 547기 등 총 1,061기다.[38]

어린이 승강기 안전교육[39]

2019~2021년 3년간 승강기 사고 232건 중 어린이 안전사고는 15건인 6.5%로, 어린이가 승강기 이용에 미숙하여 발생한 사고였다. 이처럼 안전사고에 취약한 어린이의 올바른 승강기 이용문화 정착을 위해 2022년 하반기 전국 초등학교 1학년을 대상으로 '승강기 안전교육'을 시행했다. '승강기 안전교육'은 행정안전부가 한국승강기안전공단과 함께 안전한 승강기 이용문화의 조기 정착을 위해 2014년부터 진행해온 교육사업으로, 2022년에는 어린이용 교재 외에 교육 영상을 추가 제작하여 전국 초등학생 약 43만 명을 대상으로 교육을 진행했다.

교육 교재는 「내 친구 승강기」라는 제목으로 승강기 종류, 안전한 이용 방법, 사고사례와 예방대책 등 어린이의 눈높이에 맞게 구성했으며, 총 50만 부를 제작하여 6,209개 초등학교에 배포했다. 교재는 일선 초등학교 교사의 의견을 적극 반영하여 승강기 안전수칙 이야기를 그림으로 표현할 수 있도록 그림 일기장을 수록했다. 또한, 필기와 색칠이 수월하도록 무광 용지로 제작하고, 그림과 사진 크기를 기존보다 확대하여 활용도와 시인성을 높였다.

교육 영상[40]

　　교육 영상은 어린이의 관심과 흥미를 유도하기 위해 인기 유튜버 헤이지니가 출연하는 교육용 콘텐츠로 제작했으며, 승강기 안전수칙을 더욱 쉽게 이해하고 실천할 수 있게 했다. 영상은 한국승강기안전공단 유튜브 채널을 통해 가정에서도 시청할 수 있으며, 「내 친구 승강기」 교재와 병행 교육도 가능하다.

　　이 외에도 '승강기 안전체험차량'을 활용하여 전국 초등학교를 대상으로 승강기 안전체험교육도 실시했다. 승강기 안전체험차량은 승강기 갇힘 사고 대처 등 체험시설을 갖추고, 휠체어를 이용하는 취약계층도 체험교육을 받을 수 있도록 제작된 특수차량이다. 상대적으로 안전사고에 취약한 미취학아동, 고령자 및 장애인 등과 같은 안전취약계층을 대상으로 '승강기 안전사고예방' 교육을 확대하고, 지속해서 다양한 교육사업을 추진할 계획이다.

「승강기산업 진흥법」 제정[41]

우리나라는 세계 7위 수준인 총 82만여 대의 승강기를 보유하고 있고, 연간 신규 설치 대수는 4만여 대로 세계 3위 수준이다. 이런 승강기 산업이 새로운 성장동력 기반을 마련하고, 기술경쟁력 확보를 통해 업계 자생력을 제고할 「승강기산업 진흥법」 제정안이 2024년 1월 국회를 통과했다. 제정된 법안은 승강기 업계의 오랜 염원을 반영했다. 그동안 승강기산업 육성을 위해 국내·외 판로개척 등 다양한 지원과 진흥에 대한 지속적인 요구가 있었으나, 안전관리를 중심으로 하는 법령만으로는 승강기산업을 체계적으로 육성·발전하는 데 어려움이 있었다.

　제정안은 승강기산업이 성장할 수 있는 기반 조성과 체계적인 육성을 추진하기 위해 ▲승강기산업 진흥 기본계획 및 시행계획 수립, ▲승강기산업 실태조사, ▲정보체계 구축, ▲연구·개발사업, ▲진흥활동, ▲해외진출 지원, ▲승강기사업자협회 설립, ▲승강기산업발전협의체 운영 등을 담고 있다. 특히, 승강기는 불특정 다수의 모든 국민이 이용하는 국민 생활 밀접시설로서, 고품질 부품 개발·보급과 우수 기술인력 양성 등 승강기 관련 산업 육성은 최종적으로 승강기 이용자인 국민 안전을 강화하는 데 이바지할 수 있다.

　2024년 7월 31일 「승강기산업 진흥법」 시행을 앞두고 하위법령 제정안을 마련해서 4월 29일부터 6월 10일까지 입법예고 했다. 하위법령 제정안에는 승강기산업 실태조사 범위·방법, 연구개발사업 협약 체결

대상기관, 업무 위탁 등 법률에서 위임한 사항을 구체화했다. 법률에서 위임한 사항 외에도 기본계획(5개년)과 시행계획(매년) 수립 절차 및 내용 등을 포함하여 중·장기적 계획을 내실 있게 수립할 수 있도록 했다. 이를 기반으로 승강기산업 진흥을 위해 ▲저가입찰 경쟁 방지를 위한 실적증명 정보시스템 구축, ▲제품 국산화를 위한 테스트베드 건립 등 다양한 육성사업을 발굴·시행할 계획이다. 아울러, 설치·유지관리 전문인력 양성 교육 사업, 고품질 승강기 안전제품 연구개발사업 등 업계의 자생력을 높일 수 있는 정책도 추진할 예정이다.[42]

승강기 산업복합관 건립[43]

승강기 전문인력 양성을 통한 안전관리 강화와 지역균형발전을 위해 경남 거창군에 건립한 '승강기 산업복합관'을 2024년 5월 개관했다. '승강기 산업복합관' 건립 사업은 2019년 국가와 지자체 간 지역발전투자협약을 통해 시작했으며, 국비·지방비 등 총 241억 원을 들여 행정안전부 산하기관인 한국승강기안전공단이 사업을 수행했다.

　'승강기 산업복합관'은 연면적 6천 m²인 약 1,800평 규모로 지하 1층~지상 3층 규모의 건물이다. 이곳에는 수준별 승강기 기술인력 양성 교육을 위해 약 200명을 수용할 수 있는 대강당과 5개 강의실, 총 13종 교육장비 등을 도입했다. 신제품 연구개발 지원을 위한 12종 실험설비와 함께 심도 있는 교육 운영을 위해 약 60명을 수용할 수 있는 기숙사와 식당도 갖추었다.

　또한, 승강기 인증 업무를 원활하게 수행하고, 중소기업 제품개발 지원을 위해 125m 높이의 '승강기 시험타워'를 건립하고 있다. 시험타워는 산업복합관과 같은 사업부지에 2024년 말까지 완공을 목표로 추진 중이다. 이를 통해 향후 국내 승강기산업을 중추적으로 이끌어갈 국내 유일의

'승강기산업 클러스터' 조성이 기대된다.

　　아파트 장기수선계획 수립과 장기수선충당금 적립 시 승강기 점검과 보수보강 관련 사항을 구체적으로 반영할 수 있어야 한다. 갈수록 늘어나는 승강기 규모를 생각할 때, 승강기 안전 확보는 국민 안전과 직결되는 사안이다. 관련 법을 적용할 때 준비가 미흡한 승강기에 대한 탄력적인 제도 운용이 필요할 수 있으므로 정부와 지자체는 이런 부분을 고려해서 현실적인 정책을 추진해야 한다.

　　「승강기산업 진흥법」 시행과 승강기 산업복합관 건립 등을 통해 국내 승강기산업 발전을 위한 토대를 구축하고, 세계 승강기산업에서 중추적인 역할을 할 수 있는 체계를 만들어가야 할 중요한 시기다.

8장

재난 대비

재난훈련

일상이 안전한 나라를 만들기 위해 실전 중심 재난훈련을 시행하고 있다. 기존 안전한국훈련에 더해 어린이 재난안전훈련과 레디 코리아(READY* Korea) 훈련을 함께 진행하며, 을지연습과 민방위훈련도 시행한다. 국민이 안전을 피부로 체감할 수 있는 훈련을 실전과 같이 실시하고, 이를 통해 재난대응 능력을 확보해야 한다.

2024년 재난대비훈련 계획[1]

정부는 2024년 국가 재난대비훈련 지침인 「2024년 재난대비훈련 기본계획」을 수립해서 중앙부처, 지자체, 공공기관, 교육청, 학교 등에 통보했다. 훈련 기본계획은 2024년 정책목표인 '어린이 안심환경 조성'과 '기후위기 시대 재난대응 역량 확보'를 위해 어린이가 주도하는 '어린이 재난안전훈련' 활성화와 대규모 복합재난에 대비하는 행정안전부 주관 '레디코리아 훈련' 확대를 중점적으로 추진한다. 또한 풍수해·화재 등 반복되는 재난 피해를 최소화하기 위해 중앙부처, 지자체, 공공기관이 주관하는

★   READY: Real event Exercise with Aspiration and Desire for safetY

종합훈련인 '재난대응 안전한국훈련'과 기관별 자체 훈련을 연중 상시 실시한다.

'어린이 재난안전훈련'은 어릴 때부터 위험 상황에 대처할 수 있는 능력을 배양하기 위해 어린이가 계획하고 주도하는 훈련으로, 유치원, 초·중·고등학교, 특수학교 학생을 대상으로 3월부터 12월까지 실시한다. '어린이 재난안전훈련'은 2016년 2개 초등학교 시범훈련을 시작으로 2023년 총 188개 초·중·고등학교로 확대했다. 2024년은 더 많은 어린이가 훈련을 경험할 수 있도록 행정안전부와 교육부가 협의하여 훈련 운영체계를 개편했다.

'레디 코리아 훈련'은 기후위기, 도시 인프라 노후화 등 잠재된 위험 요인이 겹쳐서 발생하는 대형·복합재난에 대비하기 위해 2023년 처음 도입한 범국가적 대응체계 점검·강화를 위한 훈련이다. 그간 경험하지 못한 재난에 대비하여 행정안전부 주관, 중앙재난안전대책본부 중심으로 관련 기관의 대응역량을 총집결하여 실전과 같이 대응하고 대응체계를 점검한다. 2023년 2회 실시했던 훈련을 2024년에는 4회로 확대 시행하며, 3월 대규모 산업단지 재난을 시작으로 항공기 사고 상황 등을 가정하고 훈련한다.

'재난대응 안전한국훈련'은 기관별 위기관리 매뉴얼을 토대로 2024년 상·하반기 두 차례에 걸쳐 실시한다. 시기별로 자주 발생하는 재난 유형을 고려해 상반기(5월)에는 풍수해·지진·산사태 대비훈련을, 하반기(10월)에는 화재·산불 대비훈련을 중점적으로 실시한다. 특히, 최근 3년간 호우 또는 태풍으로 인해 특별재난지역이 선포되었던 지역을 포함하여 총 85개 지자체는 상반기에 풍수해 훈련을 의무적으로 실시했다. 또한, 인명피해를 줄이기 위한 지역의 초동대응 역량을 강화하기 위해 현장 자체 대응 인력과 기초자치단체의 임무·역할 등을 중점적으로 점검한다.

어린이 재난안전훈련

교육부, 교육청, 교육지원청은 '안전한국훈련'을 '어린이 재난안전훈련'으로 대체하고, 500개 이상 학교 참여를 목표로 다양하고 재미있는 훈련 프로그램을 제공한다. 훈련방식은 기본훈련과 심화훈련으로 다양화하여 학교별로 선택할 수 있도록 하고, 어린이의 흥미를 더하는 다양한 체험활동을 준비했다. 기본훈련을 선택한 학교는 8개 훈련 프로그램 중 2~3개를 자유롭게 선택하여 주 1회 1시간씩 2주간 훈련할 수 있다. 심화훈련을 실시하는 학교는 어린이의 충분한 안전 역량 확보를 위해 훈련 시나리오 작성과 대피훈련을 필수로 포함하여 주 1회 1시간씩 3~5주 동안 훈련한다. 추가로 보드게임, 현장훈련 등 체험 중심 프로그램도 선택할 수 있으며, 확장현실(XR, eXtended Reality) 장비를 활용한 가상안전체험 프로그램도 지원한다. 어린이 재난안전훈련에 참여를 원하는 학교는 각 시·도 교

어린이 재난안전훈련 기본훈련 프로그램

① 재난 이해하기-1	재난개념 설명, 예방사례 소개
② 재난 이해하기-2	유엔재난위험경감사무국(UNDRR) 리스크랜드 게임, 해저드빙고 게임과 함께 재난 이해하기
③ 실천하기	재난 경험 공유, 위험요인과 예방법 찾기, 재난 경감 안내서 만들기
④ 대피지도 그리기-1	재난이 발생했을 때 효과적으로 대피할 수 있는 이동통로 찾기
⑤ 대피지도 그리기-2	다양한 재난상황에 맞는 대피경로를 모둠별로 평면도에 그리기
⑥ 유관기관 역할 체험	유관기관(소방관, 경찰관 등) 역할 알아보기, 소화기·심폐소생술·응급처치 등 체험
⑦ 대피훈련 준비	대피 시나리오 작성 및 모의훈련(리허설) 실시
⑧ 대피훈련 실시	현장 대피훈련 실시 및 의견 나눔

어린이 재난안전훈련 심화훈련 프로그램(5주 훈련 예시)

1주차	재난 이해하기, 역할 체험 모둠(주변 환경 조사, 관계기관 역할 정리)
2주차	대피경로 작성(대피지도 제작, 재난대응 요령 작성, 소화전 위치 파악)
3주차	대피 및 역할 체험 시나리오 작성, 모의훈련 실시
4주차	현장 대피훈련 실시, 결과 보고, 의견 나눔, 설문조사
5주차	체험형 교육 실시[확장현실(XR) 훈련 프로그램 등]

육청 안전 관련 부서에 신청하면 된다. 참여 학교에는 재난 분야와 어린이 교육에 전문성을 갖춘 강사가 배정되어 훈련을 지원하고, 재난훈련 우수학교 사례와 훈련 준비 체크리스트 등이 포함된 가이드북을 제공한다.

레디 코리아 훈련

2024년 첫 번째 레디 코리아 훈련을 환경부, 고용노동부, 충청남도, 서산시, 한국산업안전보건공단 등 35개 관계기관 합동으로 3월 27일(수) 실시했다. 이번 훈련은 국내 3대 석유화학단지인 중 하나인 충남 대산산업단지 공장에서 폭발·화재가 발생하여 유해화학물질이 유출되는 상황을 가정하여 실시했다. 실전에 준하는 훈련을 통해 상황인지 및 전파체계 점검, 기관별 초기 대응역량 및 협력체계 강화, 위기대응기구 가동 등을 중점적으로 훈련·숙달했다.[2]

훈련은 2012년 9월 경상북도 구미산단에서 발생한 불산가스 누출로 대규모 주민피해가 발생한 사례를 참고하여 실제 산업단지에서 발생할 우려가 있는 복합재난 상황으로 설정했다. 벤젠, 톨루엔 등을 생산하는 공장에서 탱크로리 차량으로 톨루엔을 출하하는 과정에 발생한 폭발·화재가 공장까지 확산하면서, 인체에 유해한 벤젠과 톨루엔 증기가 주거지역으로 확산하는 복합적 재난에 대응하는 훈련이다.

대규모 산업단지에서 실시한 이 훈련은 2012년 구미 불산가스 누출 사고 같은 유해화학물질에 의한 대규모 주민피해를 방지하기 위한 목적이었다. 환경부, 소방청, 지자체, 공공기관 등 관계기관이 총력 대응하여 유해화학물질 유출을 조기에 차단하는 대응체계를 실제로 점검했다는 데 의의가 있다. 또한 오염물질과 혼합된 진화용수가 바다로 유출되는 위험에 처하는 등 연쇄적으로 발생하고 예측이 어려운 복잡한 재난상황을 설정하고, 관계기관이 유기적으로 협력하여 이에 대응할 수 있는 역량을 기르는 데 중점을 두었다.

두 번째 레디 코리아 훈련은 국토교통부, 인천광역시, 중구, 인천국제공항공사 등 21개 관계기관 합동으로 6월 5일(수) 실시했다. 훈련 상황은 실제 공항에서 발생할 우려가 있는 복합재난 상황이다. 2022년 10월 필리핀 세부 국제공항에서 여객기가 착륙 중 활주로를 이탈하여 공항시설과 충돌한 사례를 참고했다. 급변풍 (Wind Shear, 급격한 풍향·풍속 변동) 경보 속에서 인천국제공항에 착륙 중이던 여객기가 순간 돌풍에 밀려 활주로를 이탈하면서 지상 승객용 버스와 충돌하고, 여객기 화재와 대규모 사상자가 발생하는 복합적 재난 상황을 가정해서 훈련했다.[3]

레디 코리아 훈련 안내문

훈련은 기후변화에 따른 난기류 발생 증가 등 항공기 사고 위험이 가중되는 상황에서 범정부가 총력 대응하여 인명피해를 최소화하는 대응체계를 실제로 점검하는 데 중점을 두었다. 이를 위해 신속동료구조팀을 투입하여 항공기 내 고립된 소방관을 구출하고 119항공대 헬기를 출동시켜 응급환자를 이송하는 등 관계기관이 유기적으로 협력·대응해야 하는 상황을 설정함으로써 복합 재난 대응 역량을 키울 수 있도록 했다.

재난대응 안전한국훈련

5월 하순에 진행된 '2024년 상반기 안전한국훈련' 실시에 앞서 4월 29일 부터 5월 10일까지 '안전한국훈련 시범훈련'을 실시했다. 안전한국훈련 을 좀 더 실전과 같이 운영해서 그 효과성을 높이기 위해 2022년부터 시 범훈련을 실시했다. 2023년에도 한국가스공사, 전라남도와 여수시 등 8개 기관에서 가스사고 대응, 유해화학물질 등에 대한 시범훈련을 실시 한 바 있다. 시범훈련에서는 2024년 훈련의 중점·변경사항을 사전에 적 용하면서, 훈련기관들이 참관단으로 참여하여 훈련 절차와 방법을 미리 학습했다.[4]

시범훈련에서는 ▲위험지역 사전통제와 실제 주민대피, ▲긴급구조 기관 도착 전 초동대응, ▲수습·복구단계 지자체의 총괄·조정, ▲자원봉 사 등 민간의 적극적 훈련 참여 등을 중점적으로 점검했다. 특히 최근 3년 간 특별재난지역이 선포된 54개 지자체가 풍수해 훈련을 의무적으로 실 시해야 하는 상황을 고려해서 지하도 침수, 집중호우로 인한 산사태, 지 하철역 침수 등을 중심으로 12개 기관을 시범훈련기관으로 선정했다.

5월 20일 경기 화성시, 경남 김해시 훈련을 시작으로 31일까지 88개 기관 주관으로 '2024년 상반기 재난대응 안전한국훈련'을 실시했다. 2024 년 안전한국훈련은 주요 재난유형별 빈발 시기를 고려하여 상·하반기로 구분하여 실시했다. 상반기에는 풍수해 등 자연재난, 하반기에는 화재· 산불 등 사회재난 대비훈련을 중점적으로 진행했다. 특히, 최근 3년간 호

전남 여수시 유해화학물질 대응 시범훈련

우·태풍으로 특별재난지역이 선포되었던 지자체는 주민대피가 포함된 풍수해 훈련을 의무적으로 실시했으며, 이에 따라 상반기 88개 훈련기관 중 59개(67%)가 풍수해 대비훈련을 시행했다. 중앙부처 20개, 지자체 241개, 공공기관 64개 등 총 325개 기관이 훈련에 참여했다.[5]

2024년 안전한국훈련 계획

구분			훈련기관 수
상반기	시범훈련 (4.29.~5.10.)	중앙부처	1
		시·도	2
		시·군·구	3
		중앙공공기관	5
		지방공공기관	1
		소계	12

구분			훈련기관 수
상반기	본훈련 (5.20.~31.)	중앙부처	2
		시·도	3
		시·군·구	52
		중앙공공기관	27
		지방공공기관	4
		소계	88
하반기	시범훈련 (9.23.~27.)	중앙부처	1
		시·도	–
		시·군·구	3
		중앙공공기관	2
		지방공공기관	2
		소계	8
	본훈련 (10.21.~11.1.)	중앙부처	16
		시·도	10
		시·군·구	168
		중앙공공기관	20
		지방공공기관	3
		소계	217
계			325

을지연습과 민방위훈련[6]

국가 비상대비태세 확립을 위해 2024년 8월 19일(월)부터 22일(목)까지 4일간 전국 단위 을지연습을 실시했다. 을지연습은 전시·사변 또는 이에 준하는 국가비상사태 발생 시 국가와 국민의 생명과 재산을 보호하기 위해 정부 차원에서 비상대비계획을 검토·보완하고, 전시 임무수행 절

을지연습 안내문

차를 숙달시키기 위해 연 1회 전국 단위로 실시하는 비상대비훈련이다. 한·미 연합 군사연습과 연계해 '을지 자유의 방패(을지프리덤실드)'라는 이름으로 시행했으며, 읍·면·동 이상 행정기관과 공공기관·단체, 중점관리대상업체 등 약 4천 개 기관, 58만 명이 참여했다.

　드론·사이버 공격 등 다양한 위협과 실제 전쟁 상황을 분석해 우리나라 실정에 맞는 훈련 상황을 부여하고, 중앙·지방행정기관 간 상황 전파, 의사결정 등 실시간 상황조치 연습을 실시했다. 다중이용시설 등 국가중요시설 테러에 대비해 민·관·군·경 통합대응 훈련과 정부·민간 전산망에 대한 사이버 공격 대응 훈련도 실시했다. 특히, 2024년 들어 처음으로 공무원 비상소집훈련을 을지연습 시작 전인 8월 14일 불시에 시행했다. 그간 을지연습 첫날 시행하던 관행에서 벗어나 예상치 못한 긴급상황에서 공무원 소집 태세, 비상 전파체계 등을 점검하고 보완했다.

　서해5도, 접적(接敵)지역 등 지역 특성을 고려한 주민 참여 훈련과 전 국민이 대피하는 민방위훈련도 실시했다. 서해5도 지역은 출도 주민 구호 및 수용 훈련, 접적지역은 마을 단위 주민대피 훈련 등을 시행했다. 을지연습 마지막 날인 22일에는 전 국민이 참여하는 공습대비 민방위훈련을 실시했다. 훈련 공습경보 사이렌을 발령하고, 주민대피 훈련과 긴급차량 차로 확보를 위한 차량 이동통제훈련 등을 실시했다. 훈련 당일 국민 불편을 최소화하기 위해 카카오맵, 네이버맵, 티맵 등을 통해 차량 이동통제 훈련을 시행하는 구간을 우회하도록 안내했다.

재난 상황에 효율적으로 대응하기 위해서는 평소 훈련이 중요하다. 훈련을 통해 필요하거나 부족한 부분을 찾아내고, 이를 보완하는 과정도 중요하다. 훈련을 계획하고 시행한 후 이를 평가해서 환류하는 과정을 지속해서 반복해야 한다.

이런 훈련은 귀찮고 번거롭고 불편할 수 있다. 하지만 훈련을 통한 준비는 실제 재난상황에서 큰 효과를 발휘한다. 자연재난은 그 피해를 최소화하는 데 도움을 주며, 사회재난은 재난 자체가 발생하지 않게 할 수 있다. 만약 사회재난이 발생하더라도 치명적인 피해로 확산하는 상황을 방지할 수 있다.

재난에 관련된 모든 기관이 철저히 훈련을 기획하고 차질 없이 수행하여 일상이 안전한 나라를 함께 만들어가야 한다.

재난심리와 재난트라우마 치료

대형 재난이 발생할 때마다 피해자와 관계자가 겪는 심리적인 충격은 매우 크며, 국가 차원에서 적극적인 도움이 필요하다. 2024년 6월에도 전라북도 부안 지진과 경기도 화성 화재로 인한 피해자와 유가족 등을 대상으로 심리지원서비스를 제공했다. 이러한 지원을 통해 국가에서는 트라우마센터, 재난심리회복지원센터 등을 운영해서 심리적인 피해 최소화를 위해 노력하고 있다.

재난 피해자, 유가족 등 심리지원[7]

2024년 6월 24일 발생한 경기도 화성시 리튬전지 공장화재 유가족 및 부상자 등을 대상으로 국가트라우마센터를 중심으로 한 '화성 공장화재 통합심리지원단'을 구성해서 심리지원서비스를 제공했다. 통합심리지원단은 보건복지부 국가트라우마센터, 행정안전부 재난심리회복지원센터, 고용노동부 직업트라우마센터, 경기도정신건강복지센터, 화성시정신건강복지센터, 관련 민간전문학회 등으로 구성했다. 민간전문학회는 한국트라우마스트레스학회, 대한신경정신의학회, 한국심리학회, 한국정신건강사회복지학회, 한국정신간호학회 등이 참여했다.

통합심리지원단

국가트라우마센터는 유가족 및 부상자를 대상으로 정신건강전문가가 심리적 응급처치(PFA★), 마음건강평가, 심리상담 등을 실시하고 있다. 심리적 응급처치(PFA)란 트라우마나 위기사건으로 고통을 겪고 있는 사람들에게 제공하는 인도적·지지적·실질적 지원을 의미한다. 이 외에도 '마음안심버스'를 통해 찾아가는 심리지원 활동을 지원하고, 심리안정용품 등을 제공했다.

직업트라우마센터는 화재 발생 사업장 및 인근 사업장 근로자 대상, 경기도 재난심리회복지원센터는 분향소 방문객 대상, 화성시 정신건강복지센터는 화재사고 인근 주민을 대상으로 심리지원을 제공했다. 필요 시 민간전문학회 등을 통해 재난경험자 대상 집단상담 및 교육 등을 추가 제공했다.

★　Psychological First Aid

　2부. 재난Disaster

심리적 응급처치(PFA)

    화재로 마음이 힘든 국민은 누구든지 시·도 재난심리회복지원센터에 방문 또는 전화(1670-9512)하거나, 보건복지부 정신건강 위기상담으로 전화(1577-0199)하면 심리상담을 받을 수 있다.[8]

    6월 12일 전북 부안 지진으로 불안해하는 주민의 심리적 안정을 돕기 위해 전북도, 대한적십자사 재난심리회복지원센터와 협업하여 찾아가는 심리지원을 지진 발생 다음 날부터 실시했다. 재난심리회복지원센터는 전국 17개 시·도에 있으며, 재난심리 활동가 총 1,315명이 자원봉사 형태로 활동하고 있다. 재난심리 활동가들은 각 마을 단위로 방문하여 심리지원을 했다. 부안군청 앞에도 심리지원 상담 부스를 설치하여 누구든지 심리상담을 받을 수 있도록 지원했다.[9]

이태원 사고 대국민 심리지원[10]

2022년 이태원 사고 이후 사고를 직간접적으로 경험하여 심리적·정서적 불안을 겪고 있는 국민이 심리적 안정을 찾을 수 있도록 관계부처 합동으로 재난심리회복지원 24시간 직통 전화인 핫라인을 운영했다. 관계부처에는 보건복지부, 여성가족부, 행정안전부 등을 포함했다.

보건복지부는 이태원 사고 발생 직후 국가트라우마센터를 중심으로 한 통합심리지원단 및 정신건강 위기상담 직통 전화(1577-0199)를 운영하여 유가족, 부상자와 가족, 목격자, 일반 국민을 대상으로 심리지원을 제공했다. 심리상담 과정에서 심층 관리가 필요한 경우에는 정신건강의학과 전문의 등 민간 전문가와 연계하여 심층 상담을 진행하고, 지역사회 기초정신건강복지센터와 연계하여 필요한 정신건강 서비스를 제공했다.

이태원 사고 관련 범정부 재난심리지원 상담전화

여성가족부는 청소년 상담 전화 1388을 통해 이태원 사고로 인해 심리적 어려움을 겪고 있는 청소년에 대한 심리·정서 상담을 지원했다. 또한, 다누리 전화 상담실(1577-1366)을 통해 통역이 필요한 외국인을 대상으로 국가트라우마센터와 연계해서 12개 언어에 대한 통역을 지원했다. 12개 언어는 영어, 중국어, 일본어, 베트남어, 몽골어, 타이어, 라오어, 타갈로그어, 네팔어, 러시아어, 우즈베크어, 크메르어 등이다.

행정안전부는 지역사회 주민 등 이태원 사고 발생 이후 심리적 어려움을 겪는 일반 국민을 대상으로 심리지원을 제공한다. 재난심리회복지원센터 직통 전화(1670-9512)로 전화하면 전국 17개 시·도에서 국민 누구나 24시간 심리상담을 받을 수 있다.

재난심리회복지원센터[11]

재난심리회복지원사업은 재난 발생 초기에 재난경험자에게 심리상담을 제공하여 심리적 충격을 완화하고 빠르게 일상생활로 복귀할 수 있도록 지원하는 사업으로 2008년 시작했다. 지원대상은 이재민, 일시 대피자뿐만 아니라 재난 구호·봉사·활동 참여자, 목격자 등 재난으로 심리회복 지원이 필요한 모든 재난경험자다.

재난심리회복지원센터는 「재난 및 안전관리 기본법」과 「재난구호법」에 근거해서 출발했으며, 재난경험자의 심리적 안정 및 일상생활로 조기 복귀 지원을 목적으로 한다. 전국 17개 센터가 있으며, 대한적십자사 시·도지사에서 위탁운영하고 있다. 초기 단계인 2008~2015년까지는 적십자사, 대학, 병원, 정신건강복지센터 등 시·도별로 운영기관이 다양했다. 2016년부터는 행정안전부와 대한적십자사가 협약하여 센터 운영 주체를 일원화해서 현재에 이르렀다. 운영예산은 국비 50%, 지방비 등 50% 지원으로 이루어진다.

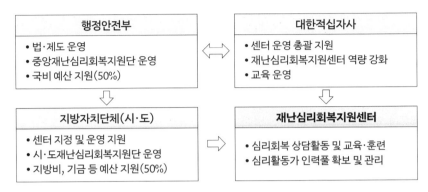

행정안전부		대한적십자사
• 법·제도 운영 • 중앙재난심리회복지원단 운영 • 국비 예산 지원(50%)	⇔	• 센터 운영 총괄 지원 • 재난심리회복지원센터 역량 강화 • 교육 운영
⇩		⇩
지방자치단체(시·도)		재난심리회복지원센터
• 센터 지정 및 운영 지원 • 시·도재난심리회복지원단 운영 • 지방비, 기금 등 예산 지원(50%)	⇨	• 심리회복 상담활동 및 교육·훈련 • 심리활동가 인력풀 확보 및 관리

재난심리회복지원센터 구성 및 운영

트라우마센터[12]

대형 재난 발생이 증가하고, 재난경험자의 트라우마 지속 및 이에 따른 사회적 부담이 커졌다. 따라서 트라우마 예방 및 치유를 위한 국가적 역할을 강조하기 위해 2018년 4월 국립정신건강센터 내 국가트라우마센터가 출범했다.

이후 2021년 6월 권역별 트라우마센터 3개소를 추가 개소했다. 이를 계기로 기존 수도권역 담당 국가트라우마센터와 2019년부터 운영 중인 영남권 트라우마센터인 국립부곡병원을 포함하여 전국 5개 권역 트라우마센터 운영을 본격적으로 시작했다. 추가 개소한 트라우마센터는 충청권 국립공주병원, 호남권 국립나주병원, 강원권 국립춘천병원이다.

이전에는 전국적으로 발생하는 크고 작은 재난에 국가트라우마센터가 대응하면서 인프라 부족으로 인한 물리적 한계가 있었으나, 권역별 트라우마센터 확충으로 재난 심리지원 기반이 한층 강화됐다. 권역별 트라우마센터에서는 마음안심버스를 운영하여 재난 발생 시 신속한 현장 심리지원을 제공하고, 평상시에는 노인, 장애인 등 취약계층을 위해 찾아가는 심리지원을 강화하고 있다. 또한, 국가-권역별 트라우마센터와 지역자

국가트라우마센터(수도권/국립정신건강센터)

• 재난 심리지원 유관기관 간 거버넌스 구축, 트라우마센터 평가 및 컨설팅
• 재난 심리지원 역량 강화 교육, 대응 매뉴얼 개발, 재난정신건강 관련 연구
• 현장 대응, 고위험군 특화프로그램 개발 및 운영, 대국민 인식개선활동 등
• 정신건강복지센터, 보건소, 의료기관 연계 등 수도권 트라우마센터 역할 수행

호남권 트라우마센터 (국립나주병원)	영남권 트라우마센터 (국립부곡병원)	강원권 트라우마센터 (국립춘천병원)	충청권 트라우마센터 (국립공주병원)

트라우마센터 체계 및 기능

원의 연계·협력 강화를 통해 전국적 재난에 체계적으로 대응하고, 산불, 풍수해 등 지역적 재난에도 신속하고 효과적으로 지원할 수 있게 됐다.

트라우마 예방을 위한 재난보도 가이드라인[13]

국가트라우마센터는 2022년 11월「트라우마 예방을 위한 재난보도 가이드라인」을 발표했다. 가이드라인은 국가트라우마센터, 한국언론진흥재단, 기자, 언론학계, 트라우마 분야 전문가 10명으로 구성된 추진단을 중심으로 현장 실무 기자의 의견을 반영해서 제정했으며, 재난 취재와 보도 과정에서 재난 당사자 및 가족, 대응인력, 현장 취재 언론인, 뉴스 이용자 등 누구도 해를 입지 않아야 한다는 가치를 담았다. 가이드라인은 트라우마 예방 재난보도 의의와 가이드라인 필요성 등이 담긴 전문 그리고 ① 트라우마 이해, ② 트라우마 예방을 위한 재난 보도 세부지침, ③ 언론인 트라우마 관리 등 세 부분으로 구성했다.

트라우마 예방을 위한 재난보도 세부지침은 준비-취재-보도단계로 구성했다. 준비단계에서 언론사는 재난 보도로 인한 트라우마 최소화를 위해 연간 1회 이상 교육을 시행하며, 기자는 재난 현장에 대한 정보를 수

집하고 자신의 건강상태를 점검한다. 취재단계에서 기자는 재난 당사자의 신체와 심리상태를 확인한 후 자발적 의사를 바탕으로 취재를 시작하며, 취재를 진행하는 동안 재난 당사자의 특수한 상황을 이해하고 공감하는 태도를 유지한다. 보도단계에서는 재난 당사자 및 가족의 사생활과 인격을 존중하며, 낙인이나 부정적 인상을 남길 수 있는 보도를 지양한다.

언론인 트라우마 관리 부분에서는 언론인 트라우마 예방에 도움이 되는 내용을 기자 및 언론사 차원에서 취재단계(사전-취재 중-취재 후)별로 소개했다. 기자는 사전에 트라우마 예방 교육을 이수해야 하며, 체크리스트를 활용해서 스스로 상태를 관리한다. 취재 중에는 자신의 상태를 점검 및 관리하며, 가족이나 친구, 동료와 지속해서 소통한다. 취재 후 심리적인 어려움을 겪는 경우 전문가의 도움이나 법적 자문을 받는 등 적절하게 조치한다. 언론사는 사전에 재난보도 전문 교육·훈련 과정과 안전장비 및 지원 체계를 마련해야 하며, 취재 중에는 지속해서 기자의 상태를 점검한다. 취재 후에는 기자에게 적절한 휴식 및 보상을 제공하며, 전문가의 도움을 받을 수 있도록 지원한다.

국가트라우마센터장은 "이태원 사고 취재·보도 과정에서 사진과 영상의 반복 노출 등으로 많은 사람이 간접 트라우마를 호소했다. 가이드라인 제정으로 재난 발생 시 언론이 재난 당사자를 포함한 전 국민의 심리회복에 도움을 주고, 재난 보도로 인한 부작용이 최소화되기를 기대한다"고 말했다.

큰 재난이 발생하면 재난 당사자는 물론 가족, 친지, 목격자, 언론 관계자, 국민 등 많은 사람이 정신적으로 충격을 받는다. 따라서 사전에 이를 치료할 수 있는 제도와 시설을 준비하고 대응해야 한다. 트라우마센터와 재난심리회복지원센터 등을 통한 트라우마 치료, 재난심리회복 지원 등을 체계화하고 지속해서 지원해야 하는 이유다.

이태원 사고와 같이 예상치 못한 큰 재난에서는 피해자와 관계자 외에도 많은 사람이 정신적인 충격을 받을 수 있다. 재난보도 가이드라인을 통해 적절한 수준에서 필요한 정보만 전달할 수 있도록 조치하고, 이를 통해 재난 당사자와 모든 국민에게 심리적인 부작용을 최소화해야 한다. 재난으로 인한 정신적 피해가 작아질수록 조속한 일상 회복이 가능할 수 있다.

재난안전데이터

다양한 재난이 시공간을 가리지 않고 발생하기 때문에 재난 데이터를 이용한 재난관리는 필수다. 이를 위해서는 흩어져 있는 데이터를 모으고 함께 활용할 수 있는 체계 구축이 필요하며, '재난안전데이터 공유 플랫폼'을 통해 이를 실현하고자 한다. 재난·안전 관련 정보시스템 개편도 함께 추진한다. 이태원참사를 계기로 많은 인파가 모이는 곳에서는 이동통신 데이터를 활용한 인파 관리를 시작했으며, '인파관리지원시스템'을 운영하고 있다.

데이터 기반 재난안전 관리체계 강화[14]

재난안전정보 공동이용 확대를 위해 '2024년 상반기 재난안전정보 공동이용 협의회'를 2024년 6월 개최했다. 정부는 '디지털 플랫폼 정부 구현'의 하나로, 국민 안전과 밀접한 각종 재난안전정보 수집·공개·관리와 공동이용 활성화를 위해 관계기관, 민간 전문가 등이 참여하는 '재난안전정보 공동이용 협의회'를 구성·운영하고 있다. 협의회에서는 기관별 데이터 구축사업 등 추진현황을 공유하고, 데이터 연계·제공 가능 여부 등의 협의를 진행했다.

행정안전부는 ▲대국민 정보서비스 통합·연계(가칭 안전24) 추진방안, ▲재난안전데이터 공유 플랫폼 3단계 구축사업 추진상황을 공유하고, 이를 위해 각 부처가 개별적으로 보유하고 있는 재난안전 관련 데이터 연계·제공 여부를 논의했다.

과학기술정보통신부는 인공지능·메타버스 기반 재난안전관리체계 강화 사업 추진을 위해 산업안전, 도로·생활안전 분야 데이터 연계 방안을 논의했다.

산림청은 2011년 우면산 산사태 이후 구축 중인 '디지털 사면통합 산사태정보시스템'을 원활하게 구축하기 위한 관계부처의 협조를 요청했다.

재난안전 디지털 플랫폼 구축[15]

행정안전부는 국정과제인 '과학적 재난안전 관리체계 구축'과 2023년 1월 발표된 '범정부 국가안전시스템 개편 종합대책'의 하나로 추진 중인 '재난안전데이터 공유 플랫폼' 사업 1단계를 완료했으며, 재난안전데이터를 2023년 3월 13일부터 누리집(www.safetydata.go.kr)을 통해 개방했다. 공유 플랫폼은 국토교통부, 기상청 등 재난관리책임기관에서 생산·보유하고 있는 데이터를 정부, 공공기관, 민간기업, 국민이 한 곳에서 공유할 수 있도록 개발된 시스템으로, 2024년까지 3단계에 걸쳐 추진한다.

지금까지는 재난안전데이터를 찾기 위해 기관별로 여러 누리집(웹사이트)을 방문해야 했다. 특히, 민간은 공공기관과 재난안전데이터를 공유하는 체계가 원활하지 않아 긴급한 재난 상황에서 필요한 정보를 신속히 제공받기가 어려웠다. 정부는 이러한 문제점을 해결하기 위해 기관별로 분산·관리하고 있는 각종 재난안전데이터를 재난유형별로 수집·연계·공유하는 시스템을 구축했다.

연차별 플랫폼 구축 계획

구분	2022	2023	2024
대상기관	6개	12개(행안부 등 포함)	46개
연계 시스템	15개	42개	150개
재난 유형	지진 등 10종	고속철도·지하철 사고 등 20종	황사 등 27종
활용사례 발굴	1개(폭염)	5개	7개
기능 개발	웹사이트 개발	민간 데이터 등록·공유	의사결정 기능 고도화

1단계 사업을 완료해서 공개한 데이터 유형은 지진 등 5개 자연재난과 감염병 등 5개 사회재난으로 총 10종이며, 3단계가 구축되는 2024년까지 총 57종으로 확대할 계획이다. 공개된 10종 재난은 풍수해, 산사태, 조수, 폭염, 지진, 감염병, 산불, 초미세먼지, 다중밀집건축물 붕괴 대형사고, 해양 선박사고 등이다.

제공되는 모든 데이터는 오픈 API로 실시간 개방하므로 재난 피해 예측과 분석 등 재난안전서비스 앱 개발에 활용할 수 있다. 오픈 API는 불특정 다수 사용자가 이용할 수 있도록 외부에 개방된 API(Application Programming Interface)로서, 이용자가 갱신되는 공공데이터를 실시간으로 받을 수 있는 표준화된 방식이다.

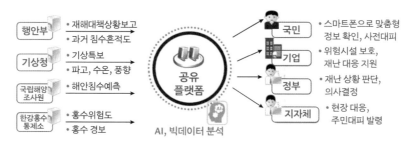

풍수해 재난 데이터 수집 및 공개·공유 활용 예시

이와 더불어, 재난안전데이터 개방과 함께 개방된 플랫폼을 중심으로 국민·기업·정부가 협업하는 방법도 적극적으로 찾아 나선다. 플랫폼에 공유된 빅데이터 분석을 통해 중앙부처, 지자체 등 재난관리책임기관이 과학적 근거를 바탕으로 재난 관련 정책을 수립하고 추진할 수 있도록 지원한다. 예를 들어 빅데이터 분석을 통해 지능형 폐쇄회로텔레비전(CCTV) 설치 적합 지역을 도출하거나 재난 발생 시 대피경로 분석 등이 가능하다.

재난·안전 정보시스템 개편 추진[16]

국가안전시스템 개편 종합대책에 따라 디지털 플랫폼 기반 과학적 재난안전관리체계 구축을 목표로 재난·안전 관련 정보시스템 개편을 추진한다. 현행 재난·안전 관련 정보시스템은 총 34종이 개별적으로 운영되고 있다. 따라서 재난정보를 얻기 위해서는 이용자가 여러 개별 사이트를 일일이 방문해야 하고, 통제·피해현황 등 재난 현장에서 실시간 확인이 필요한 재난정보에 대해 모바일로 관리·활용이 어려웠다.

이에 재난·안전 관련 정보시스템 개편 계획을 수립하고, 2025년부터 2027년까지 3년간 재난·안전 정보시스템 개편을 추진한다. 개편사업을 통해 각종 재난·안전 관련 시스템을 이용자 중심으로 통합하여 이용 편의성과 활용도를 높일 계획이다.

우선 풍수해관리, 상황전파 등 내부 업무처리 시스템을 하나로 통합한다. 다양한 개별 시스템들이 예방·대비·대응·복구 등 재난관리 절차에 따라 재편되고 간소화될 예정이다. 또한, 재난·안전 관련 대국민 서비스도 1개 대국민 포털로 통합되며, 통합검색, 주제별 분류, 위치기반 등 다양한 정보 분류를 제공하여 이용 편의성을 높인다. 대국민 서비스에는 국민재난안전포털, 안전디딤돌, 국민안전교육, 안전신문고, 어린이놀이

시설, 생활안전지도 등이 해당한다. 마지막으로, 재난 현장 대응을 지원하기 위한 모바일용 재난관리 기능도 보강하여 현장 공무원의 재난 대응 효율성을 높일 예정이다.

인파관리지원시스템[17]

2023년 12월 29일부터 '인파관리지원시스템' 서비스를 정식 개시했다. 인파관리지원시스템은 이동통신사 기지국 접속정보를 기반으로 해당 지역 휴대전화 사용자 수를 추정하여 인파 밀집 정도를 파악하는 시스템으로, 이를 통해 인파 밀집 상황을 즉각적으로 파악하고 다중운집인파사고를 예방하는 데 활용한다.

　　인파관리지원시스템은 이동통신사 기지국 접속데이터, 국토교통부 공간정보 데이터 등 빅데이터를 수집하고, 이들을 연계 분석하여 도출한 밀집도를 지자체 상황실 내 지도 기반 지리정보체계(GIS) 통합상황판에 표출한다. 밀집도에 따라 관심/주의/경계/심각 위험경보 알림을 표출해서 현장상황을 실시간 모니터링하는 동시에 위험경보에 따라 신속한 대응이 가능하다. 지자체 상황판에 위험경보 알림이 뜨면 지자체는 상황실 폐쇄회로텔레비전(CCTV) 영상을 확인한 후 경찰·소방과 상황을 공유하고 위험 수준에 따라 교통통제, 인파 소산 등 관련 매뉴얼에 따라 대응한다.[18]

　　인파관리지원시스템 구축을 위해 전기통신사업자에게 기지국 접속정보 제공을 요청할 수 있도록 「재난 및 안전관리 기본법」을 개정하고, 이동통신 3사와 기지국 접속정보 제공 등에 관한 업무협약을 체결했다. 시스템 운영의 안정성 확보를 위해 2023년 10월 27일부터 12월 15일까지 중점관리지역 30곳에서 시범서비스를 실시했다.

　　전국 지방자치단체에서는 인파관리지원시스템을 관할 지역 인파관리에 활용할 수 있다. 시스템은 인구 밀집도, 혼잡도 등 인구적 특성과 협소도로 비율 등 공간적 특성을 바탕으로 위험도를 산출하여 지도상에 히트맵(heat map) 형태로 보여주며, 유사시 위험 수준에 따른 위험경보를 자동으로 해당 지자체 관계 공무원에게 상황전파 메시지와 문자메시지로 전달하여 신속한 대응을 가능하게 한다. 히트맵은 지도상에 열 분포 형태의 색상으로 보여주는 그림이다.

위험도 산출 기준은 해당 지역을 가장 잘 아는 지자체 담당자가 지역 상황에 맞게 시스템에서 임계치를 설정할 수 있어 지역별 맞춤형 대응도 가능하다. 또한, 인파관리지원시스템은 기지국 접속정보를 기반으로 인파 밀집 정도를 파악하기 때문에 별도 장비가 필요하지 않다. 따라서 장비 설치 비용 등 예산을 절감할 수 있으며, 사각지대가 거의 없다는 장점이 있다.

저화질 CCTV 교체로 국민 안전 '선명'하게 지킨다[19]

A 지역은 생활안전·시설물 관리 등 공익목적을 위해 통합관제센터를 운영 중이며, 담당 지역 내 1천여 대가 넘는 CCTV를 연계해 관제 업무에 활용하고 있다. 얼마 전 A 지역에서 강력범죄사건이 발생해서 경찰은 범죄자의 차량정보를 특정하기 위해 A 지역 통합관제센터에서 CCTV 영상정보를 확인했으나, 저화질 영상으로 인해 차량 번호판을 제대로 식별할 수 없어 차량정보를 확인하는 데 긴 시간이 소요됐다. A 지역 CCTV 담당자는 통합관제센터에 연결된 CCTV 중 일부가 200만 화소 미만 저화질 CCTV로 운영되고 있다며, 이를 통해 관제화면 영상이 선명하게 보이지 않아 교체 필요성을 언급했다.

2024년 재난안전관리 특별교부세 75억 원을 지원하여 지자체 저화질 CCTV를 전면적으로 교체해서 A 지역 CCTV 담당자는 고화질

| 전경 | 소방차 | 교체 전 | 교체 후 |

고화질 CCTV로 교체 시 선명도 비교

CCTV를 활용한 신속하고 명확한 관제 업무로 국민 안전을 더욱 선명하게 지킬 수 있게 됐다. 2024년 국민 안전 정책사업으로 지자체 통합관제센터와 연계된 200만 화소 미만 저화질 CCTV 총 6,106대를 전면 교체한다. 200만 화소 미만 저화질 CCTV는 영상분석 및 객체 인식에 어려움이 있었으나, 그동안 지방재정의 한계로 인해 원활한 교체가 이루어지지 못했다. 고화질 CCTV로 교체사업이 완료되면 물체나 사람 등이 흐릿하게 보여 식별되지 않던 문제가 해소될 뿐만 아니라, 앞으로 확대해나갈 '지능형 관제체계' 기반으로 활용할 수 있다.

효율적인 재난관리를 위해서는 재난안전데이터 운영체계가 필수다. 필요한 데이터를 적재적소에서 수집하고, 이를 모아서 관리 및 제공해야 한다. 현재 추진 중인 '재난안전데이터 공유 플랫폼' 구축, '재난·안전 관련 정보시스템' 개편, '인파관리지원시스템' 운용 등이 중요한 역할을 할 수 있다.

이 외에도 이동통신 데이터를 활용한 다중 인파 관리, 저화질 CCTV 교체를 통한 선명한 국민 안전 감시가 목표한 대로 이루어져야 하며, 장기적으로는 지능형 관제체계가 구축 및 운영될 수 있어야 한다.

재난자원 관리

재난 상황에서는 인력 지원을 포함해서 다양한 물품이나 장비 등이 필요하다. 재난 상황에 효율적으로 대응하기 위해서는 이러한 장비, 자재, 물자, 인력 등 재난자원을 활용해야 한다. 재난 현장에 충분한 재난자원을 신속하게 투입하기 위해서는 사전에 철저하게 준비해야 한다.

이를 위해 재난자원 관리체계를 혁신하고, 「재난관리자원의 관리 등에 관한 법」을 제정해서 시행했다. 이에 따라 재난관리 자원과 관리기관 범위가 넓어지고, 동원명령과 동원대상을 확대했다. 또한 재난관리 물품 관리 방식이 바뀌었다.

재난자원 관리체계 혁신[20]

감염병·풍수해 등 각종 재난 발생 시 긴급히 필요한 자원을 신속하게 공급하기 위해 2020년 8월부터 '재난관리자원 관리체계 혁신 사업'을 추진했다. 재난관리자원은 각종 재난의 예방·대비·대응 및 복구 등에 필요한 장비, 자재, 물자 및 시설 등을 뜻한다. 이 사업은 민간자원을 포함한 재난관리자원을 체계적이고 효율적으로 관리하기 위해 디지털 기술을 도입하는 내용이다.

지자체 등 재난관리책임기관은 「재난 및 안전관리 기본법」에 따라 각종 재난에 대비해서 재난관리자원을 비축·관리해야 하지만, 대부분 시·군·구에서만 필요한 자원을 비축·관리하고 있었다. 또한, 재난이 발생할 때마다 비축자원이 부족하거나 자원공급이 원활치 않고, 과잉비축 등 부실관리로 인해 매년 비축자원 중 상당한 양이 불용 처리된다는 지적도 꾸준히 제기됐다. 이에 시·도 역할을 강화하고, 민간 전문성과 자원을 효율적으로 활용함으로써 문제점을 개선·보완하고자 했다.

　　먼저, 지역별로 재난관리자원을 통합·관리하기 위해 17개 시·도에 '지역 재난관리자원 통합관리센터'를 설치했다. 시·도별로 연면적 3,300㎡의 물류창고를 임대하여 재난관리자원을 비축하고, 시·군·구 단위로 긴급 재난대응과 응급복구 활동을 지원하기 위해 연면적 50㎡인 소규모 비축창고를 곳곳에 설치했다. 계약을 통해 지역 재난관리자원 통합관리센터를 운영·관리하는 전문기업을 선정하고, 재난이 발생하면 비축자원을 재난 현장에 운송한다. 정부는 2020년 3차 추경을 통해 3개 시·도에, 2021년에는 14개 시·도에 총사업비 중 70%인 보조금을 지원했다.

　　광역거점센터에는 3명이 상주하며, 24시간 운영한다. 개별 비축창고는 상주인력 없이 무인 경비한다.

광역거점센터

개별 비축창고

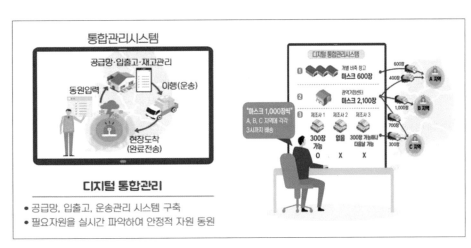

통합관리시스템

국가적으로는 재난관리자원에 관한 정보를 체계적으로 관리하기 위한 '재난관리자원 통합관리정보시스템'을 구축했다. 이 시스템에는 공급망관리시스템, 창고관리시스템, 운송관리시스템, 통합물류관리시스템을 탑재하는 등 최신 유통·물류 분야 정보통신기술을 활용했다. 시스템을 통해 공급망·입출고·재고 및 운송현황 등을 실시간 추적·관리해서 재난관리자원이 적시적소에 안정적으로 공급되는 등 관리체계를 획기적으로 개선했다.

「재난관리자원의 관리 등에 관한 법」 제정[21]

2022년 12월 28일 「재난관리자원의 관리 등에 관한 법률안」을 국회 본회의에서 의결했다. 재난관리자원은 재난관리를 위해 필요한 물품, 재산, 인력 등의 물적·인적자원을 말하는데, 지금까지는 재난관리자원 관리에 관한 규정들이 여러 법령에 산재(散在)되어 있어 체계적으로 관리하지 못했다. 법이 제정됨에 따라 국가 차원에서 재난관리자원을 체계적으로 통합 관리할 수 있게 됐다. 덕분에 풍수해·감염병 등 각종 재난이 발생할 우려가 있거나 발생하면 필요한 물적·인적자원을 신속하고 안정적으로 동원하는 등 국가재난관리체계를 강화할 수 있게 됐다.

법 주요 내용은 다음과 같다. 첫째, 감염병과 관련한 '마스크 대란', 제설 차량과 관련한 '요소수 대란' 사례와 같이 공급망이 불안정하여 재난관리자원이 부족한 사태가 발생하지 않도록 공급망관리체계를 구축한다. 이를 위해 공급업자 현황 등 공급망관리정보를 조사하고, 재난관리자원 관리 및 동원에 관한 임무를 수행하는 공급업자를 '국가재난관리지원기업'으로 지정할 수 있게 했다. 지역별로 발생하는 재난에 대비하기 위해 시·도지사도 관할구역 공급업자를 '지역재난관리지원기업'으로 지정할 수 있게 했다. 또한, 재난이 발생하면 비축·관리 중인 재난관리자원을 현장에 신속히 운송하는 체계를 갖추기 위해 민간 물류체계를 활용한 재난관리물류체계를 구축한다. 재난관리물류체계를 안정적으로 구축하도록 '국가재난관리물류기업'도 지정할 수 있게 했다.

둘째, 재난관리물품 비축관리계획 수립부터 취득·보관·사용 및 처분할 때까지 필요한 재난관리물품 관리 제도 일원화다. 「재난 및 안전관리 기본법」에 따른 재난관리자원 비축·관리에 관한 사항과 「물품관리법」 등에 따른 물품 중 재난관리를 위해 필요한 물품 취득·보관·사용 및 처분 등과 같은 관리에 관한 사항을 법 제정안 중 재난관리물품 관리에 관한 사항으로 통합 규율했다. 이에 중앙행정기관, 지방자치단체, 공공기관, 지방공기업 등 관리기관에서는 재난관리물품을 일반 행정물품에서 분리 관리해야 한다.

셋째, 재난관리에 필요한 시설(부동산), 항공기, 선박 등 재난관리재산과 기술인력, 자원봉사자 등 재난관리인력 제도를 한층 강화한다. 관리기관의 장은 매년 소관 재난관리재산 및 재난관리인력 관리계획을 수립하고, 최종 확정된 계획에 따라 철저히 관리해야 한다.

넷째, 기후변화 등으로 복잡화·대형화되고 있는 각종 재난에 대비하여 국가는 물론 광역 단위에서도 재난관리자원을 통합 관리할 수 있게 된다. 행정안전부 장관은 재난관리자원통합관리시스템을 구축 및 운영하고, 관련 정보를 가공·축적·제공하는 통합관리정보체계를 갖추기 위한 '국가재난관리자원통합관리정보센터'를 설치·운영하게 했다. 시·도지사는 담당 지역에서 발생하는 대규모 재난 등에 대비하기 위해 '지역재난관리자원통합관리센터'를 설치·운영하게 했고, 효율적인 비축시설 설치·운영을 위해 국가재난관리물류기업이 이를 대행하게 했다.

마지막으로, 중앙재난안전대책본부장·중앙사고수습본부장 및 시·도지사 동원 명령 근거, 동원된 재난관리자원 손실보상과 사망자·부상자 치료 및 보상 등에 관한 근거를 명확히 마련했다. 중앙재난안전대책본부장과 중앙사고수습본부장은 국가재난관리지원기업, 국가재난관리물류기업 및 전국의 관리기관 장에게 동원을 명할 수 있게 했다. 시·도지사는 소관 지역재난관리지원기업 및 관할구역에 있는 관리기관의 장에게 동원을 명할 수 있게 했으며, 손실보상과 사망 또는 부상한 사람의 치료 및 보상 등에 관한 사항은 「재난안전법」을 준용하되, 「감염병예방법」 등 다른 법령에 해당 규정이 있는 경우에는 그 규정을 준용할 수 있게 했다.

「재난관리자원의 관리 등에 관한 법(재난관리자원법)」 시행[22]

「재난관리자원의 관리 등에 관한 법」(이하 「재난관리자원법」)을 2024년 1월 18일부터 시행했다. 2020년에는 코로나19 사태로 인해 마스크와 손소독제가 품귀현상을 빚으면서 사재기와 매점매석 등이 나타나 방역물품 가격이 천정부지로 올랐다. 이에 정부는 방역물품이 국민에게 안정적으로 수급될 수 있도록 생산·판매 물량을 매일 관리했으나, 당시에는 근거 법 등 재난관리자원을 통합적으로 관리하는 체계를 마련하지 못해서 어려움이 있었다. 그러나 「재난관리자원법」 시행에 따라 앞으로는 필요할 경우 재난관리자원 공급업자를 '국가 및 지역 재난관리지원기업'으로 지정하고 동원명령 등을 통해 체계적이고 안정적으로 재난관리자원을 동원·관리할 수 있게 됐다.

폭설에 대비해 수억 원대의 제설 자재와 장비를 구매했지만, 눈이 많이 오지 않아 많은 물량이 남는 사례도 있었다. 이에 일각에서는 자재·장비 등이 방치된다며 토양 오염과 세금 낭비를 우려하기도 했다. 그러나 「재난관리자원법」 시행에 따라 정부 차원에서 매년 수요를 예측하고 비축관리계획을 수립하여 재난 현장에 필요한 자원이 적절하게 공급될 수 있도록 하는 등 더욱 효율적이고 체계적으로 관리할 수 있게 됐다.

「재난관리자원법」은 그동안 「재난 및 안전관리 기본법」, 「물품관리법」 등 여러 법에서 각각 규정하고 있던 재난관리자원에 관한 사항을 일원화했으며, 주요 내용은 다음과 같다.

첫째, 복잡화·대형화되고 있는 각종 재난에 대비하여 물품·재산·인력 등과 같은 재난관리자원 및 공급망 정보를 실시간으로 통합 관리할 수 있는 '재난관리자원 통합관리시스템'을 구축한다.

둘째, 시설(부동산), 항공기, 선박 등 재난관리재산 및 기술인력, 자원봉사자 등 재난관리인력에 대해 관리계획을 수립하는 등 재난관리자원 관리를 강화한다.

셋째, 안정적인 공급망관리체계 및 재난관리물류체계를 구축하기 위해 '국가재난관리지원기업' 및 '국가재난관리물류기업'을 지정하여 민간 공급업자와 물류기업을 활용할 수 있게 한다.

넷째, '마스크 대란'이나 '염화칼슘 가격폭등' 사례와 같은 위급 상황 시 재난관리자원을 신속하게 동원하기 위한 법적 기반을 마련하여 국가, 시·도 등의 책무를 한층 강화한다.

「재난관리자원법」에 따라 염화칼슘, 수중펌프, 오일펜스 등 재난관리를 위해 필요한 물품뿐만 아니라 궤도굴착기, 고소작업차 같은 고가 장비와 보관이 어려운 장비도 국가재난관리지원기업 지정 등을 통해 체계적으로 관리한다. 법 제정에 따라 달라지는 주요 사항을 정리하면 다음과 같다.

법 제정에 따라 달라지는 사항

구분	기존(재난안전법)	변경(재난관리자원법)
재난관리 자원의 범위	재난수습* 활동에 필요한 대통령령으로 정하는 장비, 물자, 자재 및 시설 * (재난수습) 대응·복구	재난관리*를 위하여 필요한 물품, 재산 및 인력 등 물적·인적자원 * (재난관리) 예방·대비·대응·복구
관리기관의 범위	중앙행정기관, 지방자치단체 등 재난관리책임기관(1,155개)	중앙행정기관, 지방자치단체 등 재난관리책임기관(1,155개) 공공기관 및 지방공기업(중앙행정기관의 장 및 시·도지사가 지정)
동원	(동원명령) 중앙대책본부장, 시장·군수·구청장	(동원명령) 중앙대책본부장, 시·도지사, 중앙사고수습본부장 (동원요청) 시장·군수·구청장 → 시·도지사 → 중앙대책본부장
	(동원대상) 민방위대, 재난관리책임기관의 장(요청), 군부대(요청)	(동원대상) 관리기관의 장, 국가재난관리지원기업, 국가재난관리물류기업 등 민간기업(사전 동의)
재난관리 물품의 관리	일반행정 물품*으로 관리 * (국가기관) 「물품관리법」에 따라 관리 　(지방자치단체) 「공유재산 및 물품관리법」에 따라 관리	일반행정 물품에서 재난관리물품*을 분리하여 종합적·체계적으로 관리 행정절차 간소화 또는 사후 처리 * (유사물품) 「소방장비관리법」에 따른 소방장비, 「군수품관리법」에 따른 군수품, 「비상대비관리법」에 따른 비상물자 등
지방자치 단체의 관리 방식	각 기관에서 필요한 재난관리자원을 개별적으로 관리	시·도 차원에서 재난관리자원의 비축 관리를 강화하고, 국가 차원에서 재난관리자원에 관한 정보를 체계적으로 관리·활용

재난 상황 시 긴급 대응과 조속한 재난수습을 위해서는 자원관리가 중요하다. 재난관리자원을 신속하게 동원하고, 재난관리자원 품귀현상 등을 방지할 수 있는 제도 개선과 정책 개발이 필요하다. 재난자원 관리 체계 혁신과 「재난관리자원법」 시행을 통해 이 부분에서 그동안 부족했던 사항들이 채워져가고 있다. 이를 통해 국가재난관리체계 질적인 강화와 국민 생명과 재산 보호에 도움을 줄 수 있어야 한다.

다시는 이태원참사 같은 불행이 없어야 한다

2022년 10월 29일 발생한 이태원참사는 여전히 끝나지 않은 재해다. 헬러윈을 앞둔 토요일 밤, 이태원 해밀톤호텔 앞 좁은 도로에 인파가 몰리면서 159명[23]이 사망했다. 참사원인 규명, 피해자 지원, 지역경제 활성화 등 마무리해야 할 일들이 여전하지만, 재난이 정치적으로 정쟁화되는 일은 없어야 한다. 다시는 이러한 참사가 일어나지 않는 사회 시스템을 만들기 위해 다 함께 힘을 모아야 한다.

이태원특별법 국회 재의 요구

2024년 1월 9일 「10·29 이태원참사 진상규명과 재발방지 및 피해자 권리보장을 위한 특별법안」이 국회를 통과했다. 이태원참사가 일어난 지 438일 만이다. 하지만 정부는 2024년 1월 30일 제6회 국무회의에서 이 법률안에 대해 「대한민국헌법」 제53조제2항에 따라 국회에 재의 요구를 하기로 의결했다. 대통령 거부권을 행사한다는 의미다.

영장주의 등 헌법 가치를 훼손하고 국민의 기본권을 침해할 우려가 있는 점, 조사위원회 구성 및 업무에 있어서 공정성 및 중립성을 확보하지 못할 우려가 있는 점, 조사위원회의 업무 범위와 권한이 광범위하여 행정·사법부 역할을 침해할 소지가 있는 점, 불필요한 조사로 인해 국가 예산 낭비 및 재난관리시스템 운영 차질을 초래할 수 있는 점 등을 이 법률안에 대한 재의 요구가 필요한 이유로 밝혔다.

모든 법률은 헌법이 정한 원칙에 따라 제정돼야 하며, 특히 진상규명 조사 등 막중한 권한을 부여받은 조사위원회는 그 구성 및 운영에 있어서 공정성과 중립성이 필수로 확보돼야 한다는 점을 강조하면서, 재의 요구가 필요한 사유로 밝힌 조항에 대해 다시 한번 국회에서 여·야 간에 충분히 논의해달라고 요청했다.

특별법 재의 요구 의결에도 불구하고 특별법 취지를 반영한 '10·29 참사 피해지원 종합대책'을 유가족과 협의를 거쳐 범정부적으로 수립·추진하기로 했다. 이 대책에는 유가족 등 피해자에 대한 실질적 지원과 더불어, 희생자에 대한 예우와 온전한 추모를 위해 다음 내용을 포함했다.[24]

10·29참사 피해지원 종합대책

항목	내용
재정적 지원	– 참사 이후 생계유지 등에 어려움을 겪는 피해자 생활안정 지원금, 의료비 및 간병비 등을 확대 지원 – 진행 중인 민·형사 재판 결과에 따라 최종 확정 전이라도 신속하게 배상과 필요한 지원 실시
일상회복 지원	– 참사로 인해 신체적·정신적 피해를 입은 근로자에 대한 치유휴직 지원 – 피해자에 대한 다양한 심리안정 프로그램 운영 및 피해아동 지원 등 피해자 일상회복 적극 지원
경제활성화 등	– 이태원 지역을 중심으로 경제활성화 방안 마련 – 구조·수습활동 중 피해자에 대한 지원대책 등 공동체 회복 지원
추모시설	– 지자체 및 유가족과 협의를 통해 희생자에 대한 추모시설 건립
지원조직	– 국무총리 소속으로 '(가칭) 10·29참사 피해지원 위원회' 구성 – 피해지원 종합대책과 그 세부방안을 신속하게 마련하여 차질 없이 추진

이태원참사 같은 인파사고를 근원적으로 방지하고, 새로운 위험과 재난을 사전에 예측·대비해서 효과적으로 대응할 수 있도록 국가 안전관리 체계 전반을 전면 개편했다. 정부는 이태원 사고 직후인 2022년 11월부터 범정부 TF를 운영해서 2023년 1월 '범정부 국가안전시스템 개편 종합대책'을 발표했다.[25]

종합대책은 "함께 만드는 모두의 일상이 안전한 대한민국"을 비전으로, "새로운 위험에 상시 대비하고 현장에서 작동하는 국가 재난안전관리체계 확립"을 목표로 5대 추진전략과 65개의 과제를 담았다.

5대 추진전략은 새로운 위험 예측 및 상시 대비체계 강화, 현장에서 작동하는 재난안전관리체계 전환, 디지털플랫폼 기반의 과학적 재난안전관리, 실질적인 피해지원으로 회복력 강화, 민간 참여와 협업 중심 안전관리 활성화 등이다. 이를 통해 사전 예측과 예방중심 선제적 안전관리, 현장대응기관의 총체적 대응역량 개선, 과학적 재난안전관리로 디지털 전환, 개인공동체 맞춤형 지원과 사각지대 최소화, 자율적 실천 기반 안전문화 정착 등을 목표로 했다.

대책 발표 10개월 후인 2023년 10월에는 추진상황을 발표했다.[26] 강화된 '인파안전관리'는 철저한 사전예방, 위험상황 조기 파악, 협력기반 신속대응, 맞춤형 수습·지원 등 단계별 대책을 언급했다. 세부적으로는 핼러윈 축제와 같이 주최자가 없는 불분명한 행사도 경찰·소방·지자체 등 합동으로 사전 안전관리와 점검을 시행하고, 다양한 위험 모니터링을 통해 위험징후 조기 파악을 추진한다. 위험상황을 공유해서 공동대응을 통해 인파밀집 위험에 빠르게 대처하며, 피해자·유가족·현장목격자 등에게 맞춤형 심리지원을 제공하는 체계를 구축했다고 전했다.

이를 통해 새로운 인파안전관리체계가 정착했고, 기관 간 소통·협력을 기반으로 현장대응 역량이 높아졌다고 평가했다. 또한, 디지털 기반

위험 예측·공유 체계를 구축하고, 재난피해지원 강화와 안전문화 확산을 추진했다고 말했다.

지자체장 대상 재난대응·수습역량 강화교육

앞서 언급한 '국가안전시스템 개편 종합대책' 중 하나로 시장·군수·구청장 대상 재난안전교육을 시행했다. 교육은 지자체장의 재난관리 역량 강화를 위해 기획했다. 재난 발생 시 1차 대응기관인 기초지자체를 총괄하는 시장·군수·구청장은 「재난 및 안전관리 기본법」에 따라 관할 지역 지역재난안전대책본부장으로서 재난수습 등에 관한 사항을 총괄·조정한다. 재난 초기대응 성패는 시장·군수·구청장의 경험과 의지에 따라 좌우될 만큼 그 역할이 중요하기 때문에 교육은 시장·군수·구청장의 재난대응·수습역량과 재난 현장 리더십 강화를 목표로 했다.[27]

　2023년 6월 19일부터 8월 29일까지 수도권·중부권·영남권·호남권 4개 권역별로 교육을 추진했으며, 전국 시장·군수·구청장 228명 중 67%인 152명이 교육에 참석했다. 교육은 재난안전과 관련된 법·제도·사례를 포함한 '국가 재난안전 정책 방향', '재난관리체계와 지자체장의 역할', '재난대응 사례와 효과적인 재난대응 방향' 등 3개 과정으로 구성했다.

　교육을 진행한 행정안전부 관계자는 "재난의 초기대응 성패는 시장·군수·구청장의 인식과 의지에 따라 크게 좌우되므로 그 역할이 매우 막중하다"며, "향후 교육 시에는 교육과정을 더욱 보강하여 단체장들의 재난 현장 리더십 강화에 실질적인 도움이 되는 교육을 하겠다"고 밝혔다.

서울시, 지능형 재난안전시스템 구축

서울시는 이태원참사 1주기를 앞두고 CCTV 밀집도 분석을 토대로 지능형 재난안전시스템을 구축하는 '서울시 재난안전시스템 강화 추진전략'을 점검했다. 주요 내용은 재난관리 취약점을 해소하고 실질적 기능을 활성화해 시민 스스로 안전을 체감할 수 있도록 인파밀집시스템 구축, 재난안전상황실 강화, 매뉴얼 체계 혁신, 실전적 훈련 확대, 상업시설 인파 밀집지역 내 위반건축물 적발·조치 추진 등이다.[28]

특히 지능형 피플 카운팅 시스템을 도입했다. CCTV를 통해 인파밀집을 자동으로 감지하고 위험징후를 알려주는 인파감지시스템으로, 2023년 핼러윈부터 본격적으로 가동했다. 단위면적당 인원수를 자동으로 측정하는 인파감지 CCTV에 분석 소프트웨어를 연결하여 인파밀집이 감지되면 자치구 재난안전상황실-서울시-소방-경찰에 상황을 전파·공유한다. 인파감지 시스템을 구축하기 위해 서울 전역에 인파밀집이 예상되는 지역 71곳을 선정하고, 인파감지 CCTV 총 909대를 2023년 말까지 설치 완료했다.

인파밀집 예방 합동훈련도 시행했다. 훈련이 안전을 보장한다는 원칙에 따라 건대입구역 '건대 맛의 거리'에서 인파밀집사고를 가정한 실전훈련을 했다. 광진구·경찰·소방 등과 합동으로 훈련했으며, 인파감지시스템에 의한 유관기관 협조체계가 신속하게 가동하는지를 실전에서 사

인파감지 CCTV

전점검하고 부족분은 보강했다. 거리에 실제 다중운집 인원을 배치하고, 1m²당 3명에서 5명 내외까지 순차적으로 인파 밀집도를 높여가며 인파 감지시스템 실시간 가동과 인파 분산을 위한 조치 등을 확인하는 방식으로 훈련을 진행했다.

이태원특별법 국회 재의 요구에 대한 여론과 수정 의결

정부의 이태원특별법 국회 재의 요구에 대한 언론 반응은 다양했다. 언론은 사설을 통해 「이태원특별법 재협상해 합의로 처리하라」(중앙일보), 「이태원특별법도… '野 강행-尹 거부' 21개월간 벌써 9건째」(동아일보), 「'이태원참사' 진상조사 막겠다고 거부권 쓴 윤대통령」(한겨레), 「맹탕 수사하고 이태원법도 거부한 국가의 불통과 독단」(경향신문) 등과 같이 평했다. 여기에 더해 "대통령 거부권이 불가피했지만 민심도 살펴야", "시민 안전을 위한 국가 행정 제 기능, 재발 방지책 작동, 유가족 고통 치유 등의 여부", "철저한 진상규명과 책임자 처벌", "구체적인 재발 방지 대책" 등 다양한 의견을 제시했다.

경제신문은 주로 「거부권 자초한 이태원특별법, '재난의 정치화' 악폐 끊어야」(한국경제), 「이태원특별법 거부 불가피했지만 유족 보듬는 노력 더 하길」(매일경제), 「이태원특별법 거부권, 재난 정쟁화 벗어나 재발 방지 주력하라」(서울경제) 등과 같이 재난을 정쟁화하지 말고 재발 방지책 마련과 유족을 살피는 노력에 대해 당부했다. 특히 가족을 잃은 유족들을 끝까지 위로해야 한다고 강조했다.

국회는 이태원특별법 재의 요구에 따라 여야 간 협의를 통해 법안을 수정 및 보완해서 2024년 5월 2일 「10·29 이태원참사 피해자 권리보장과 진상규명 및 재발 방지를 위한 특별법(이태원특별법)」을 의결했다. 법에 따라 독립적 조사기구인 '특별조사위원회(특조위)'를 여야 추천으로 구성했다. 특조위는 이태원참사와 관련해 기관의 역할과 책임, 구조적 시스템과 한계, 법과 제도 등을 종합적으로 조사하는 역할을 맡았다.

　국민 모두 이태원참사로 가슴이 아팠다. 다시는 이런 참사가 재발하지 않아야 한다. 우리 사회가 진정으로 안전할 수 있도록 안전시스템을 철저히 마련하고 지속할 수 있어야 한다. 재난의 정쟁화를 벗어나 안전한 국가를 만들 수 있도록 노력하면서, 피해자와 유족들을 따뜻하게 보듬고 위로하는 성숙한 사회를 함께 만들어가야 한다. 재난이 끝나도 재해는 남는다.

미주

1부 물 Water

1장. 하천, 댐, 보와 하수도

1   환경부, 2023.12.7., "'국민 안전' 최우선으로 '치수 정책' 전면 쇄신"

2   강철(2023),「재해영향평가 등 협의 개발사업과 국가·지방하천 등 정비사업의 상호 관계 정립에 관한 방안 제시」, 한국수자원학회 '물과 미래', 한국수자원학회, Vol.56, No.4, pp. 70-76.

3   환경부, 2023.12.28., "'지방하천 20곳 국가하천으로 승격' 국가가 직접 홍수 관리 한다"

4   환경부, 2023.11.15., "촘촘한 홍수예보, 지방하천 홍수특보지점 10배 이상 늘린다"

5   파이낸셜뉴스, 2022.8.10., "윤대통령 "종합적 물길 홍수 예경보 시스템 구축 … 피해 최소화""

6   행정안전부, 2022.9.7., 8.8~17. "집중호우 피해 복구계획 확정"

7   행정안전부, 2023.2.2., "범정부,「기후변화 대비 재난관리체계 개선 대책」본격 추진"

8   행정안전부, 2023.12.28., "기후변화에 대비한 소하천 관리 강화 추진"

9   행정안전부, 2018.9.18., "소하천 유량 자동계측으로 홍수에 대비한다"

10   행정안전부, 2024.3.7., "기후변화 대응 소하천 설계빈도를 200년으로 상향"

11   한국수자원공사, 2023.10.11., "한국수자원공사, 소양강댐 50주년 기념 국제 학 술행사 개최"

12   환경부, 2023.12.14., "소양강댐 준공 50주년 기념 … 기후위기 시대, 댐 역할을 재 조명한다"

13   환경부, 2024.1.17., "다목적댐 저수량 역대 최대 95억톤 확보 … 올봄 가뭄대비

333

완료"

14 환경부, 2023.12.7., "'국민 안전' 최우선으로 '치수 정책' 전면 쇄신"

15 환경부, 2024.1.16., "전국 물 부족 지역 10곳에 지하수저류댐 설치 확대한다"

16 산업통상자원부, 2023.12.28., "신규 양수발전 사업자 선정 결과 발표"

17 환경부, 2023.12.19., "국민 안전 최우선, 환경부 물관리 조직 개편"

18 환경부, 2024.7.30., "환경부, 기후대응댐 후보지(안) 14곳 발표"

19 양구군, 2024.7.31., "수입천 상류와 고방산, 송현2리 마을 상당수가 직접적인 영향권에 포함"

20 녹색연합, 2024.7.30., "환경부의 무능함을 자임하는 기후대응댐 후보지 발표를 규탄한다"

21 환경운동연합, 2024.7.31., "15년만의 신규 댐 건설 발표, 관성적 토건주의에서 벗어나지 못한 환경부의 기후문맹적 발상"

22 국가물관리위원회, 2021.1.18., "4대강의 자연성 회복을 위한 물길 열린다!"

23 환경부, 2023.5.15., "4대강 보 인근 주민 약 87% '보 적극 활용해야…'"

24 감사원, 2023.7.20., 「금강·영산강 보 해체와 상시 개방 관련 공익감사청구」 주요 감사결과"

25 환경부, 2023.7.20., "환경부, 이념적 4대강 논쟁 종식, 국민 안전 최우선 하천 정비"

26 국가물관리위원회, 2023.8.4., "국가물관리위원회, 금강·영산강 보 해체 및 상시 개방 결정 취소"

27 환경부, 2023.8.4., "4대강 보 존치 및 정상화 추진"

28 환경부, 2023.11.29., "금강 세종보 정상화 사업 본격 착수"

29 환경부, 2024.5.31., "공주보는 계획대로 탄력운영 중에 있음"

30 환경부, 2024.1.10., "전 국민의 95.1% 하수도 서비스 혜택, 11억 톤 이상의 물 재이용으로 수자원 활용"

31 환경부, 2023.12.28., "도시침수 걱정없는 안전한 하수도 정비체계 구축"

32 환경부, 2023.6.27., "하수관리 유지관리계획 수립 및 점검의무 부여…하수도법 개정 시행"

33 환경부, 2023.11.29., "공공하수도 운영·관리 우수 지자체 23곳 선정"

34　환경부, 2024.2.14., "하수도 재정집행 관리 강화 … 올 상반기 하수도사업 실집행률 60% 목표 설정"

2장. 홍수와 치수

1　환경부, 2024.5.16., "2024년 여름철 홍수대책, 충분한 대피시간 확보 및 현장 사각지대 최소화"

2　기상청, 2024.5.15., "2024년도 여름철 방재기상업무 시작!"

3　환경부, 2023.8.24. "도시침수방지법 등 5개 환경법안 국회 통과"

4　환경부, 2024.2.27. "극한강우로부터 국민안전 지킨다. 도시침수방지법 시행"

5　환경부, 2024.7.18., "환경부, 북측 황강댐 방류 징후 포착, 필승교 수위 등 홍수상황 지속 감시"

6　환경부, 2024.7.18., "임진강 북측 황강댐 방류량 증가"

7　국토해양부, 2009.9.7., "임진강 방류에 따른 조치 사항 및 대책"

8　국토해양부, 2010.6.29., "'임진강 홍수·가뭄 걱정 사라진다' 군남홍수조절지 본댐 14개월 앞당겨 조기 완공"

9　국토해양부, 2011.10.25., "군남홍수조절지 준공… 임진강 홍수·가뭄 걱정 '끝'"

10　환경부, 2022.6.29., "감악산 강우레이더 개소… 접경지역 강우관측 능력 개선"

11　환경부, 2024.6.18., "환경부 장관, 임진강 유역 물관리 최북단 군남댐 현장 점검"

12　행정안전부고시, 2022, "지하공간 침수 방지를 위한 수방기준"

13　환경부, 2024.1.24., "도로·지하차도 침수사고 예방을 위해 민·관이 손잡고 나선다"

14　행정안전부, 2023.1.16., "폭우 시 지하공간 잠기지 않도록 예방 대책 강화"

15　서울시, 2022.8.10., "서울시, 시민 안전 위협하는 '반지하 주택' 없애 나간다"

16　서울시, 2023.5.11., "'여름 오기 전까지' 서울시, 반지하 전수조사 및 침수방지시설 설치"

17　서울시, 2023.5.24., "침수 예·경보 발령되면? 서울시, 반지하 주민대피·강남역 통제 첫 '풍수해 종합훈련'"

18 부산시, 2023.9.14., "부산시, 전국 최초 '지하차도 침수대비 비상대피로' 설치 추진"

19 서울시, 2023.3.14., "서울시, 공동주택 지하주차장 물막이판 '설치비 절반' 지원 한다"

20 서울시, 2023.8.3., "서울시, 신축 공동주택 지하주차장 '물막이판 설치 의무화'"

3장. 가뭄과 이수

1 행정안전부, 2023.4.5., "국민 생활과 산업활동에 걱정 없도록 통합적 가뭄 관리 시행"

2 환경부, 2024.1.17., "다목적댐 저수량 역대 최대 95억톤 확보… 올봄 가뭄대비 완료"

3 환경부, 2023.4.18., "보길도 지하수 저류댐, 가뭄 속 단비 역할"

4 행정안전부, 2024.1.3., "2023년 가뭄, 국민과 함께 헤쳐나가"

5 행정안전부, 2024.8.12., "8~10월 가뭄상황 정상 전망"

6 행정안전부, 2024.3.21., "2024년 선제적인 가뭄 대비에 만전"

7 감사원, 2023.8.21., 「기후위기 적응 및 대응실태 I〔물·식량 분야〕」주요 감사 결과"

8 환경부, 2024.3.20., "한화진 장관, '극한가뭄 걱정 없도록 강릉연곡 지하수저류 댐 차질없이 추진'"

9 행정안전부, 2024.3.26., "가뭄 걱정 없는 섬 만들기 총력 대응"

10 환경부, 2024.2.28., "용인 첨단시스템반도체 국가산단 용수공급사업, 예비타당 성조사 면제"

11 한국수자원공사, 2024.2.28., "용인 첨단 반도체 국가산단 용수공급 예타 면제로 사업기간 단축"

12 산업통상자원부, 국토교통부, 2023.3.15., "첨단산업 생태계 구축을 위한 15개 국 가첨단산업단지 조성"

13 국토교통부, 2023.6.12., "용인 첨단시스템반도체 국가산단에 필요한 공업용수 등 인프라 공급은 차질없이 진행 중입니다"

14   환경부, 2023.10.24., "국가산단 용수공급을 위해 발전용 댐 활용한다"

15   환경부, 2024.3.26., "환경-국토 정책협의회 발족, 용인 반도체 국가산단 신속 조성한다"

16   국토교통부, 2024.4.17., "용인 반도체 국가산단, 중앙·지방·기업·LH 상생협약 체결로 산단 조성에 박차"

17   화천군, 2024.4.16., "화천댐 피해 연간 480억원, 수십 년째 지역발전 걸림돌"

18   화천군, 2024.8.13., "일방적 화천댐 용수 사용 화천군민은 단호히 반대"

19   환경부, 2024.4.18., "반구대암각화 보존 등을 위한 사연댐 기본계획 변경"

20   국무조정실, 2021.10.28., "반구대암각화 발견 50주년, 보존을 위한 해답을 찾다!"

21   국무조정실, 2013.9.5., "반구대암각화 보존을 위한 '가변형 투명 물막이(일면 카이네틱 댐)' 설치 기초조사 본격 추진"

22   문화재청, 2014.6.12., "반구대암각화 주변 '가변형 임시 물막이' 설치 사전 검증 시행"

23   문화재청, 2016.7.21., "반구대암각화 가변형 임시 물막이 사업 중단 결정"

24   환경부, 2024.3.26., "2024 국제물산업박람회, 549억 원 규모 계약성과 거둬"

25   환경부, 2024.3.26., "물산업 매출액 49조 6,902억 원, 전년 대비 4.8% 증가"

26   환경부, 2023.8.10., "국내 기업, 9,200억 원 규모 아랍에미리트 해수 담수화 사업 수주"

27   환경부, 2023.3.8., "탄소중립 무역장벽의 해소, 수상태양광에서 해답을 찾다"

4장. 깨끗하고 안전한 물

1   농림축산식품부, 2024.3.17., "노후 저수지 안전관리 확대 추진"

2   행정안전부, 2022.12., "저수지·댐 붕괴 등에 따른 비상대처계획 수립 지침"

3   농림축산식품부, 2018.5.15., "농식품부, '저수지 붕괴 대응' 안전한국훈련 실시"

4   농림축산식품부, 2019.3.22., "농식품부, 2019년 저수지·배수장 비상대처훈련 실시"

5   농림축산식품부, 2022.4.5., "저수지 붕괴 대비 비상대처훈련 실시"

6   행정안전부, 2023.8.30., "인공지능 기반 저수지 수위 예측으로 홍수피해 막는다"

7   이천시, 2024.4.20., "이천정수장 수돗물 유출 발견에 따른 안내문"

8   이천시, 2024.4.20., "이천정수장 수돗물 유출 발견에 따른 안내문"

9   환경부, 2024.4.21., "이천정수장 유충 발견, 발생원인 조사와 수돗물 공급 정상화에 총력"

10   한국수자원학회, 2021.11., 『비욘드 워터(누구를 위한 물관리인가?)』, 교문사.

11   환경부, 2020.7.23., "인천 외 지역 유충 민원사례 49건은 수돗물 공급계통과 무관"

12   환경부, 2020.7.28., "전국 일반정수장 배수지와 수용가에서 유충 미발견"

13   환경부, 2021.4.14., "전국 정수장 실태점검, 5곳 정수장 유충 유출 사전차단"

14   환경부, 2023.7.2., "먹는물 조류독소 및 깔따구 관련 수질감시항목 확대"

15   행정안전부, 2024.5.14., "여름철 자연재난 대책기간 돌입, 인명피해 최소화를 위한 안전대책 집중점검"

16   행정안전부, 2024.4.24., "올여름 인명피해 최소화를 목표로 자연재난 대비 태세 선제적 점검"

17   환경부, 2024.4.25., "2024 홍수안전주간, 홍수 대비 태세 최종적으로 점검"

18   광주광역시, 2024.3.26., "광주시, 저수지 4곳 안전관리 실태점검"

19   서울시, 2024.3.29., "서울시, 수도방위사령부 손잡고 집중호우 침수피해 사전 예방한다"

20   행정안전부, 2024.5.30., "본격적인 휴가철 대비 수상안전관리 강화"

21   KTV 2024년 6월 20일 "여름철 수상안전 대책은?" 화면 캡처

22   행정안전부, 2023.6.4., "물놀이 안전에서 모든 여름철 물관련 활동에 대한 안전관리로 대전환"

23   행정안전부, 2024.6.16., "여름철 앞두고 전국 놀이터 물놀이시설에 대한 일제점검 실시"

24   연합뉴스, 2023.8.8., "'소양호 4km 녹조'… 소양강댐 하류 취·정수장 먹는 물 '안전'"

25   환경부, 2023.6.22., "올해 첫 녹조 경계경보에 환경부 적극대응"

26   강원도, 2023.8.1., "강원특별자치도, 소양호 상류 녹조 확산 방지와 긴급방제

재난이 끝나도 재해는 남는다

추진"

27   강원도, 2023.8.3., "강원특별자치도, 소양호상류 녹조 발생 합동대책회의 개최"

28   한강유역환경청, 2023.8.8., "한강청, 녹조 대응 가축분뇨 특별 점검"

29   환경부, 2024.4.29., "2024년 녹조중점관리방안 마련"

30   환경부, 2024.4.30., "영주댐 상류에 비점오염저감시설 가동… 녹조발생 낮춘다"

31   한국수자원공사, 2024.5.16., "한국수자원공사, 이상 고온에 따른 녹조 확산에 맞서 신속 대응 협력체계 구축"

32   환경부, 2024.6.3., "조류경보제 개선안, 주요 상수원 및 친수구간에서 시범운영 실시"

33   MBN 뉴스, 2024.7.25., "녹색으로 변한 소양호… 가마솥더위에 1년 만에 또 나타난 녹조"

34   환경부, 2024.8.16., "올해 첫 녹조 '경계' 단계 발령… 조류차단막 및 고도정수처리 등 적극 대응"

35   한강유역환경청, 2024.8.22., "한강청, 팔당댐앞 지점 조류경보 '관심' 단계 발령"

36   한강유역환경청, 2024.9.5., "한강청, 팔당댐앞 지점 조류경보 '관심' 단계 해제"

2부 재난 Disaster

5장. 지진, 폭염, 산불, 산사태

1   서울경제, 2024.1.2., "'살려주세요'… '규모 7.6' 강진 순간, 日 전체가 '아수라장' 됐다"

2   행정안전부, 2024.8.12., "일본 거대지진 발생 우려에 따른 전문가 자문회의 개최"

3   기상청, 2024.1.2., "국내 지진해일 관측 결과"

4   행정안전부, 2024.1.2., "지진해일 대응체계 반복점검으로 국민의 안전을 지켜나가겠습니다"

5   기상청, 2023.7.29., "전북 장수 지역 규모 3.5 지진 발생"

6   기상청, 2023.11.30., "경북 경주에서 규모 4.0 지진 발생"

7   기상청, 2023.12.22., "지진 발표 시간 10초 벽을 깨다! 생명을 지키는 '지진 대피 황금시간' 확보"

8   행정안전부, 2024.1.4., "민관 협업을 통한 철저한 대비로 지진위험 경감체계 확립"

9   행정안전부, 2024.2.6., "동해안 지진해일 30일, 국민이 안심할 때까지 꼼꼼히 챙기겠습니다"

10   기상청, 2024.1.8., "지역마다 다르게! 시군구 단위로 지진 재난문자 서비스 체계 세분화"

11   행정안전부, 2024.1.25., "지진으로 인한 물적 피해보상, 현행 풍수해보험으로 가능합니다"

12   서울시, 2024.1.8., "서울시, 지진에 강한 서울 만든다… 4대 분야 빈틈없는 지진 방재 종합계획 추진 박차"

13   WMO press release, 2024.1.12., WMO confirms that 2023 smashes global temperature record

14   연합뉴스, 2024.1.3., "'뜨거워지는 한반도'… 2023년, 역대 가장 더운 해였다"

15   기상청, 2023.6.9., "지난 봄철 기온 역대 가장 높고, 5월 강수량 세 번째로 많아"

16   기상청, 2023.9.7., "올해 여름철, 전국 평균기온 평년보다 1도 높고, 강수량은 291.2mm 더 내려"

17   기상청, 2023.12.7., "올해 9월 기온 역대 1위, 가을철 기온 역대 3위 기록"

18   기상청, 2023.8.2., "온실가스, 이대로면 극한 열스트레스 발생일 11배 증가"

19   기상청, 2023.8.16., "중소도시의 폭염 증가 추세, 대도시 넘어서"

20   기상청, 2023.5.15., "체감온도 기반 폭염특보, 여름철 국민 건강 지킨다"

21   행정안전부, 2023.9.3., "스마트기기를 활용한 폭염 취약계층 보호"

22   기상청, 2023.12.21., "창녕군 올해 온열질환 사망자 0명! 맞춤형 폭염 영향예보 서비스 효과 톡톡"

23   행정안전부, 2023.8.1., "'폭염' 심각단계 발령 및 중앙재난안전대책본부 가동"

24   행정안전부, 2023.8.3., "폭염대책비 긴급 교부 및 중대본 2단계 격상"

25 기상청, 2024.9.4., "2024년 여름철 기후특성"

26 질병관리청, 2024.8.23., "온열질환자 발생 8월에 벌써 전년 규모 넘어, 9월까지 폭염대비 예방수칙 준수 당부"

27 행정안전부, 2024.7.21., "전국 폭염 위기경보 '경계' 단계 발령"

28 행정안전부, 2024.7.31., "폭염 '심각' 단계 발령 및 중앙재난안전대책본부 가동"

29 산림청, 2024.1.29., "산불예방 범부처 협력, 유관기관 공조체계 가동"

30 행정안전부, 2023.4.12., 4.11., "강원 강릉 산불「특별재난지역 선포」"

31 행정안전부, 2023.4.13., "'피해 주민의 일상생활 복귀를 위해 모든 행정력 집중' 홍성 산불 복구현장 점검"

32 행정안전부, 2023.7.7., "행안부, 산불피해 이재민 임시주거용 조립주택에 쿨루프 (Cool Roof) 지원한다"

33 국립공원공단, 2023.4.24., "계룡산국립공원 유관기관 합동 산불진화훈련 실시"

34 국립공원공단, 2023.11.3., "북한산국립공원, 합동 산불진화훈련 및 캠페인 전개"

35 국립공원공단, 2023.11.15., "설악산국립공원, 산불 및 목조문화재 화재 합동 진화훈련 실시"

36 환경부, 2023.11.9., "산불예방 위해 국립공원 일부 탐방로 통제"

37 행정안전부, 2024.1.31., "112·119 산불신고, 산림청 통보 약 4분에서 2분으로 2배 빨라진다"

38 행정안전부, 2024.4.24., "산불 현장에서 진화·구급 등에 활용될 다목적 산불 진화차량 개발"

39 산림청, 2023.6.22., "산사태우려지 3만 개소 점검하고 예방조치"

40 산림청, 2024.5.13., "산사태 주민대피 골든타임 확보하고 예측 사각지대 해소한다!"

41 산림청, 2024.4.22., "지역주민 산사태 재난 대처역량 키운다!"

42 산림청, 2024.7.22., "국립수목원, 산사태 재난 대비 주문대피훈련 실시"

43 산림청, 2024.5.16., "산사태현장예방단 720명 배치… 여름철 자연재난 막는다!"

6장. 민·관 협력과 재난안전

1 행정안전부, 2024.1.24., "재난현장 자원동원과 복구수습 활동을 위해 민관협력 강화한다"

2 행정안전부, 2023.3.21., "행안부, 민간전문가와 함께 신종재난 위험요소 발굴 본격 시동"

3 행정안전부, 2023.8.17., "정부 재난원인조사에 민간 참여 강화한다"

4 행정안전부, 2023.10.4., "민관이 함께 기후위기 재난대응을 위한 근원적 개선방안 논의"

5 행정안전부, 2023.8.3., "2023년 을지연습, 전 국민이 참여하는 민관군 통합 정부 연습으로 실시"

6 행정안전부, 2024.1.21., "민간이 참여하는 2024년 재난관리평가로 재난현장 대응 역량을 높인다"

7 관계부처합동, 2024.8.7., "민관 협력으로 빈대 해외 유입에 선제적 대응"

8 행정안전부, 2023.7.20., "집중호우피해지역 자원봉사 손길 이어져"

9 행정안전부, 2023.3.15., "재난 대응 자원봉사 체계 강화 등 제4차 자원봉사 국가 기본계획 확정"

10 행정안전부, 2020.4.24., "전국 지역자율방재단 코로나19 방역 활동에 구슬땀"

11 행정안전부, 2022.11.29., "재난 현장의 숨은 주역, 지역자율방재단과 소통의 장 마련"

12 행정안전부, 2023.11.5., "경기 화성시, 충남 당진시, 제주 서귀포시 지역자율방재단 우수사례 최우수상 수상"

13 행정안전부, 2024.2.19., "지역자율방재단 전문교육 지원으로 방재역량 높인다"

14 농림축산식품부, 2024.1.21., "지난해 농업재해보험금 1조 1,749억 원 지급"

15 농림축산식품부, 2023.6.27., "농작물재해보험 대상 품목 확대"

16 해양수산부, 2023.6.20., "2027년까지 양식수산물 재해보험 대상품목 늘리고, 보장 수준도 높인다"

17 행정안전부, 2023.1.20., "대설·강풍 등 자연재해 대비 필수! 풍수해보험에 가입하세요!"

재난이 끝나도 재해는 남는다

18   행정안전부, 2023.5.22., "호우와 태풍 풍수해보험으로 미리 대비하세요"

19   위키리크스한국, 2024.2.2., "대형 손보사들, 풍수해보험 시장 향해 '진격'… DB 손보, 농협손보 제치고 '선두'"

20   행정안전부, 2022.8.31., "연 2만 원으로 화재 등 피해 보장하는 '재난희망보험' 출시"

21   행정안전부, 2023.1.5., "시민안전보험 '사회재난 사망 특약' 신설로 사회안전망 강화한다"

22   행정안전부, 2024.1.25., "지진으로 인한 물적 피해보상, 현행 풍수해보험으로 가능합니다"

23   문화재청, 2023.10.25., "풍수해 피해로 무너진 창덕궁 인정전 담장 복구 완료"

24   문화재청, 2024.1.18., "풍수해 대비 국가유산 점검기반 강화하고, 선제 보호 추진"

25   문화재청, 2023.12.26., "문화재청, 올 한 해 국가유산 방재인프라에 226억 투입"

26   국립문화재연구원, 2022.9., "우리나라 문화·자연유산의 기후변화 대응을 위한 연구방향과 과제"

27   문화재청, 2023.7.26., "기후변화로부터 국가유산 보호하기 위한 종합계획 수립"

28   문화재청, 2023.11.2., "문화재청, 2023 국가유산 재난대응 안전한국훈련 실시"

29   문화재청, 2023.11.3., "'서울 태릉과 강릉'에서 민관군 합동 산불대응 훈련 실시"

30   기상청, 2024.3.7., "지난 겨울철 강수량 평년보다 2.7배 많아 역대 1위 기록"

31   기상청, 2024.1.26., "한파 속 2023년 겨울 한강 첫 결빙"

32   행정안전부, 2023.11.23., "중부·남부 지역 한파특보에 따른 살얼음 대비 등 안전관리 강화"

33   행정안전부, 2023.12.26., "중부·서부지역에 대설특보, 중대본 1단계 가동"

34   행정안전부, 2023.12.20., "대설 경보 확대, 중대본 2단계 격상"

35   행정안전부, 2024.1.9., "중부지역 15cm 이상 대설, 중대본 1단계 가동"

36   행정안전부, 2024.1.22., "충청·전라권 대설특보, 중대본 1단계 가동"

37   행정안전부, 2024.2.5., "중부지방 대설, 중대본 1단계 가동하여 총력 대응"

38   행정안전부, 2024.2.21., "강원영동 등 중부지역 대설, 중대본 가동 총력 대응"

39   서울시, 2024.2.21., "서울시, 21일(수) 대설예비특보에 제설대책 2단계로 격상…

폭설에 총력 대응"

40   행정안전부, 2024.4.1., "잦은 대설에도 큰 피해 없이 겨울철 대책기간 마무리"

7장. 재난예산과 산업

1   행정안전부, 2023.1.9., "행안부, 대설대응역량 강화를 위해 특교세 235억 원 교부"

2   행정안전부, 2023.1.19., "행안부, 봄철 산불 예방 위한 특교세 100억 원 선제적 지원"

3   행정안전부, 2023.1.20., "행정안전부, 서울 구룡마을 화재 피해 조기 수습을 위한 특교세 5억 원 지원"

4   행정안전부, 2023.1.30., "행안부, 연이은 대설·한파로 특교세 14억 7천만 원 지원"

5   행정안전부, 2023.3.6., "행안부, 봄철 가뭄·가축전염병 대응을 위한 특별교부세 지원"

6   행정안전부, 2023.4.3., "충남·대전 산불피해지역 특교세 신속 지원"

7   행정안전부, 2023.4.12., "강원 강릉 산불피해지역 특교세와 재난구호사업비 긴급지원"

8   행정안전부, 2023.5.8., "선제적 폭염 대비를 위해 지자체에 특교세 124억 조기 지원"

9   행정안전부, 2023.5.23., "구제역 확산 방지를 위한 특교세 긴급 지원"

10   행정안전부, 2023.8.14., "태풍 '카눈' 피해지역 조속한 복구에 특교세 지원"

11   행정안전부, 2023.10.22., "럼피스킨병 가축전염병 총력 대응을 위해 전국적으로 특교세 지원 및 정부합동점검 실시"

12   행정안전부, 2023.12.8., "조류인플루엔자 총력 대응을 위해 재난안전특별교부세 32억 원 긴급 지원"

13   행정안전부, 2024.3.10., "강원·경북 동해안 지역 전력설비 주변 위험수목 제거를 위한 특교세 긴급 지원"

14   행정안전부, 2024.4.28., "폭염 대비 시설·물품 준비를 위해 특별교부세 150억 원 조기 지원"

15   행정안전부, 2024.6.17., "전북 부안 지진피해 응급복구를 위한 긴급 재정 지원"

16 　행정안전부, 2024.6.25., "경기 화성 공장 화재피해 응급복구를 위한 긴급 재정 지원"

17 　행정안전부, 2024.7.10., "호우 피해 지역 응급복구를 위한 긴급 재정 지원"

18 　행정안전부, 2024.7.22., "집중호우 피해지역 응급복구비 추가 지원"

19 　행정안전부, 2024.5.21., "재난 대응 역량 강화를 위한 특교세 집중 지원"

20 　행정안전부, 2023.1.11., 12.21~24., "대설·한파·강풍피해 지역 특별재난지역 선포"

21 　행정안전부, 2023.4.5., 4.2~4.4., "전국 동시다발 산불「특별재난지역 선포」"

22 　행정안전부, 2023.4.12., 4.11., "강원 강릉 산불「특별재난지역 선포」"

23 　행정안전부, 2023.7.19., "호우 피해 특별재난지역 우선 선포"

24 　행정안전부, 2023.8.14., "태풍 피해지역 특별재난지역 우선 선포"

25 　행정안전부, 2023.8.29., "태풍피해 특별재난지역 추가 선포"

26 　행정안전부, 2024.7.15., 7.8~10., "호우 피해지역 특별재난지역 우선 선포"

27 　행정안전부, 2024.7.25., 7.8~10., "호우 피해지역 특별재난지역 추가 선포"

28 　행정안전부, 2022.10.30., "이태원 사고 관련,「특별재난지역 선포」"

29 　행정안전부, 2024.6.30., "제5차 국가안전관리기본계획(2025~2029) 확정"

30 　행정안전부, 2024.7.1., "2025년 재난안전예산, 예측·예방 중심 기후위기·잠재 재난관리에 중점 투자"

31 　행정안전부, 2024.5.1., "2023년 재난안전사업 성과가 탁월한 5개 모범사업 선정"

32 　행정안전부, 2023.12.28., "재난안전산업의 체계적 발전을 위한 육성방안 본격 추진"

33 　행정안전부, 2022.10.27., "「재난안전산업 진흥법」시행을 위한 제도적 기반 마련"

34 　행정안전부, 2024.6.19., "화재 특화 재난안전산업 진흥시설 조성 개시"

35 　행정안전부, 2024.6.20., "폭염 상황을 고려해 안전부품 미설치 승강기 조건부 운행 허용"

36 　경기도, 2024.6.23., "경기도, 100년 사용 아파트 위해 장기수선계획 수립 체계 개선 추진"

37 　행정안전부, 2023.12.7., "경복궁역 에스컬레이터 역주행 사고 원인은 감속기 기

어 마모로 추정"

38 행정안전부, 2024.1.15., "국민안전체험, 올해 총 70만 명 참여하도록 확대 추진한다"

39 행정안전부, 2022.7.10., "영상과 그림으로 배우는 어린이 승강기 안전 교육"

40 한국승강기안전공단 사이버홍보관

41 행정안전부, 2024.1.9., "국내 승강기산업 진흥을 위한 법률 제정으로 국민 안전 강화와 승강기 산업 육성"

42 행정안전부, 2024.4.28., "국내 승강기산업 발전을 통해 이용자 안전강화 추진"

43 행정안전부, 2024.5.30., "승강기 산업복합관 건립으로 세계 승강기 산업발전의 중심으로 도약"

8장. 재난 대비

1 행정안전부, 2024.3.20., "모두가 안전한 대한민국을 위해 2024년 재난대비훈련 확대 실시"

2 행정안전부, 2024.3.27., "올해 첫 레디 코리아 훈련으로 석유화학단지 복합재난 범정부 대응체계 점검"

3 행정안전부, 2024.6.5., "올해 두 번째 레디 코리아 훈련, 항공기 사고 범정부 대응체계 점검"

4 행정안전부, 2024.4.28., "철저한 훈련으로 여름철 인명피해 최소화"

5 행정안전부, 2024.5.19., "2024년 상반기 재난대응 안전한국훈련 실시"

6 행정안전부, 2024.8.18., "을지연습, 8월 19일부터 22일까지 전국 실시"

7 보건복지부, 2024.6.27., "화성 공장화재 피해자·유가족·부상자 심리지원 실시"

8 행정안전부, 2024.6.25., "경기 화성시 공장화재 관련 관계부처 합동 재난심리회복지원 실시"

9 행정안전부, 2024.6.13., "전북 부안 지진 재난심리지원 활동 전개"

10 행정안전부, 2022.11.15., "정부, 이태원 사고 대국민 심리지원"

11 행정안전부, 2024.4.18., "재난 현장에서 심리적 응급처치 방법 등 재난심리 활동

재난이 끝나도 재해는 남는다

가 역량 강화"

12   보건복지부, 2021.6.29., "권역별 트라우마센터 출범으로 체계적·전문적 재난 심리지원을 시작한다!"

13   보건복지부, 2022.11.24., 「트라우마 예방을 위한 재난보도 가이드라인」 발표"

14   행정안전부, 2024.6.4., "데이터 기반의 재난안전관리 체계를 강화한다"

15   행정안전부, 2023.3.12., "재난안전데이터 한 곳에 모아 재난안전 디지털 플랫폼 정부 시동"

16   행정안전부, 2024.5.21., "'재난·안전 정보시스템' 개편 본격화"

17   행정안전부, 2023.12.27., "인파관리지원시스템으로 다중운집인파를 철저히 관리한다"

18   행정안전부, 2023.5.10., "인파 밀집 위험 사고 데이터를 분석하여 과학적으로 예측하고 대비한다"

19   행정안전부, 2024.1.2., "저화질 CCTV 6,106대 전면 교체, 국민안전 '선명'하게 지킨다"

20   행정안전부, 2020.7.31., "행안부, 재난관리자원 관리체계 혁신한다!"

21   행정안전부, 2022.12.28., 「재난관리자원의 관리 등에 관한 법률」 제정안 12월 28일 국회 통과"

22   행정안전부, 2024.1.17., "재난관리자원을 체계적으로 관리하여 신속하고 안정적으로 동원한다"

23   행정안전부, 2023.1.3., "이태원참사 사망자 통계 159명으로 변경"

24   관계부처합동, 2024.1.30., "이태원참사 진상규명 특별법안에 대한 국회 재의 요구, 국무회의 의결"

25   행정안전부, 2023.1.27., "정부 '새로운 위험을 예측하고 현장에서 작동하는 국가안전시스템으로 개편'"

26   행정안전부, 2023.10.15., 「국가안전시스템 개편 종합대책」 이렇게 추진했습니다"

27   행정안전부, 2023.9.5., "전국 시장·군수·구청장 대상 재난안전 최초 교육으로 재난 대응·수습 역량 강화 기대"

28   서울시, 2023.10.12., "이태원참사 1주기 앞둔 서울시, 지능형 재난안전시스템 구축"